지중해 철학
문명이동모델

지중해 철학

문명이동모델

배선복 지음

이담 Books

이 책을 쓰는 데에는 몇몇의 개인적인 동기와 학문적 스승의 은혜가 있다. 그는 나의 친구 스테파노 디 벨라(*Stefano Di Bella*) 교수이다. 이탈리아 피사의 스꼴레 노말레(*Scuola Normale Superiore di Pisa*)의 스테파노와 필자와의 만남은 88올림픽이 열리던 해로 거슬러 올라간다. 나는 독일 뮌스터(*Münster*) 대학에서 석사학위(*M. A*) 논문지도교수인 쉐이퍼스(*H. Schepers*) 교수의 강의와 세미나에 참석하면서, 당시 피사 대학의 뮤나이(*Mugnai Massimo*) 교수의 지도하에 박사학위 논문을 준비 중이던 스테파노를 만났다. 독일로 와서 라이프니츠 자료를 수집하고 연구자와 교류도 하면서 연구 중이던 스테파노는 나를 이탈리아로 초대하였고, 나는 그해 여름 간단한 복장과 준비물로 이탈리아 여행길에 올랐다. 피사와 피렌체를 방문하였고, 마침 그해 지중해의 아드리아 해안가인 리미니에서 개최된 전 유럽의 청소년들의 신앙 강화 차원의 종교행사로서 '미팅(*Meeting*) 88'이라는 가톨릭 모임에 참가하게 되었다.

스테파노는 당시 리미니, 라벤나 그리고 상 마리노 공화국을 안내하면서 많은 친구들을 소개하였고 서로 교류하면서 즐거운 시간을 보냈다. 스테파노는 단테의 『신곡』의 「지옥편」 5장의 구절을 줄줄 외면서 리미니 지리를 소개하였고, 아드리아 해안가에 이르러서는 "사랑이 뭇별들과 천체를 움직인다."는 『신곡』의 결론을 들려주었다. 나는 수수께끼 같은 그의 말을 나의 삶에서 떠올리다, 은사님이신 조요한 교수의 단테 사랑을 회고하게 되었다. 조요한 교수는 숭실대 해직교수로 지내다가, 독일 개신교 단체의 초청으로 1988년 함부르크에 들러 서양고대철학 애제자인 한석환 교수와 함께, 뮌스터에 있는 필자가 독일학생들과 지내던 숙식공동체로 방문한 적이 있다. 당시 여름이라, 일전에 조요한 교수 댁을 방문하여서 사모님으로부터 얻어먹은 적 있는 냉면을 생각하여, 뮌스터 한인가게에서 재료를 구입하여 냉면을 대접하여 드린 적이 있다. 그때 조요한 교수께서는 이탈리아 라벤나의 단테의 무덤을 찾아 나선다고 말씀하셨다. 당시 나는 아리스토텔레스 철학 전공 한국인 철학자가 어째서 단테를 찾아 나설까 하고 의아해 하였다. 그러나 필자가 라이프니츠 철학의 전공영역을 넓혀나가면서 주변을 돌아보니, 단테는 멀리 있는 학자가 아니라 아주 탈 지중해 세계관에서 대서양적 근대세계에 다가오는 시인이고 철학자임을 알게 되었다.

나는 독일유학생활에서 귀국하여 2002년에서 2005년까지 한국연구재단의 전문연구과제를 수행하기 위하여 한국학 중앙연구원에서 연구교수로 있다가, 교육학 전공이신 이계학 교수의 소개로 2005년에 결혼하면서 지금의 아내와 딸을 얻었다. 이때, 부산외국어대학교 지중해지역연구원에서 박상진 교수가 주관한 2006년도 학술발표회에서 「단테의 천체론」이라는 논문을 발표하면서, 스테파노 교수로부터 빚진 말을 기억하며, 삶과 사랑을 운동에 연관 짓게 되었다. 이 발표 이후에 하병주 교수가 2008년에 개최하는 학술대회에서 「지중해 철학-문명이동 모델-」이라는 논문을 발표하였는데, 바로 이 두 편의 논문이 이 책을 집필하는 데 거름이 되었다.

나는 이 책에서 지중해 사유의 문명이동모델을 논증하고자 하는 학문적 부분은 크게 세 분 독일 스승의 가르침에 힘입었다. 먼저는 흘스만 교수로서 그는 뮌스터 대학에서 트리어 대학의 아담 말 교수와 인류의 오랜 문명전통과의 동등한 동급의 대화를 열어가려는 사유프로그램을 실천하였는데, 귄터(*G. Guenther*), 안더스(*G. Anders*), 슈펭글러(*O. M. A. G. Spengler*), 카시러(*E. Cassirer*) 등 하이데거 이후의 사유세계를 강의하였다. 흘스만과 그가 다루었던 20세기 후반에 철학활동을 해온 이들은, 필자가 한국에서 철학을 배웠던 조요한 교수나 최명관 교수 세대보다 연령대가 비슷하거나 조금 더 되었었다. 이들은 전형적인 서양철학의 사유 전통의 독자적 길을 걸어가고자 하였다. 훌스만은 나름대로 노자의『도덕경』의 언어를 독자적인 자신의 언어로 찾아내려고 토마스 아퀴나스의『신학대전』의「신의 이름」의 사유 전통을 연결 짓는 철학 시를 쓰고 있었다. 이 책에서 추구하는 상호문화철학적 관점은 전적으로 훌스만으로부터 오고 있다. 또 다른 한 분은 블루멘베르크 교수이다. 필자가 독일유학 초기에 독일어를 입에 담고 귀로 흘리기에도 부족한 시절 그의 유명한「동굴의 비유」,「현상학과 비트겐슈타인」등을 수강하였는데 젊은 학생들은 물론 할머니 할아버지 학생들 수녀들 등을 포함하여 대형 강의실을 꽉 채우는 명강의를 하였다. 독일인에게도 너무나도 정교하고 정치한 독일어 문장을 구사하여서 외국인이 따라가기에 너무나도 어려운 거장이었다. 블루멘베르크는『근대의 적법성』,『코페르니쿠스 세계의 전향』이라는 저작에서 서양의 근대적 사고의 적법성 여부를 문제 삼음으로써 새로운 사유지평을 은유적이고 수사학적 방법으로 열어나갔다. 후기 중세의 유명론의 흐름에서 급진적인 전통과의 현상학적 에포케(*Epoche*)가 새로운 사유의 문지방을 넘어가려는 신기원(*Epoche*)이 되므로 근대는 심각한 자기보존의 정당화 문제에 부딪혔다는 것이다. 그의 사유는 동시대의 프랑스 포스트모던주의자 철학자들과는 전혀 딴판의 포스트모던주의를 열어나갔다. 그 때문에 이 책에서 짚고 넘어가려는 문명이동편중현상에 접근하고 이를 정당화하려는 방법론적 성찰에 중요한 지침이 되었다. 세 번째의 인물은 쉐이퍼스 교수와 라이프니츠이다. 쉐이퍼스 교수는 뮌스터 대학에서 중세철학의 오컴과 오컴주의자들 가운데 일어난 논쟁을 연구하였고 중세를 통틀어 해박한 문헌적 전문가이면서 평생을 라이프니츠의 유고를 편집한 라이프니츠 전문가이다. 지금도 잊을 수 없는 탁월한 그의 중세논리학 강의와 콜로키움(*colloquium*)을 통하여 중세 스콜라 지식에 푹 빠지게 되었다. 스콜라 지식은 정말로 중구난방이고 백가쟁명의 험준한 언어와 사유세계로 인도한다. 스콜라 철학의 답은 정말로 없다. 필자는 그분을 통하여 전체 서양 철학사를 통틀어서 동서양을 넘나들며 '모나드'라는 이름으로 철학을 일관되면서도 통일적으로 제시한 철학자 라이프니츠를 만났다.

독일이 제1차 세계대전을 마치고 정신적 공황에 처했을 때, 쉐이퍼스 교수의 스승이며 현대수학적 논리학의 한 학파를 이끈 숄츠(*H. Schloz*)는 근대 이후에 유일하게 라이프니츠를 유일하게 떠오르는 태양으로 묘사하였다. 라이프니츠는 근대의 신기원이 일어나던 시기에 그의 『모나드론』의 첫마디부터 서양에서 인지되기 시작하던 불교적 사유에 대한 언급으로 출발할 정도로 동서사유의 동반자적 특성을 생각한 철학자였다. 당시 프랑스 루이 14세가 중국에 파송한 프랑스 왕립학술원인 천문학자이자 수학자인 부베는 라이프니츠의 이진법과 중국의 역의 상징체계에 대한 수학적 구조의 일치를 라이프니츠에게 자문하고 있을 때, 라이프니츠는 마테오 리치 및 중국의 흠천감 수장들의 활동과 점차로 증가되는 동서사상교류에 기초가 되는 상징 논리적 개념을 0과 1, 그리고 음(陰)과 양(陽)의 토대에서 보았던 것이 사실이다.

이 책의 르네상스 부분은 숭실대 베어드 대학에서 2008년 이래로 강의하고 있는 <신앙과 이성> 교양강좌 내용을 포함한다. 한국수학사학회에서 박창균 교수 초대로 2009년 건대에서 발표하였던 강연, 한국수학교육회의 융합학문위원회의 최승언 교수 좌장으로 2010년 충남대에서 발표하였던 논문도 이 책의 일부가 되어 있다.

이 책이 다루는 지중해 철학의 문명이동모델이란 대학에 설치된 철학과의 아카데믹한 관심대상은 아니고, 교양학부 영역의 주제이며 대학연구소에 적합한 연구주제이다. 그렇다고 철학과와 무관한 학문영역은 아니고 여러 학과의 학문영역이 상호 교차로 중첩이 되며 생겨난 학문융합의 특성을 지닌다.

지중해 철학은 보통은 대학 철학과에서 가르치는 서양고대 철학 및 중세철학을 통칭하여 부를 때, 사용하는 말이다. 굳이 차이를 두어 서양 고대니 서양 중세니 하는 시대 구분이 있더라도 이들이 지역학이라는 기본적인 사실이 간과되어서는 안 된다. 우리의 전통의 사유는 시베리아를 통하여 들어온 샤머니즘이거나 만리장성을 거쳐서 들어온 유교이거나 히말라야를 넘어온 불교가 깊은 뿌리를 갖고 상대적으로 근대 400년 이래에 각인되었을지라도, 지역적 지리적 이해를 떠나서는 지중해적 사유와 지평융해를 이루는 데 한계가 있을 수 있다. 서양철학의 역사로서 고대 희랍 철학과 로마시대의 스토아 철학이나 중세 지중해 철학 등은 필자가 사용하는 지중해 철학의 범주에 들어가지만, 근대 이래의 지구 중심 천동설과 태양 중심 지동설의 패러다임 이동에 대한 이해에 이르러서는 문명 편중 범위가 동서를 가리지 않는 글로벌 특성의 세계철학이 된다.

근대 이후의 철학은 대륙 합리론이나 영국경험론 혹은 영미철학이나 프랑스 철학의 어느 진영의 이론이라 할지라도 거의 무시하여도 좋을 만큼 교양철학 수업에서 외우고 다녀야 할 특정 철학자나 철학유파란 없다. 교양철학에서 만나는 철학자들은 한 명씩 불렀을 때 쫓아가며 배경지식을 알고 중요한 생각을 이해하고 난 다음에는 잊어도 좋은 것이 철학공부이다. 기억되어야 하는 철학자들은 현실의 삶에서 기억하는 철학에 비하여 더 많은 활동적 의식으로 삶을 살아갈 것을 요구할 아무런 권리근거가 없다. 실제로 교양철학 수업에서 수많은 외국철학자들의 이름은 별로 외워야 할 이유를 못 느끼는 것이 일반적이다.

지중해 철학이라는 명칭과 그 부제로 문명이동모델로서 문명 편중현상을 다루는 이 책은 부분적으로 홍익대에서 <철학과 여성>, 그리고 한국체육대의 <현대사회와 철학> 교양과목에서 다루었다. 이 책에서 배울 수 있는 철학개념은 <플라톤의 동굴의 비유>와 라파엘로의 <아테네학당 해석>이 어떻게 현대인의 삶과 사유, 지식과 무지, 중심과 탈중심을 통한 문명이동 현상에서 고유하고 독창적인 문화수임 개념을 형성하여 갈 수 있는가라는 질문일 것이다. 라이프니츠가 도르래 모델로 제시한 문명이동편중현상이나 귄터가 말하는 형이상학의 고원지대는 지중해지역에서 중앙아시아 바이칼호를 거쳐서 한반도에 이르기까지의 문화지리적 경계를 이루는 곳으로써, 철저히 자연 가운데 던져져 있지만 장소이동을 통하여 감추어져 덮어진 무지개처럼 다가가 찾으려는 주체들에게 드러날 것이다.

부산외국어대학교 지중해지역원은 인문총서모집에 필자의 원고를 채택함으로 이 책을 집필할 계기를 주었다. 지난해 12월부터 지금까지 준비되었던 원고를 손질하고 검토하도록 독려와 격려를 주신 지중해지역연구원 하병주 원장님, 장니나 교수님, 최자영 교수님께 감사를 드린다. 홍익대, 숭실대, 그리고 세종대에서 필자가 맡은 교양 교과목의 학생들과 이 책의 출간의 기쁨을 함께 나누고 싶다. 「신앙과 이성」, 「철학과 여성」의 수강생들은 이 책의 출간으로 교수님의 강의비급의 면모를 파악하게 되길 바란다. 학기 중에 학교와 집을 오가며, 연구실 공간이나 서울역 광장 대신 집에서 집필할 공간을 허락해준 아내와 초등학교 입학 준비 학습활동을 열심히 해주며 자라주는 딸에게 이 책을 바친다.

2011년 5월 14일
인왕산 시계(視界)의 독립문 삼호아파트 서재에서

배선복

CONTENTS

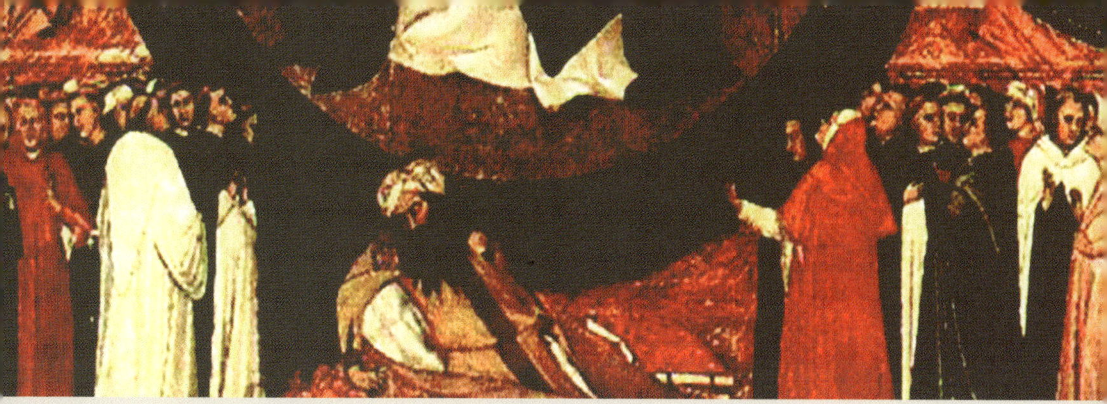

1. 개요

15세기 말 콜럼버스, 마젤란, 가마 등의 인물들이 세계대양을 항해한 이래, '현대 중국지리학의 아버지' 마티니(*M. Martini*, 衛匡國, 1614~1661)가 중국에서 지도를 그리고 있을 때이다. 유럽인은 거실이나 연구실 공간에 앉아서도 가까이의 현미경과 망원경에 의한 미디어(*media*) 채비로 먼 곳의 사물을 제자리에서도 알 수 있다는 바로크 문화의 사유 전통을 확립하였다. 곧 미시세계나 거시세계도 봄과 들음과 셈에 동일한 사유법칙이 통하는 세계관을 추구하고 있었다.[1] 17세기에 이르러서 유럽인은 과학이나 형이상학 역시 보고(視) 듣고(聽) 읽는(讀) 데에 통일된 세계관에 도달하게 되었다. 과학과 형이상학은 서로 간의 체계에 대하여 독립적으로 타당하다는 지적인 쌍립을 이룬 것이다.[2] 르네상스 과학자이며

---

[1] J. Bronowski, *The Western Intellectual Tradition, From Leonardo to Hegel*, New York, 1960, pp.9–11 참조.

[2] A. Volmar, *Parametrisierungsgeschichte der neuzeitlichen Akustik*, 2003, p.1.

예술가인 다빈치(*L. da Vinci*)도 예술작업 때문에 광선(光線)은 자체로 빛을 소지하지 않고, 오직 파동 길이의 스펙트럼 단위에서만 인식된다고 생각하였다. 어떤 것을 본다고 하였을 때, 인간의 눈은 빛에서 대상을 재생산하는 과정의 마지막 심급(*instants*)의 산물로서만 존재할 뿐이었다. 곧 사유발전은 광학발전의 조건에서 일어난다. 문명의 발전은 몰랐던 것과 알게 된 것, 보지 못한 것에서 보게 된 것, 듣지 못했던 것에서 듣게 된 것, 읽을 수 없는 대상에서 읽을 수 있는 가독성의 차이이다. 봄의 조건은 듣고 쓰고 읽는 지식을 보편적으로 확장하기 위한 전제이다. 그래서 근대인들은 사유발전을 광학발전과 같은 맥락에서 문명세계를 새롭게 이해하기 시작하였다.[3] 데카르트(*R. Descartes*)도 빛이 빗방울에 부딪치는 각도에서 낱낱의 색이 생기는 자연현상에 관심을 갖고 1637년 『방법서설』에서 오렌지, 노랑, 파랑, 청색, 빨강, 보라의 여섯 색을 찾아냈다. 스피노자(*B. Spinoza*)도 1687년 『물리학을 수학과 가까이 결합하고자 하는 목적으로 행하는 무지개의 기하학적 계산』에서 물방울에 꺾여 들어오는 빛의 입사각과 반사각을 연구하였다.

이 시기에도 주목할 만한 사유의 조건은 신의 지위로서 '움직이는 모든 것은 어떤 다른 것으로부터 움직인다.'는 제일 원동자에 대한 아리스토텔레스(*Aristotle*) 가정이었다.

모든 학문의 토대로서 자리 잡고 있었던 이 가정은 코페르

---

3) L. Geldsetzer, *Spinozismus*, in: Hong Han-Ding, *Spinoza und die deutsche Philosophie*, Scientia Verlag Aalen, 1989.

니쿠스(*N. Copernicus*)에게조차 흔들리지 않은 것이었다. 그렇기 때문에 모든 자연의 경과는 최대 외적인 천구에 귀인되는 우주의 최종원인을 갖도록 주석하는 것이 학문적 관례였다.[4] 새로운 천문학 모델의 등장에도 모든 세계 사건은 프톨레마이오스(*Ptolemy*) 천체이론의 이론지반이었던 아리스토텔레스의 신 존재로 귀인하려는 사유방식에서 큰 변화를 겪지 않았다. 그렇기 때문에 아리스토텔레스의 신은 중세를 통하여 전체 우주와 인과적 연관을 갖는 사유대상이었음에도 불구하고, 데카르트의 신과 더불어 파스칼(*B. Pascal*)의 비난의 대상이었다.

과학혁명의 견인차 역할을 한 광학이론의 발달은 1608년 망원경의 발견을 통하여 곧장 천체관측으로 이어졌다. 지상에서 바로 하늘을 쳐다본다는 "밑에서 위로 야기된" 사건은 천동설의 근본가설을 흔들어 놓는 변화를 가져왔다. 케플러(*J. Kepler*)나 갈릴레이(*G. Galilei*), 뉴턴(*I. Newton*)과 같은 거인들 역시 빛, 음, 색, 수의 세계에서 신 존재를 사유 통일배경으로 전제하였다. 곧, 고전물리학의 과제는 한 일정한 시점의 한 체계의 사태를 알면, 모든 시간에 그것을 알고, '순간의 지배는 삶의 지배'가 되는 시간경과 국면의 이론장악과 통제

---

4) 참조: H. Blumenberg, *Die Genesis der kopernikanischen Welt, Zweideutigkeit des Himmels. Eroeffnung der Moeglichkeit eines Kopernikus*, Frankfurt am Main, 1975, pp.165–168. '움직이는 모든 것은 어떤 다른 것으로부터 움직인다 (*Omne quod movetur, ab aliquo movetur*)'에 따른 아리스토텔레스의 제일 원동 자(*primum mobile*)의 운동 모델은 코페르니쿠스에서 붙박이별들의 일일자전(一日自 轉) 현상과 태양의 연주현상을 외적인 것에서 내부적인 것으로, 위에서 아래로서가 아니라, 거꾸로 체계내부의 문제로, 밑에서 위로 야기된 것이다. 민영기·최원재 옮 김, 『천체의 회전에 관하여』, 서울, 1998, 제7장에서 제9장까지, pp.35–41.

를 의미하였다.[5]

근대과학은 16~7세기 천문학, 기하학, 음악, 수학의 4분과의 융합학문의 무한, 변화, 미지, 공간, 운동에 대한 배경지식으로 탄생한다. 일원론 신학의 영향을 깊숙이 받으면서 발전한[6] 물리학은 불변인 현재시점에서 주어진 가능한 시간에 과거와 미래에 일반화된 현상을 기술한다. 물리학의 근본과제는 지각가능 세계를 영원한 이념의 불완전한 모사로 순수한 이념을 참된 현실로 구성하는 것이다. 현재의 주어진 일정한 지점의 물체에 위치와 속도를 주면, 우주에 상호작용하는 모든 힘, 우주전체의 발전, 과거에서 그리고 미래까지 예측할 수 있다. 이처럼 갈릴레이, 케플러, 뉴턴이 선 글로벌 형이상학은 이처럼 지상에서 생각하며 천상사태를 이상적으로 실험하므로 과학에서 보고 듣고 측정을 가능케 하는 자연법칙을 기술하였다. 곧, 코페르니쿠스 태양 중심 세계관 이후, 17세기 과학혁명의 근대 사유란 크든 작든(大小) 부지(不知) 불식(不識)의 미지영역에서 신적인 창조를 묻고 어떤 법칙에 복종하는지를 묻는 역사였다. 이러한 결정론적인 생각은 18~19세기 라플라스(P. S. Laplace)까지 이어졌으며 고전역학에서 양자역학에로 물리학 이론의 패러다임변화가 일어나는 20세기 초까지 존속되었다.

근대과학의 형이상학의 근본전제는 천체운동의 선행과정

---

5) S. H. Joachim, *Die neuzeitliche Physik aus dem Geiste der Musik*, Bremen, 2001, p.3.

6) L. Kvasz, *The Invisible Link Between Mathematics and Theology*, in: *Perspectives on Science and Christian Faith 56*, 2004, p.111.

을 일정각도에서 고찰함에 스스로 방해받지 않던 종래의 경험적 명상적 전망으로부터 자신의 고유한 관측지점을 포기함으로 얻은 결과이다. 말하자면 성운(星雲)의 천체관찰(觀察)은 망원경으로 외부태양에서 지구로 시선을 돌리게 하는 안목(眼目)을 수학적으로 확립하므로 얻은 정적 공간전망의 대가였다. 이러한 공간전망을 확보하므로 탄생한 근대세계의 배경지식은 17세기 바로크 천문학에서의 시차이론이 제공하였다.

시차이론이란 엄밀하게 무엇이 실제로 보일 수 있는 것을 범례로 만드는 능력이다.[7] 케플러가 제공한 이론에 따르면, 우리가 본다는 것은 "눈앞의 세계의 전체 반구의 이미지가 망막의 붉은 흰자위 표면에 고정될 때 일어난다는 것"이다. 어차피 인간이 지구상에서 햇빛에 가린 그림자에서는 사물을 볼 수 없는 고로, 본다는 것은 천구메커니즘을 닮는다. 우리는 우리 자신의 지점이 아닌 관점에서 행성을 지각할 가능성을 찾을 때, 수학적 등식을 사용한다. 일상생활에도 한 장소에서 다른 장소로 이동할 때에도 이 등식은 우리로 하여금 실재 거리와 운동을 계산하고 조정을 허용하는 시차 이론을 낳는다. 오늘날 명약관화(明若觀火)한 사안일지라도 첨단 광학기술과 매체기술 없이 망원경의 발명으로 세상의 모든 일을 알려는 시기의 전후를 살아가려 하였던 사람들에는 이러한 인식등급의 차이는 엄청난 문명의 변화를 가져왔다.

시차이론은 우리가 땅을 딛고 살아가는 지구상의 어느 곳

---

7) JL MARZO, *FROM PARALLAX TO THE SPECTACLE*, BY Read at the Parallax Conference, at the Saint-Norbert Arts and Cultural Centre in Winnipeg, Canada, Sept. 1996. Published by the SNACC, 1998.

〈그림 1-1〉 1602년 마테오리치의 『양의현람도』의 동아시아 부분

어느 누구로부터라도 우리 자신의 고유한 위치에 의하여 오염되어 물들지 않을 시 지각 등급을 요구하는 것에 권리근거를 준다. 관찰된 대상의 명백한 위치변경은 관찰자의 위치변경에 기인할 뿐이다. 남아메리카의 한 지점이나 아프리카 희망봉이나 마카오의 한 지점이라도 지구상의 뚜렷한 지리학적 지점이 있다면, 관찰자로서 우리의 특별하고 유일한 위치로부터 관찰 대상의 크기와 거리에 대한 광학적 약점을 교정할 수 있다. 17세기 바로크 테크놀로지는 우리가 세계와 별들의 관찰에 적용될 수 있는 이론을 확실하게 설정할 수 있는 필연적 모델을 합법화하였을 때, 우리의 우주의 객관적 지도를 형성할 수 있게 하였다.[8]

2. 마티니와 한반도

1655년 암스테르담에서 출간된 인문지리학자 마티니의 『신중국지도, *Novus Atlas Sinensis*』를 보면 한반도가 등장한다. 마티니의 인문지도의 배경지식은 곧 과학과 형이상학에서 봄, 들음, 쓰기라는 통일된 사유를 형성한 15세기 이래의 지중해적 서양사유에서 발원하고 있다. 마티니는 1644년 4월 북경

---

8) 코페르니쿠스의 태양중심설 등장 이래 지구중심설에 대한 비판이 무르익으면서 1608년 망원경의 발명은 우주의 상태(*status quo*)에 시차문제를 해결하는 실마리를 제공하였다. 갈릴레이는 자유낙하 실험으로, 케플러는 행성운동법칙의 정식화로, 뉴턴은 만유인력법칙으로 천상의 세계와 지상의 세계의 객관적 지도를 형성하는데 기여하였다.

이 함락되자 마주 닥친 청의 병력을 기다리며 집 앞에 "여기에 위대한 서양신학박사가 살고 있다."고 적어 놓았다. 그리고 유럽 서적, 천문도구 등을 진열하고 서 있는 자리를 물러서려고 하지 않았다. 명령권자가 이를 보고 청나라에 협력하고 충성으로 도울 것을 묻자, 승낙하고 여기서 만주방식으로 변발하고 옷을 입은 그는 항주교회로 돌아간다. 1651년 중국을 떠나 로마로 갔고, 1653년 노르웨이를 거쳐 암스테르담에 도착한 다음 출판업자를 만났고 그 후 여러 유럽의 도시에서 역사저술과 지리학 자료를 출간한다. 마티니가 발견한 세계는 중국뿐만 아니라 아담 샬과 조선의 소현세자(昭顯世子, 1612~1645)[9]의 행적도 포함한다.

많은 역사가는 조선이 명청과의 외교관계를 유지하고 상호 문물교류를 유지하기 위하여 조선의 유학의 지식인들이 중국을 왕래하였다는 사실적 기술에 치중한다. 하지만 그들은 역사적 사실의 표면구조에 잠복되어 있는 심층배경지식을 간과하고 있다. 마티니가 소현세자 일행이 아담 샬(A. von Schall, 1591~1666)을 만난 사건을 관찰하였다면, 소현세자 일행 역시 이들이 지닌 배경지식의 세계를 접한 것이다. 배경지식은 산속의 샘물이 깊은 바위 속 암반에서 흘러나오듯, 새로운 데이터나 자료에 의한 표면적 지식에 심층기반을 제공한다. 마티니가 접속한 장소는 고대문명에서 공간과 지식의 변형을 뜻하는 '토포이(topoi)'에서 유래한다. 단수가 '토포스(topos)'인데 복수인 '토포이'는 상이한 공간을 의미한다. 원래 코스모

---

9) 조선 왕족으로 성은 이씨, 이름은 왕(汪)으로 조선왕 인조의 맏아들이다.

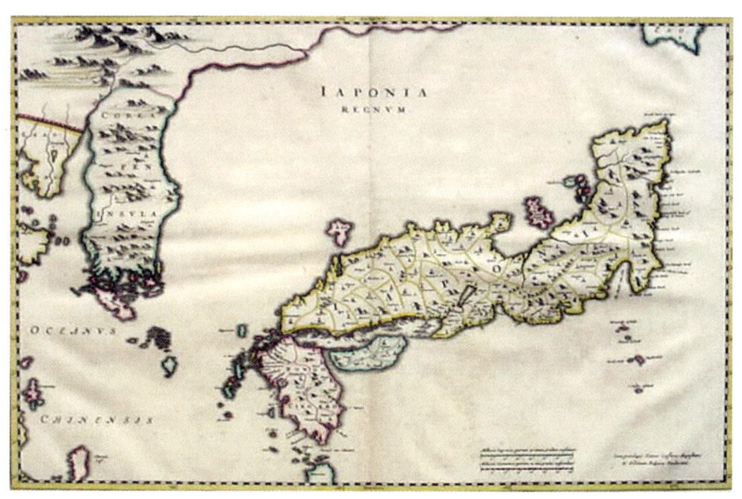

〈그림 1-2〉 장 블로(*J. Blaeu*)의 『일본국 *Japonia Regnum*』, 암스테르담, 1655.

스(*cosmos*)는 그를 둘러싼 물체가 없지만, 아리스 토텔레스 공간은 코스모스 이내에 물리학적 공간에 주변으로 덮여 있는 물체의 경계이다.[10] 마티니가 중국의 곳곳을 돌아다니며 작성한 지도의 배경지식은 아리스토텔레스 공간의 의미에서 자신이 처한 물리학적 공간 주변으로 경계를 이루게 만들어놓는 지중해 지역의 원형사유에서 유래한다.[11]

이 지도에 나타나는 한반도의 위치와 주변국가의 경계와 거리에 대한 인식은 마티니가 하고 있는 배경지식이다. 이 지식은 지중해 지역에서 탄생한 철학에서 온다. 이 지식은 오늘날 우리 삶의 문화적 주변경계로 다가와 있다. 이 지식의 인문지도에 대한 지리학적 성찰과 해석은 세 차례의 역사

---

10) *Physik* IV 5, 212b 8–10, *De Caelo* I 9, 279a 12–18

11) 장 블로(*J. Blaeu*)의 『일본국 *Japonia Regnum*』, 암스테르담 1655. Ca. 42x59cm 이다.

적 계기를 통하여 우리에게 주어져 있다. 이 세 차례의 문명
사적 사건은 역사적 사태로서 무반성적으로 내버려져 있다.
세 차례의 문화인류학적 사건은 수용자 측면에서 적극적으로
그 의미를 해석할 때 주어진 것을 자기 것으로 만들 수 있다.
  한반도가 접속하게 된 마티니가 배경으로 하는 지식의 사
유모형은 지중해 사유이다. 지중해 사유는 지중해 지역을 중
심으로 생겨난 철학을 의미한다. 첫 번째 지중해 사유는 기
원전 5세기에서 시작된 희랍의 플라톤의 동굴의 비유의 원형
적 인식모델에서 출발하였다. 이 지중해 사유는 기원후 6세
기의 서로마제국의 멸망에 이르기까지 약 1,000여 년 이상
지속된다. 이 기간이내에 희랍에서 처음으로 꽃피운 문명은
기원후 2세기의 알렉산드리아와 로마로 이동하면서 스토아
와 에피쿠르스학파로 번창하였고 로마문명과 흥망성쇠를 같
이 하였다. 두 번째 지중해 사유는 7세기의 미미한 출발에서
10세기 안셀무스의 스콜라 철학운동에서 활발해지며 이후
대학이 설립되면서 단테와 아퀴나스에서 꽃을 피운다. 두 번
째 지중해 사유 역시 1,000여 년을 지속하였다. 일곱 가지
인문학 교육으로 학문이 전승되며 17세기의 갈릴레이의 지
동설 이전까지 지중해를 중심으로 사유흐름이 이어진다. 세
번째 지중해 사유의 발전은 소위 서로마 문명으로 단절된 고
대 희랍 고전문명을 원형 형태로 복원하려는 정신자각과 더
불어 생겨났다. 이 기간을 기점으로 15세기에 르네상스 인문
부흥운동과 더불어 유럽전역에 광범위하게 진행되어 종전의
천동설체계에 반기를 들었던 코페르니쿠스를 위시하여 종교

개혁의 루터, 그리고 갈릴레이와 케플러를 거쳐 뉴턴에 이르러 완성된 과학혁명의 세계관이 열리게 되었다.

이 세 번째 지중해 사유의 문명변용과 이동상황에 대하여서는 이미 우리나라의 16~7세기에『지봉유설, *芝峯類說*』을 집필한 이수광(*李睟光*, 1563~1628)[12]에 의하여 파악된 바 있다. 이때부터 서학(*西學*)이라는 사유흐름으로 우리의 전통사유와 접목되고 있다.[13] 17세기 이래로 진행되는 세 번째 지중해 철학의 사유는 동아시아 문명세계와의 만남으로 향후 어떠한 규모와 크기로 이어지는지는 예측하기 어렵다. 수렵문화는 동물의 거주와 이동에 관련되나, 농경문화, 경작문화 등 경작하거나 개간하는 땅과 관련된 활동의 결과는 문화가 된다. 17세기에 동아시아 문명세계로 들어온 지중해 문명의 철학은 강력한 지식이동성을 특징으로 유입되었다. 두 문명권에서 유지되어온 삶의 방식이나 지식형식은 문명의 상호유입을 기점으로 본래적인 전통사유방식이나 삶의 양식 및 자연과 인간의 세계를 새롭게 이해하는 계기로 다가온다. 지중해 철학의 문명에서 동아시아 문명권으로서의 진입과정은 일정한 시간의 인간 사회의 삶의 형식에서 의도되지 않은 행동방식과 융합과정으로 규정되게 되었다. 이러한 수평적 문명융합양상이 앞으로 어떻게 해석되고 변용이 일어날지에 대하여서는 여전히 진행 중이지만, 동서양은 여러모로 공유하는

---

12) 경기도 장단출신으로 본관은 전주, 자는 윤경(*潤卿*), 호는 지봉(*芝峯*)으로 아버지는 병조판서, 1585년 별시문과 급제로 관직에 들어선 이래 3차례나 명나라를 다녀왔다.

13) 금장태,『조선후기 유학과 서학』, 서울대학교 출판부 2004,『연세실학강좌 I, 실학공개강좌[1]』, 연세대학교 국학연구원 편 2003.

지식이 있었다.

르네상스에 발전된 사영기하학, 광학, 지리학, 천문학, 항해술, 건축, 인쇄출판기술 등의 발달은 종전에는 예상할 수 없던 방식으로 세계를 끌어들이므로, 17세기 이래의 문화지각 대상을 변화하게 만들었다. 원래부터 우리에게 주어진 자연공간 조차 새로운 지식의 매개를 통하여 차츰 역사공간으로 진입하여 생활 속에서 문화공간을 변형하게 만들었다. 자연과 더불어 시간의 문맥에서 인간과 더불어 발전하여 구성되어온 역사공간은 소통이 가능한 문화공간에서 새로운 경계를 만나게 되었다. 상상 가능하고 체험 가능한 잠재적인 문화공간은 반드시 역사공간에서 실재를 보증받아야 할 구속은 없어졌다.

르네상스 이래 지중해 지역에서 발원한 글로벌 원근법(遠近法)은 오늘날 이와 같은 디지털 문화공간의 이론적 기초를 제공하였다. 국지적으로 지각이 일어나는 어느 곳 어느 시간에나 세계로 연결되는 문화인식도구가 된 디지털 문화공간은 요지경(瑤池鏡)과 같다. 디지털 문명의 상호문화 소통방법은 글로벌지식문명의 이동성을 특징으로 하는 지중해 지역을 한반도의 잠긴 문화공간의 구경거리로 가져오고 있다. 이제 한반도로 다가온 지중해 지역의 문화공간과 문명융합과정 및 문화융합양상을 어떤 방향으로 해석할 수 있는가?

브레이지그(K. BREYSIG, 1866~1940)에 따르면, 모든 문화는 일정한 최고 단계에 도달하려고 한다. 역사적으로 보면 영원한 원시단계가 있고, 몇몇은 원시단계, 또는 중세에 죽어간다. 하지만 모든 문화가 가능한 발전의 최고단계에 도달하는 것은 아니다. 상이하게 변했고 발전하였고, 어떤 단계에서 현재에 이르렀는지를 보아야 한다.[14] 그렇다면 지구상의 어느 곳이든 로컬하게 살아가는 사람들이라 할지라도, 그들이 어떠한 문명조건을 통하여 현재에까지 존속하였는지를 고찰하면, 장차 그들의 미래발전의 근거를 파악하여야 한다. 그 점에서 현재 유럽인을 고찰하면, 그들은 문화가 일정한 좋은 외적인 조건에서 성숙하였고 종족의 이해에 따른다면,[15] 거기에는 민족의 피라미드가 있다. 곧, 서양민족은 근대와 현대에 그들만의 최고조 문명단계에 도달하였다. 멕시코 문화나 남아메리카 잉카 문명은 중단되고 끊어졌지만, 로마인과 희랍인은 고대에 최고조로 도달한 단계의 민족이다. 브레이지그의 문화해석은 서양민족에 의한 지중해 문명과 동아시아 문명 사이의 문명접속문맥 및 지식이동성과 전파를 설명하지 못했다.

슈펭글러(O. M. A. G. Spengler, 1880~1936)에 따르면 세계사는 원래부터가 연속이 아니다.[16] 세계사는 근본적으로 연관을 갖지 않는 서로가 단절된 일련의 연속들이다. 각 시대마다 모든 통일과 그때마다의 발전이 일어나도 그것은 역사발전이 현안이 아니다. 오히려 역사의 근본적 통일은 '문화'

---

14) F. M. Wimmer, *Morphologische Theorien ueber Weltgeschichte*, in: *Geschichtsphilosophie 20. Jahrhundert Morphologische Theorien*, Wien, 1990.

15) F. M. Wimmer, *Rassismus und Kulturphilosphie*, 1989, Verlag fuer Gesellschaftskritik, 1989.

16) G. Guenther, *Maschine, Seele und Weltgeschichte*, in: www.vordenker.de (Edition: 2005).

이기 때문에 슈펭글러에게 개인이나 집단의 삶을 위하여서는 역사보다 문화가 더 중요하다. 문화는 고유한 자립적 방식으로 일어나고, 그때마다 그 자체로 하나의 일정한 영혼의 몸통의 표현이다. 희랍은 '아폴론 영혼', 아랍은 '마법적 영혼', 게르만 서양문화는 '파우스트 영혼'의 담지자였다. 서양인의 카테고리를 고대 희랍인, 인도인, 이집트인까지 확장하면, 이들 또한 파우스트 영혼의 능력을 갖춘 역사적 의미를 지는 자들이다. 이 문화들은 식물들처럼 땅에 결부되고 성장하고, 꽃 피우고 열매를 낳았다. 그들의 평균적 번성 시기는 1,000년에 달하였다. 슈펭글러에 의하면 오직 서양인들만 역사적 현실을 인식하였다. 그들의 계속 이어짐은 여전히 거대문명에서 기다려지게 된다. 문화는 그들 담지자가 새롭게 피어나는 문화로부터 도전을 받아서 멸절되지 않으면, 어느 순간에선가 마지막 불모의 단계로 들어선다. 이 마지막 단계의 문화는 유기적이고 물질적 관점에서 거대하나 창조적이지 않다. 이러한 진단에서 슈펭글러는, 현대문명의 예견으로 파우스트 서양문화는 이미 몰락이 시작되었다고 선언한다.

　슈펭글러의 역사인식에 따른다면, 지중해 문명세계와 동아시아 문명세계와의 만남은 거대문명과의 조우로서 더 이상 파우스트 영혼으로는 파악될 수 없는 사건이다. 즉, 슈펭글러의 『서구의 몰락』에 제시한 시대구획으로 고대, 중세, 근대 그리고 현대로 이어져 내려오는 역사인식은 유럽이 중심이 되어 공간적 시간적으로 제한된 인류역사의 '프톨레마이오스 체계'를 제시한다. 이와 같은 역사의 모형에서 세계사를 보면 참새가 목표를 갖는 것과는 같지 않게 직선형 세계사의 황량한 그림을 본다. '코페르니쿠스 전향체계'에서도 인도, 바빌론, 중국, 이집트, 아랍, 멕시코 문화의 개별적 역사의 전체 상은 독특한 지위가 부여되지 않는다.

고트하르트 권터(G. Guenther, 1900~1984)에 따르면 인류 역사에서 인간은 처음부터 이러 저런 조건에서 문화와 문명을 만들어가게 되어 있었던 것이 아니라, 아예 자연에 그냥 던져져 있다. 인간은 숙명처럼 환경과 삶의 조건에서 살아가게 되는 역사형이상학의 고원지대에 속해 있다. 말하자면 유럽을 지배하였던 프톨레마이오스 역사의 세계상이나 파우스트 서양 세계상도 인류의 목표도, 이념도, 계획도 제시하지 못한다. 미네르바 부엉이는 저녁여명에 날개를 치지만, 새벽여명을 알리지 못한다. 더군다나 2001년 미국의 세계무역센터 건물의 폭파를 가져온 9·11테러 이후 아랍문명이 현대문명세계에 준 충격은 문명세계의 만남이 어떤 이성적 사려나 계산으로 예측 가능한 결과로 진행된다는 것을 보여주지도 못하고, 어느 특정한 문명이 구원사적 힘으로 등장할 것이라는 기대도 저버리게 한다. 최근의 이슬람 문명과 기독교 문명 간의 갈등으로서 '문명의 충격'을 말하거나, 세계경제의 장래에 대한 불확실성으로서의 현재문명을 진단하는 논의가 상당히 많아지는 것도, 문명을 비관적으로 보는 시각에서 나온 것이다. 최근의 급성장 추세에 즈음하여 장차 21세기의 주역으로 미국문명을 넘어서는 중국문명의 도래를 점치는 문명진단도 있는데, 이는 문명의 진보에 여전히 희망을 거는

낙관적 시각에서 나온 것이다.

　마티니가 만난 한반도와 지중해 문명의 역사와의 조우는 어떻게 생겨났고 어떻게 다가왔고 앞으로 어떻게 변해갈 것이라는 질문도, 이러한 인류문명과 세계사의 고원지대의 풀어 나가야할 숙제이다. 지중해문명과 동아시아 문명의 언저리에 놓인 한반도 문명의 향방은, 그동안 인간, 사회, 자연, 노동, 문화, 과학, 예술에서 17세기에서 지금까지 400년간 보여준 동서 문명교섭과 문명 간의 성숙한 이론적 축적에서 인류의 미래를 향한 빛을 찾을 것이다. 한반도로 흘러들어온 사유로서 하나의 갈래는 히말라야를 넘어서 불교가 들어왔고, 다른 하나는 만리장성을 넘어서 유교와 도교가 전래되었고, 마지막 세 번째로는 광범위한 중앙아시아를 통하여 샤머니즘이 정착하였다. 앞으로 전혀 연관이 없어 보이던 지중해 지역과 한반도가 연관을 맺고 만났고, 만나게 되는 역사형이상학의 고원지대에 네 번째 사유유형의 미래를 향한 동서사유의 원형적 실마리가 놓여 있다. 장차 이 네 가지 사유유형이 어떤 형태로 새롭게 형성되어갈지는, 마티니가 다리를 놓았고 라이프니츠가 연결한 지중해문명과 한반도의 세 차례의 역사적 조우과정에서 그 근원과 방향성을 모색할 수 있다. 마지막 세 번째 문명사적인 만남은, 우리가 세계사를 향하여 도전하고 창조적 희망으로 미래를 풀어나가야 할 문화철학적 과제이다.

3. 세 차례 만남

현대인의 삶을 해석하고 현대문명의 방향을 저울질하는 방법론적 접근에는 흔히들 포스트모더니즘(*Post Modernism*)과 다문화철학(*Inter Cultural Philosophy*)[17]을 들 수 있다. 그 중에 현대유럽철학의 대표적 흐름의 하나로 한때 유행처럼 회자되었던 포스트모더니즘은 철학, 예술, 건축, 문학, 사회학, 역사학 등 다양한 분야에 많은 추종자를 낳았다. 하지만 "탈근대(*Post Modern*)"라는 표현은 그 정확한 방향과 범위와 윤곽도 좁고 불분명하다. 탈현대주의자 스스로에게도 탈근대가 어떻게 진행되는지에 대한 향후 전망은 불투명하다. 그렇기 때문에 이미 21세기로 진입한 오늘날 과거 포스트모더니즘이 추스르지 못한 철학의 역사와 그 방향성에 대한 성찰이 절실해진다. 단순하게 고대, 중세, 근대, 현대라는 시대구분으로 철학의 역사를 회고하는 전통으로 오늘날 현재 인류사유의 고유하고도 절실한 문제해결을 간구하기에 포스트모더니즘은 지나치게 스스로와의 사유 전통을 파괴하고 회의주의에 빠졌다. 영미철학이라는 것도 영국과 미국, 또는 영어를 사용하는 국가의 철학자들의 지역학의 문제로 철학의 본령의 일각을

---

17) H. Kimmerle, *Interkulturelle Philosophie*, Junius 2002, pp.43-44. 키멜레의 새로운 문화개념은 고유한 문화 내에서 타자를 인정하고, 고유한 권리 안에서 타자의 문화와 타자에 속한 자연적 삶의 공간을 인정하는 것이다. 야만에서 인간성, 돌팔매질에서 대형폭탄에 이르기까지 인류가 지금까지 누려온 문명은 모두가 동등하고, 오래되었고, 상황마다 그들의 방식으로 문화의 과제를 달성하였다. H. Huelsmann, *Die Technologische Formation*, Berlin 1985. Ram Adhar Mall. H. Huelsmann, *Die drei Guburtsort der Philosophie*, Bonn, 1989.

다루는 것에 불과한 것이다. 프랑스의 포스트모더니즘의 이론가의 저술이 대부분 영어로 번역되고 그 언어로 다시 포스트모더니즘 사유를 흉내 내기 시작할 때에는 그 언어는 더 이상 철학의 명제가 아닌 앵무새 철학의 진술에 불과할 뿐이다. 프랑스 철학은 불어를 사용하는 프랑코 폰 지역에서의 활발한 교류를 통하여 그들의 고유사상을 개발하고 발전시키므로 전체 철학의 발전에 기여할 것이다. 독일철학은 가장 희랍적 사유유형을 닮기에 적합한 언어구조를 가지고 있으면서도 오늘날 세계철학무대에서 영어나 불어권의 철학에 뒤처지는 이유도 읽는 것과 듣는 속도의 차이를 좁히지 못했기 때문일 것이다. 그럼에도 대학 강단에서 영어강독이나 영어로 쓰인 철학서적을 읽으며 갑론을박이 일어나는 논쟁에 넋이 빠져서, 마치 독자 자신도 그러한 논쟁의 틈바구니에서 마치 스스로 철학자가 된 것인 양하는 허위의식에 빠져 있다면, 이것이야 말로 얼빠진 푼수의 철학이라고 할 수밖에 없다. 하지만 철학의 언어가 비록 2,000년 이상을 희랍어와 라틴어를 통하여 전승되었다 할지라도, 다문화철학적 관점에서 보자면 저마다의 언어세계를 통한 철학의 구현은 그 나름대로의 권리근거를 갖는다.

다문화철학은 자신의 사유 전통과 더불어 타문명의 사유 전통의 고유성과 독립성을 존중한다. 그렇기 때문에 포스트모더니즘까지 포함하여 전 세계의 도처에 존재하는 다양한 문화의 특성과 독립성과 자립성을 존중하면서 공존하는 흐름을 지향한다. 오늘날 철학은 곧 자기가 처한 환경과 삶의 조건, 그리고 주변에서 일어나는 사사건건에서 사건적 사유를 요구한다. 지금까지 꾸준하게 자국의 전통사상을 지키며 사유 활동을 하여온 지역주의의 전통 사상가는 포스트모더니즘의 자기부정을 강요하거나 강요당할 필요가 없다. 그들은 자기 자신을 다문화철학과 결코 이론적으로 차별화할 수 없으며 스스로 다문화철학자이다. 그 이유는 지역적 사유의 독립성과 고유성을 존중하고 인정하는 다문화철학의 인식론적 관점 때문이다. 특별히 16세기 이래 지중해를 중심으로 활동한 지중해 철학자들은 동아시아 세계와의 문명교류를 통한 문명이동의 역동성에 다문화철학의 인식론적 입장을 지니고 있었다. 먼 곳에서 온 친구를 기뻐하며 사상교류와 문물교환에 눈을 뜨고 서학을 따르던 일련의 학자들도, 이러한 상호문화철학적 전제를 인식하고 있었다. 그 철학사적 의미는 기존의 철학사 기술을 훨씬 넘어선 세계철학사적 지평을 열어준다.[18]

우리는 근대서양 과학기술문명을 수용 이래 중국 중심의 직방세계 문명의 연속성에 찬성과 거부를 보냈다. 서양문물의 배경지식을 이루는 지중해문명세계 철학에 이해가 높아지

---

18) 참고: 2009년에 한국에서도 상호문화철학학회가 결성되었다(회장: 이화여대 김혜숙 교수). '다문화철학'이라는 명칭으로 알려진 이 철학운동은 독일 트리어 대학에 있다가 뮌헨 대학에서 활동하는 인도 브라만 출신의 아담 말 교수와 뮌스터 대학의 휼스만 교수와 생겨난 공동프로젝트에서 태동하였다. 20세기 후반을 풍미하던 푸코, 들뢰즈, 르꾀르, 레비나스, 데리다 등 프랑스의 동시대 후기구조주의 철학자들의 철학적 사유의 성과에 비추어 휼스만, 고트하르트 귄터, 안더스 등은 제2차 세계대전 이후의 독일 철학자들은 유럽 형이상학의 최후의 사유 전통에서 세계철학과의 대화를 시도하면서 다문화철학의 흐름을 형성하는 토양을 제공하였다. 그 후 이들의 후학들이 벌여나가는 국제적 활동무대로서는 독일의 *http://www.interkulturelle-philosophie.de/links.html*와 오스트리아 빈에서 구축이 된 *http://www.polylog.org*이 있다.

면서 새로운 사유 지평이 열렸기 때문이다. 16세기 이래 동아시아 문명권의 우리의 문화정체성은 타문명과의 교류와 수용으로 보편화의 길로 나갔고, 그 일원으로 새로운 문화수용 양상에 직면하여 우리의 자립적이고 본원적인 문화갱생(文化更生)의 공간을 절실하게 요구하게 되었다. 근대에 동서 문명교류가 가시화되면서 서양으로부터 천문개혁과 과학기술의 전래로 종전에 막연하게 서학 내지 서교(西敎)로만 알려진 이들의 역사 철학적 문화배경은 지중해 철학이었다. 슈펭글러의 지적대로 인류역사는 결코 통일된 연속이 아니었다. 오히려 단절된 일련의 연속으로 역사를 보는 한에서, 한반도에서의 삶의 양식과 역사와 문화의 보편성은 특별히 이웃국가에서만 찾을 필요는 없을 것이다. 라틴아메리카에서도 혹은 아프리카에서도 혹은 중앙아시아 지역뿐만 아니라, 나아가 특별히 지중해 지역의 문화와 철학에서 한반도와 접목될 수 있는 문화상호성을 찾는 것이 바람직하다.

역사의 흐름이 무작위가 아니라면, 17세기에서 20세기 초까지 총체적인 서학인식은 실제 우리의 사유에 서양학문의 흐름을 반영하기는 하였지만, 다만 표면인식에 그치고 말았다. 왜냐하면 서학으로 동일시 할 수 있는 학문이란 사실 리얼한 세계시간의 흐름에서 현지에서 직접 존재하는 것이 아니었고, 단지 복제화되고 화석화되었던 원형지식의 2차적 복원과 전송의 산물로 다가왔기 때문이다. 14~15세기의 르네상스를 거치면서 그 이후 16세기에서 17세기의 과학혁명에 이르기까지 이 철학의 본래적이고 근원적인 원천(源泉)은 지중해 철학이었다. 대부분 르네상스 인문주의자들에 의하여 새롭게 번역되었고 대부분 서양고전은 지중해 철학자들을 거쳐서 중국으로 전래되었던 것이다. 서학을 박제화 된 표면적 지식이나 주어진 역사적 사실로만 접근한다면, 그러한 학문적 인식은 주마간산(走馬看山)의 기록문헌 해석자에 그칠 것이다.

한반도와 지중해 지역과의 문화갱생공간은 한반도에서 중앙아시아 바이칼 호를 거쳐서 흑해를 경유하는 지중해에까지 이르는 무지개띠와 같이 이미 그리고 타원 형태로 원형적으로 형성되어 있다.[19] 역사의 과정에서 필연적 연속성도 없이 우연적으로 잠수하였다가 들어갔다가 다시 불쑥 떠오른 동질의 원형문화공간은 일종의 문화형이상학적 고원지대이다. 이같은 원형문화공간의 실재는 상징세계의 기억(*anamnesis*)으로 환상의 벙커에[20] 동질성 문화의 무늬로 화석화되어 보존되어 있다. 실질적으로 근대 지질학의 발전 이래로 화석표본의 연구나 지구의 생성역사, 동식물의 분포 등에 관한 연구는 역사학의 범위를 훨씬 넘어서는 자연지식을 제공하므로 인문학이 서야 할 자리를 반성적으로 교정해주고 있다. 국지적 미시적 차원에서 일정한 지역의 지층의 단면에 대한 연구를 통하여서도 지구의 탄생의 역사뿐만 아니라 우주의 빅뱅에

---

19) 이에 20세기 초 슈펭글러의 '서구의 몰락' 테제와 제2차 세계 대전 이후 고트하르트 귄터가 언급한 '문화 형이상학적 고원지대'라는 문명비평테제와 같은 맥락에서 그러하다.

20) G. Guenther, *Maschine, Seele und Weltgeschichte*, Vordenker, 2005. D. Koepf, *G. Guenthers Techinikphilosophie*, Vordenker, 2003.

〈그림 1-3〉 히말라야[21]

이르기까지 추적하여 나갈 상상력을 제공하며, 거시적 안목에서 멀리 떨어져 있는 만리장성이나 히말라야조차도 한반도의 역사와 문화공간의 이론형성에 간접적 인증자료가 된다.

지중해 철학은 지역학으로서 유럽철학의 모태를 이룬 지중해를 중심으로 일어난 삶의 형태와 사유방식을 총칭하는 지식체계이고, 동아시아 철학 역시 지역학으로서 고대 중국문명을 바탕으로 동아시아 전역으로 확산된 사유형태라고 정의할 수 있다. 이때 지중해 철학과 동아시아 철학을 관심을 갖

---

21) 인도대륙과 티베트고원을 가르는 아시아에 있는 산이다. 히말라야 산맥체계는 세계에서 가장 높은 에베레스트 산을 포함하여 7,200미터를 넘는 산들도 100개 이상 포함한다. 히말라야에서 흘러나온 배수분지만 하여도 인근 17개국에서 지구 인구의 절반인 30억이 살고 있으며, 인도의 힌두교, 불교, 시크교의 성지이다. 칸첸중가는 인도와 네팔의 경계를 이루며, K2는 파키스탄과 중국과의 경계를 이룬다.

<그림 1-4〉 만리장성(*萬里長城*)[22]

고 비교하는 이유는 한국인의 지리적 자의식[23]과 한국사상
의 보편성이 이들 양자의 문명교류와 문명이동현상에 연관을
지니기 때문이다. 만리장성의 문화역사적 상징물에 비추어
보자면 실질적으로도 아시아 대륙 가운데 한반도의 한국인은
3세기 후반에서 4세기 초에 이르는 기마민족이동(*騎馬民族
移動*)[24] 이래 지중해 문명권과의 접속으로 끊임없는 문화적

---

22) 이 그림은 만리장성으로서 기원전 8세기에 건립이 시작되었고 이미 6세기에는 여
러 벽들이 형성되어 가장 유명한 성벽은 최초 중국의 통일국가를 이룩한 진시황제
(기원전 220-206) 제위기간이다. 실제 성벽의 6,259.6km를 포함하여 언덕이나
강의 자연방어벽을 포함하는 길이는 8,851.8km에 달한다.

23) 금장태, 『조선후기유교와 서학』, 서울대학교 출판부, 2003, p.41. 1603년에 이광
정이 들여온 서양지도에 이수광은 '지중해'를 천지의 중심이라고 기술하고 있다.

24) 신라의 박혁거세가 거서간이었으며, 게르만 민족의 대이동 시기의 신라왕들은 특히
내물마립간(356-402)부터 소지마립간(479-500)까지 말과 관련된 '간'이라는 명
칭을 사용하였던 것도 주목을 끄는 부분이다.

〈그림 1-5〉 중앙아시아의 유목지대

연대의식을 통하여 인류문명의 보편성의 흐름에[25] 접목하여 왔다. 다문화철학은 동서양의 어느 한쪽이 다른 한쪽보다 우위에 서 있다든가[26] 아니면 양자는 서로가 수렴한다든가 아니면 어느 한쪽으로 흡수되는 것으로 보지 않는다. 그렇기 때문에 다문화철학의 공평무사한 관점에 서면 동서 문명 교

---

25) 중앙아시아에서 발원하는 기마민족의 대이동은 유럽에서도 문헌적 전거나 고고학적 발굴이나 연구를 통하여 충분하게 전해지는데, 한마디로 이들 기마민족의 정체에 대하여서는 미지수로 알려져 있다. 중국 만리장성 이북에서 발원하여 동쪽으로는 한반도로 들어섰고 서쪽으로는 흑해 북쪽까지 출현한 이들은 근원적인 수수께끼이다. 전형적인 활, 검, 거울, 안장, 주발 등 유럽에서 출현되는 고고학적 전거는 명백하게 이들의 동방유래를 지시하고 있다. 참조: V. L. Borner, *Hunnensturm*, in: *"Attila und die Hunnen"*, 17. Juni 2007. bis 6. Januar 2008, Historisches Museum der Pfalz Domplatz.

26) Hegel, *Lectures on the History of Philosophy*, Translated from the German by E. S. Haldane and F. H. Simson, M. A., London, New York, 1892-6, Volume 1, pp.19-20. 헤겔은 철학의 목표는 진리를 파악하는 데 있는데, 이는 그 밖의 모든 것에 선행하는 직접적 원천으로서 오직 하나의 유일한 진리에 초점이 놓여있다.

류의 역사를 고찰할 존재근거와 르네상스 이후의 동서 문명 이동현상을 적극적으로 수용하고 평가할 이론지반을 갖는다.

동서 문명교류는 역사 이래로 세 차례의 접점이 있어 왔지만 두 차례의 만남까지는 진정한 교류가 일어나지 않았고 마지막 세 번째 만남 이래부터 하나의 공통 세계를 살고 있다.[27] 이 세 번째 만남에는 동서양은 어느 곳에서라도 인간과 자연 그리고 환경 속에서 터득하며 전승되어온 삶의 지혜로서 하나의 세계를 지향할 공통 존재론의 지반이 있다. 동서양이 만난 첫 번째 기억은 기원후 4세기 중앙아시아에서 발원한 흉노족이 다방면으로 유럽으로 진출하면서부터이다. 이들은 라인 강에 거주하던 게르만민족을 자극함으로 유럽에서의 게르만민족의 대이동이라는 근인(近因)을 야기하였고, 궁극적으로는 이들에 의한 서로마제국의 몰락이라는 원인(遠因)을 제공하였다. 고대희랍로마의 고전교양세계가 파괴된 문명과 야만에서 맞닥뜨린 첫 번째 동서양의 만남은 인류의 정신적 기억에서 완전히 사라졌고 문학과 철학의 교류는 더욱 전무(全無)하였다. 두 번째는 13세기 몽고 칭기즈칸(成吉思干)이 중국의 중원을 통일하고 그의 손자들이 서유럽 세계로 진입하여 오늘날 폴란드까지를 포함하는 유럽을 장악하므로 마르코 폴로와 같은 여행전문가의 『동방견문록, 東方見聞錄』 같은 문헌을 남겼고 프란치스칸 수도사들에 의한 서양 기독교가 중국에 전래되기도 하였던 문명교류의 사건들을 의미한다.[28] 지중해 세계를 크게 자극한 두 번째 동서 문명

---

27) 배선복, 『근대동서존재론연구』, 철학과현실사, 2007, p.86.

의 만남에서 동서양은 인류 최고의 독립적이고 자존적인 사유체계를 유지하고 있었다. 그럼에도 불구하고 최고수준의 학문의 영역에서 지속적 만남과 문물교류는 일어나지 않은 점은 수수께끼이다. 다만 부분적인 연구에 따르면 기독교의 삼위일체 이론이 중 일연의 『삼국유사, 三國遺事』 단군조선의 개국과정에 대한 신화의 기록에 영향을 미쳤을 것이라는 추정에 그치는 정도이다.

두 차례의 지중해 세계와 동아시아세계와의 접촉의 불발에 그의 3번째 만남은 지금까지 동양에서 서양으로 진출하므로 생겨난 문명교류였음에 반하여 거꾸로 서양에서 동양으로 인적 지적 물적 방향의 문명이동이 발생한 사건이다. 이 만남은 르네상스시기의 코페르니쿠스의 태양 중심 세계관의 등장으로 17세기 과학 혁명을 완성하던 기간까지 지중해 지역 출신의 마테오리치를 비롯한 대부분의 예수회 선교사들에 의한 동아시아세계로 향한 지식이동(知識移動)으로 특징지어진다.[29] 이러한 지식이동상황은 17세기 말 프랑스 루이 14세가 파리의 왕립학술원 수학자, 천문학자, 과학기술자로 구성된

---

28) Ibid, p.97.

29) D. Cohnitz, *Ray of Lights? Dietrich von Freiberg und die Geschichte der mittelalterlichen Wissenschaft*, in *Studia Humaniora Tartuenisa*, vol. 4, B1 2003, pp.5-6. 코니츠는 중세에서 근대자연학의 방향으로 이행을 기술하는 여러 이론을 분류한다. 로씨(*P. Rossi*)가 대변하는 완전한 파국이론에 따르면 중세와 근대에는 질적인 이론변경이 일어나므로 소위 '과학혁명'이 성립된다. 반면에 크롬비(*A. C. Crombie*)와 듀엠(*P. Duhem*)은 완전한 지속이론에 반대하여 이론적인 지식의 지속적 축적과 증가로 말미암아 중세와 근대과학은 균열이 없다고 본다. 꼬레(*A. Koyre*)와 쿤이 대변하는 일방적 지속이론은 과학의 이론의 발전과 방법의 발전을 구분하므로 방법의 발전이 지속적으로 일어났기 때문에 '과학혁명'에 해당되는 일방적 지속이 이루어졌다고 본다.

예수회 중국선교사를 청에 파송하였을 때 절정에 이른다.[30] 이들은 과거 지중해 세계와 단절되어 있었던 동서 문명교류와 이동의 역사를 근대지식으로 재구성하였으며, 중단된 동서 세계를 다시 이어서 오늘날의 현대문명세계와 철학을 가능하게 한 주도적인 인물들이었다. 조선(朝鮮)에서도 16~17세기 이래로 중국대륙에서 명(明)에서 청(淸)으로의 왕조변혁기(王朝變革期)에 발생한 동서 문명이동 상황에 무관심하지 않고 대륙과 한반도와 소통하면서 서양지식을 수용하는 지식인들이 생겨났다.[31] 실학자(實學者)라고 불리는 이들은 지중해문명권에서 전송(傳送)된 서양철학에 대하여 성리학(性理學)적 세계관에 입각한 동서비교 철학적 반성을 통하여 실학(實學)을 형성하였다.[32]

400년 전 희랍에서 발원한 지중해 철학이 대서양을 경과하면서 동아시아 문명세계와 철학과 조우한 다문화철학의 진원(震源)은 다름 아닌 지중해 지역 문명권과 지중해 지역 철학자들이다. 고대 희랍에서 시작하여 로마에서 완성되어 근대에 재발견되었고 유럽철학의 원형적 뿌리를[33] 가진 지중

---

30) G. W. Leibniz, *Writings on China*, Translated and commented by D. J. Cook and H. Rosemont, Jr., The University of Press of Hawaii, 1994, p.16. 참고, D. E. Mungello, *Curious Land: Jesuits Accommodation And The Origin Of Sinology*, Stuttgart, 1985.

31) 금장태, 『조선후기유교와 서학』, 서울대학교 출판부, 2003, pp.1-5.

32) 최석우, 「實學과 西學의 관계」, 『연세국학총서 30』, p.295. 실학에서 서학의 외래적 요인을 배제하는 입장, 서학의 영향을 과소평가할 수 없다는 입장 등으로 정리되는바, 이 글은 실학체계에서 서학사상의 영향을 배제하기 어렵다고 본다고 평가한다.

33) H. Blumenberg, *Die Genesis der kopernikanischen Welt*, Frankfurt am Main, 1975.

해 철학과 지중해 지역과 관련된 지중해 지역 철학자들은 르네상스와 근대에 다문화적 패러다임으로 동양과 서양을 이어 준 새로운 문명이동패러다임의 선구자들이었다. 그들은 그들의 삶의 환경과 지식을 기반으로 지중해 세계를 재해석하였고, 유럽전역으로 보편적 사유법을 확장하였다. 이로서 지중해와 대서양 지역의 철학은 유럽에서 비유럽 지역으로 지식이동을 가능하게 하는 이론을 찾았으며, 지중해 세계와 대서양 나아가 대서양과 동아시아 세계를 연결한 문명의 전파자가 되어 오늘날 현대세계가 탄생한 원동력을 제공하였다.

4. 문화상호성

모든 인간은 텍스트 제공자이고 독자이다. 인간은 텍스트 제공자이고 독자이기 때문에, 인간 스스로가 문화텍스트 생산의 기본요소이다. 카시러(*E. Cassirer*)는 알파벳 만들기의 다양성을 존중할 것을 강요하고, 여러 다양한 텍스트 직물을 인간 스스로가 읽어내는 문화를 강조한다. 인간이 만들어 놓는 만큼 인간에 의하여 읽고 읽혀지는 것이 상징 만들기(*symboische Formung*)이다. 상징 만들기는 상징형식의 총체개념으로 문화요소를 구성하는 문화과정이다. 인간은 인간과 인간의 상호작용의 공동작용의 의미에서만 문화의 창조자이다. 인간은 이 과정의 창조자이지만 거기서 이미 자신 안에 들어온 문화요소에 객관적 문화의 해석을 필요로 한다. 이 점에서 17세기 이래의 지중해 지역과 한반도와의 인물과 문물교류에서 문화상호성은 자연과학과 인문과학을 포함하는 문화과학이 만들어가고 만들어낸 문화 산물의 과정을 파악하고 이해하는 문화형이상학적 발산개념으로 정의할 수 있다.

카시러 문화철학의 입장은 문화관찰자로서 동서 문명이동과 문화상호성에 대한 설명모델을 제공한다. 그에 따르면 문화관찰자는 고유하고 높은 문화성의 입장에서 모든 가능한 정신세계의 명시화(明示化)를 인정하고 아는 자이다. 이런 세계관을 형성하는 길은 자연이 아닌, 자연과학도 기여한다. 자연과학도 그런 정신세계의 명시화 영역에 속해 있다. 자연과학 작업이 그러한 문화관찰의 세계형성에 기여한다면, 문화철학적 작업 이외에 역사과학의 과학이론도 마찬가지로 그러한 몫을 해낸다. 카시러의 상징형식 혹은 상징 만들어내기의 철학개념은 과학세계의 정초를 정신세계 이해와 합당하게 일치시켜 발전시키는 것이다.

참인지 거짓인지의 물음은 마지막에 열려 있으므로 상호문화세계관이 형성되어 가는지의 사안은 추후에 이해 가능한, 연구 가능한 발전대상의 것이다. 지중해문명의 문화와 동아시아 문명은 서로 정면 대결되었던 상황에서, 지금은 일정한 현상의 총체개념으로 주어졌고, 앞으로 어떠한 문화융합 양상으로 발전하는지에 대하여서는 여전히 미래 과제에 속한다. 예를 들자면, 대부분 현재 유럽대학은 자연과학을 제외하고는 비유럽문명권의 삶과 역사와 철학을 중국학이나 일본학 혹은 한국학, 이슬람학, 아프리카학 등으로 취급한다. 독립적인 학문분야로 존재하는 유학, 불교, 이집트학, 이슬람학 등의 학문은 지역학으로 분류되나 동아시아 문명권의 대학에서는 유럽의 역사와 문화, 지리 등을 지역학으로 취급하지 않고 17세기의 예수회 선교사들이 전달해준 학문의 본령을 그대로 답습한다는 점이다. 서양에서는 비유럽 지역을 지역학의 연구대상으로 심도 높은 연구를 진행하고 있음에 반해, 동아시아 사회에서는 유럽학문을 지역학으로 취급하지 못하고 있는 상호문화교류의 불균형이 시정되지 못하고 있는 실정이다.

인간이 세계와 매개하는 수단으로 인류에게 보편적으로 통하는 언어를 생각한 것은 이미 그 자체로 오랜 역사를 지닌다. 보편언어에 의한 세계 이해를 바탕으로 일어난 동서 문명이동의 문화상호성의 개념은 서로가 서로 속으로 들어가고 나오는 문화철학적 장소이동을 전제한다. 서로 들어가 보고 나오기라는 문화상호성은 관찰자의 위치개념에 대한 정립을 전제하고 지각깊이의 반복과 차이로 서로를 특징짓는다. 예를 들자면 절에 들어설 때 일주문을 지나고 사천문을 통과하고 어디에 법당이 있고, 범종은 어디에 위치하고 있는지 등의 움직임에도 반영된 문화공간이 불교의 수미산 세계관이다. 기독교의 고딕성당이나 교회에 들어서도 입구와 제단의 위치 및 오르간 설계가 어떻게 내부공간을 반영하며 공간배치와 구도를 갖느냐에 따라 공간의식이 달라진다. 이들 양자의 세계관이 만나는 공간적 장소이동에는 서로에 대한 상호문화적 이해와 소통은 지각깊이의 인식론적 같음과 차이를 토대로 이루어진다. 실제로 17세기에 기독교가 동아시아 문명세계에 들어왔을 때에는 불교적 세계에서 전파되는 통로를 찾았던 것이 그 사례이다. 카시러에 따르면, *말 하는 자가 문화이면, 인간이 말하고, 말하는 자가 인간이면, 문화가 말한다.* 그렇기 때문에 세계개념과 문화개념은 언어를 통하여 서로 호환된다. 언어 역시 인간이 세계에 직접 연관을 맺는 상징수단으로 일종의 주어와 대상 사이를 매개한다.

오르트(*W. Orth*)에 따르면[34], 상호문화작품 세계를 파악하고 이해하기 위하여서는 두 개의 철학적 개념의 문으로 들어가야 한다. 하나는 모방의 문이고 다른 하나는 비판의 문이다. 마티니나 마테오리치의 동서 문물의 만남에서 이들의 배경지식은 다른 문화의 안으로 모방으로 들어와 보았고, 비판으로 나왔던 경우에도 두 문으로 들락날락했기 때문에 가능하였다. 중국의 등소평이나 주은래가 20세기 초에 유럽에 유학하였을 때나, 한국의 이승만이나 안창호가 미국유학을 떠났을 때에도 동일한 상황의 마테오리치 학습효과가 일어나는 것은 매우 자연스러운 일이다. 누구나 지성적으로 스스로의 고유한 이해지평을 통하여 안으로 밀어 넣어 들어가는 모방의 출입문에 선다. 일단 모방의 문에 들어선 자는 앞에 놓인 미지의 개념과 그들의 전망을 이해하면서 이해가 충만하게 뒤따라 행동한다. 무엇이 앞에 놓여 있는지 스치며 지나쳐야 하는지 혹은 뒤돌아서야 하는지 등 회의와 기대가 교차한다.

---

34) E. W. Orth, *Symbolische Formung zwischen Kulturologie und humanistischer Kulturanthropologie*, in: *Nordic Journal of Philosophy*, Vol. 4, No. 1, Philosophia Press, 2003.

하지만 비판의 출입문은 지나온 길을 반성하면서 앞에 놓인 전경의 개념을 이해의 척도에 맞게 자립적으로 세운 기준에 맞추는 것이다. 곧 17세기 동서 문명이동과정에 서로 다른 이질적 문명권의 사람과 문물이 만날 때에 이러한 문화상호 성이 형성되었다.

이때 가장 먼저 등장하는 개념이 위치 개념에 대한 반박이 다.35) 우리는 어디에 서 있고 어디로 가는지에 대하여, 바로 크 과학자들을 저마다 이런 질문에 대하여 놀라워하였다. 이 러한 놀라움은 오늘날 아인슈타인 이후에도 마찬가지로 다가 오고 있다. 장소이동과 물체의 운동에 대한 궁극적인 답변을 줄 수 없었기 때문이다. 코페르니쿠스 이후 지구는 우주에서 특권을 지니는 지위를 상실하였지만, 아인슈타인 이후에는 우주 자체에서 그런 문제제기 조차 성립하지 못하게 되었다. 그러나 라이프니츠 모나드 철학은 위치개념의 반박을 지각깊 이(*depth of perception*)의 문제로 파악함으로써 근대에 등장하게 된 무한공간의 개념을 상호문화철학적 인식근거로 정초할 수 있었다.

우선 17세기 바로크의 과학개념은 특별히 도구적 지성의 도움으로 주어와 대상세계의 의미연관성을 파악하므로 형성 되었다. 갈릴레이의 망원경이나, 뢰벤후크(*A. van Leewenhoeck*) 의 현미경은 자신들이 처한 세계와 자연의 대상에 대하여 주 어를 연결하므로 인식 주체와 대상 사이의 상호문화작품성을 완성하는 도구였다. 이 도구를 통하여 주어와 대상의 경계를

---

35) Ibid.

허물었고 이질적인 남의 세계를 나의 세계로 들여왔다. 도구를 통한 문화상호성의 영역의 확장은 전파에 있었다. 그러므로 이러한 방법론적 실천은 대다수 예수회 중국선교사들의 동아시아 문화전파에 결정적인 동인을 제공한다. 그런데 위치개념의 반박에 관련된 가장 일차적인 문제가 시차에 관계된 현상(*appearance*)이다. 어디서 왔는가? 어떻게 우리가 사물들을 보는 것이며 대상의 실재에 어떤 시지각 등급이 상응하는가? 내가 본 것은 확실한가? 바로크 시대는 새로운 문제를 일으킨다. 서양문물이 동아시아 사회에 들어왔을 때 변화가 일어났고 점진적인 수용과 뒤섞임 그리고 창조적인 융합이 일어날 수 있는가?

과학은 곧장 직접적 대답을 주지만, 과학이 집중할 수 없는 영역이 문화와 생활세계이다. 바로크 사유는 주어와 대상 사이의 관계, 우리가 본 것과 보여 진 것 사이의 문화와 생활세계를 발견하였다. 사물들과 대상들은 더 이상 고정되어 있지 않으며 그들은 생활세계에서 움직이고 방황하고 있다. 대상은 충분하게 포착되지 않는 가동의 형식이다. 그러므로 망원경의 봄의 통제와 렌즈의 통제는 문화과학에서의 인식조건을 위한 도구가 되었다. 카메라는 한 점으로 고정된 대상을 한 점에 고정시켜 포착하게 준비되어 있듯이, 봄(*sight*)은 역학적 통일을 사회화하는 광학적 설비가 되었다. 봄은 카메라가 포착하는 시각적 우주에 가담하게 하는 것을 의미한다. 렌즈의 통제가 우리로 하여금 실제로 무엇이 초점이 되어야 하는지를 통제하게 하는 것이라면, 봄은 렌즈가 포착하는 이미지의 광학적 전송이 일어났음을 의미한다.

벨쉬(*W. Welsch*)는 한 나라에서 일어나는 문화접촉과 수용 및 창조과정에 상호문화성 대신에 탈문화성(*Transkulturalitaet*)에서 문화적 실재 내지 문화적 보편자를 설명하려고 하였다. 문명접촉과 이동에는 서로의 문화는 윤리적으로 민족귀속, 통일성, 동질성, 경계 짓기와 배타성 지향을 갖기 융합이 일어나지 않지만 문화적 실재가 존재한다. 탈문화성을 이차적으로 파악하면, 이는 문화들의 공존과 소통의 문제를 창조한다. 문명의 접촉과 교류 및 문화융합현상에는 탈문화성이 있기 때문이다.[36] 고립화, 탈문화성의 문제는 문화심층구조와 근본방향의 정립이 없이 주도적으로 표면구조로 들어가기만 할 뿐이라는 데 놓여 있다. 그 이유는 문화와 과학의 대립이 삶의 지표에 놓여있기 때문이다. 벨쉬의 문화개념은 헤르더의 민족문화개념을 저항하고 비판하여 새로운 변화를 수용하여 정립된 것이다. 헤르더에게서 문화란 민족의 임재에서 문화의 꽃을 피우고, 적절하게 혹은 때가 이르러 열매를 맺는 민족문화개념에서 탄생하였다. 헤르더의 문화란 민족의 것이고 문화개념은 민족의 전체형식으로서 통일성을 전제할 때 생겨난다. 그러나 그 경우에 문화의 경계 짓기와 문화의 경계를 넘어서는 부분에 취약하다. 현재 문화를 보면, 우리와 남, 고유전통과 이방문화 등의 문화교환과정의 용이함을 저하하는 민족문화개념은 진부하며 창조적이지도 못하다. 그러

---

36) W. Welsch, *Was ist eigentlich Transkulturalitaet*, in: *Hochschule als transkultureller Raum? Beitraege zu Kultur, Bildung und Differenz*, hrsg. v. L. Darowska u. C. Machold, transcript Verlag, 2009.

고 보면 헤르더의 민족개념은 18세기 계몽시대에나 적용될 수 있는 한계를 지닌 점을 알 수 있다. 벨쉬는 17세기의 자연법 이론가 푸펜도르프(S. von Pufendorf)의 문화개념 역시 개별적인 것뿐만 아니라 전체 인간의 삶의 표현으로서의 일반개념에 불과한 것으로 기각한다. 문화를 그와 같은 절대개념으로 상정할 수 없고, 그러한 문화는 단지 관련된 삶의 표현의 개별영역의 상대적 활동성이기 때문이다.[37] 벨쉬의 탈문화성의 문제는 카시러의 문화철학을 통하여 해결이 된다.

카시러의 문화철학을 전면적으로 적용하면 자연과학도 인간과 자연의 삶의 전체영역에서 언어를 통하여 상징 만들어내기의 참여이다. 그 이유는 문화 과학적 입장에서 사람과 사물은 자의(恣意)의 극(極)과 대상(對象)의 극으로 구분되고 또한 상호 호환되기 때문이다. 사물의 대상은 언제 어느 때나 어떤 것 혹은 나이거나 너의 변주로 다가올 수 있다. 여기서 자연과학은 인간을 대상화하며 사물과 인간 사이에 무차이로 다가온다. 반면에 문화과학의 논리는 대상 극과 자아의 극에 모종의 합일점을 만들어내는 데 있다. 이 논리는 자연적 사물이 문화적 수용의 대상으로 다가오는 경우에도 인물(人 & 物) 사이에 그러한 일치점을 낳는다. 곧 대상 극은 어떤 것 혹은 다른 나이고, 곧 너로서 어떤 것이다. 그것은 시공을 통한 무차별적 어떤 것으로 너의 한 변주가 나에게

---

37) W. Welsch, *Transkulturalitaet –Die veraenderte Verfassung heutiger Kulturen, Ein Diskurs mit Johann Gottfried Herder* in: *VIA REGIA, Blaetter fuer internationale kulturelle Komminikation*, Heft 20/1994, hrsg. v. Europaeischen Kultur u. Informationszentrum in Thuehringen, 1994.

다가오고, 그리고 나의 또 다른 변주가 너에게 다가간다. 여기서 주관적 활동성은 문화철학적으로 거의 제로이지만 무차별의 객관성에 대한 자연과학의 해석에 따른 '물리학 세계상에서 인물의 제거'는 결코 절대적으로 도달될 수 없다. 우리는 인간을 문화와 관련하여 이해하며 문화과학의 거울에서 인간을 알 뿐이기 때문이다. 이는 자연과학방법을 오직 한계개념으로서만 간주한다는 것을 의미한다.

인간은 문화행위와 문화내용에서 그 의미를 구체적으로 드러내므로, 자신을 정신적 에너지로서 정신적 행위의 총체개념으로 파악한다. 곧 인간은 상징적 동물(*animal symbolicum*)이다. 인간의 구체적 행위는 그가 속한 문화적 맥락에서만 해석이 되고 이해 가능한 미디어를 통하여 의미통일이 있을 때 외부로 알려진다. 인간은 소위 자신의 상징적 행위를 통하여 자신을 드러내고 이해 가능한 형식으로 전달되기 위하여 스스로 미디어적으로 존재한다. 소위 메를로 퐁티(*M. Ponty*)가 '감성의 육화'라고 부른, 인간학적 '상징적 수임(*symbolische Praegnanz*)' 정리에 따르면, 상징적 수임은 인간행위의 상징형식의 근본구조를 지칭한다. 인간행위의 상징적 수임은 그 안에서 지각체험을 일정한 감성적 체험이라는 직관적 의미를 거치지 않고 세계 안에서 구체적 설명을 가져온다. 인간은 자신이 살아가는 세계의 현실 파악의 경계와 범위를 상징적 수임을 통하여 특징짓는다. 상징적 수임은 문화현실, 언어, 신화, 종교, 기술, 과학을 포함하며, 인간이 세계를 파악하는 감성현실이다.

인문학적 상징형식과 상징 만들기 과정은 상징적 수임을

통하여 규정된다. 가령 역사 속에 존재하였던 삶의 양식을 현대에서 문화적 수용양식으로 재현하는 일이나, 예술의 장르에서 새로운 문화개념을 유포하는 작업도 인문학적 상징 만들기에 해당된다. 한류(韓流)가 세계 속에서 성장할 수 있는 가능성도 이러한 상징 만들기 과정에 일정한 진리요구로서 새로운 의미요구를 장치하므로 열린다. 새로운 존재가능성은 매체본질의 중재 없이는 현실세계에 자리 잡지 못한다. 상징형식 개념의 근본문제는 인간의 의미요구와 존재가능성의 요구가 매체본질로서만 중재된다는 데 있다. 인간이 어디로 가야 할지 방향 정하기의 매체성은 신체조직, 상징활동과 상호활동으로 특징지어진다. 인간은 원초적 상징형식의 패러다임으로 있을 때, 신체를 상징적 매체성으로 결합할 수 있다.

이것을 이해가능하게 만들 수 있기 위한 답변은 17세기에 일어난 동서 문명의 인물들의 접촉이라는 고유한 시간성의 연관에서 줄 수 있다. 동서 문명이동 과정에서 상이한 배경을 갖는 인물들의 교류와 상호소통은 상호문화유기체의 의미가 짜인 시간형성과 시간성을 보여주기 때문이다. 이들의 만남의 배경지식은 오랜 시간과 공간을 통하여 상징형식으로 끊임없이 재생되고 전달되어왔기 때문에, 자연에서 화석화된 지질학이나 광학의 세계에 속해 있지 않은 문화과학에 속한다.

인격과 관련된 문화작품과 문화대상에 대한 해석학적, 현상학적 분석으로 도달되는 문화과학은 근대인들의 상호문화활동성을 드러낸다. 미디엄의 행위는 인격적으로 나를 파악할 낱낱의 행위의 내용을 이루는 데 반해 인물이 제외된 제로 설정에 따른 탈인격성 분석으로 도달되는 자연과학이 있다. 망원경으로 하늘을 관찰하고, 현미경으로 곤충을 관찰하는 미디엄의 행위와 더불어, 자연과학은 인격관련 탈인격적(*a-personal*) 상호작용으로 생겨나는 영역이다. 여기서 인격성이란 단지 인격적 해석적 투사가 익명으로 이어진 상호 짜깁기 작용으로만 작용된다. 하지만 인물이 만나는 만들어내는 상징적 세계는 문화공식으로 가독성이 열려진다. 이곳에서 개별과학은 문화과학이거나 자연과학으로 분업(分業)된다.

5. 수수께끼 ―현상과 사실―

20세기 초 프랑스 물리학자, 철학자 포앙까레(*H. Poincaréo*)는 코페르니쿠스라는 인물이 있었는지 혹은 우리 지구가 지축을 중심으로 태양주변으로 돌고 있는지를 아는지에 대한 사유실험(*思考實驗*)을 제안하였다.[38] 그에 따르면 인간은 천문학적 광학(*astronomical optics*)의 도움이 없이도 우주에서 자신의 위치와 운동에 대한 명쾌한 이해가 있다는 것이다.[39] 우리가 땅을 딛고 하늘을 쳐다보며 별들을 바라보며 살아갈 수 있다는 것은 참으로 다행한 일이지만, 일상생활세계에서 자명한 사실인식을 매일매일 확인하며 살기에는 버거운 일이

---

38) J. Bruening, *Die Vermutung von Poincare*, in: *Elemente der Mathematik 57*, 2002. pp.103–108.

39) H. Blumenberg, *Die Genesis der kopernikanischen Welt I*, Frankfurt am Main: Suhrkamp Verlag, 1981, p.12.

다. 독일의 근대 천재철학자 라이프니츠(*G. W. Leibniz*)도 인간은 매일매일 뜨고 지는 태양을 감각적으로 깨닫고 의식하지 않더라도, 이성은 끊임없이 이러한 사실을 자명한 진리로 받아들일 수 있다고 지적하였다. 그러나 매일매일 보는 해나 달이나 별들이 같은 현상과 사실인지 다른지는 경험이나 이성으로도 풀기 어려운 난제이다.

인간이 지구에서 관찰하는 대상이 불변의 붙박이로 해나 달이나 별들의 인간지각외부에 늘 자명한 사실을 제공하도록 객관적으로 주어진 것인지도 불분명한 것이다. 그래서 근대 이래로 어제 보았고 오늘 본 태양이 내일에 같을지 어쩔지는 연역적 자명성을 지니지도 않을뿐더러 귀납적으로도 논증될 수 없는 수수께끼라는 논증이 시작되었다.

유명한 흄(*D. Hume*)의 회의론적 귀납논증은 이러한 것을 잘 설명하고 있다. "나는 매일 해가 떠올랐다는 것을 기억할 수 있다."에서 "그러므로 내일 해가 떠오를 것이다."라는 추론은 귀납논증이다. 하지만 어떠한 경우에도 이 결론은 전제로 가까이 다가갈 논증을 제시하지 못하고 있다. "나는 매일 해가 떠올랐다는 것을 기억할 수 있다."에서 '미래는 과거를 닮는다.'는 자연의 제일성 원칙을 첨가한다면, "내일 해가 떠오를 것이다."는 추론은 조금 더 신빙성을 줄 수 있을지는 모른다. 하지만 이는 단지 '어떤 전망'을 담보로 미래는 과거를 닮을 것이라는 것이지, 결코 필연적 인과관계(*因果關係*)가 존재하지 않는다고 보는 것이다.

고대 희랍의 철학자 플라톤은 이 수수께끼를 이성과 감성,

마음과 몸, 정신과 육체 사이에 놓인 비밀로 보았다. 양자의 대립은 마치 죄수가 외부세계와 단절된 채 동굴에 갇혀 사는 것과 비유된다. 죄수는 자신이 갇힌 동굴 안에서 바깥세상의 참된 실상을 못보고 지내면서 명암(明暗)의 대비를 인식하지 못하고 살아간다. 비유적으로 첨언하자면, 죄수는 지하 동굴의 감옥에서 빠져나오면 태양의 밝은 빛을 볼 수 있다. 하지만 누구도 이를 알려주거나 말해주는 사람이 없다는 것이 문제이다. 그러나 이 양자의 대비를 깨닫는 지식이 철학이다. 무지에서 유식으로 무교양에서 교양으로 인도하는 것이 철학의 과제이다. 플라톤은 그의 『국가』 7권에서 어느 누군가 부지불식간에 사슬을 풀고 구속에서 벗어나게 되는 한 명의 죄수를 가정하고 있다. 동굴 안의 죄수들은 어쩌다가 같은 처지에 있었지만, 어쩌다가 어느 누군가 하나가 풀려나와 바깥세상을 보게 되는 것으로 설정된다. 플라톤은 이자를 철학자에 비유하는데, 철학자는 바깥세상에 나오면서 처음에는 눈이 부셔서 잘 보지 못한다. 하지만 차츰 시간이 지나면 그는 세상의 사물을 참되게 보게 된다. 죄수가 지하 동굴감옥에서 바깥세상으로 빠져나와 몸의 속박에서 마음의 자유와 해방을 얻는 통로는 모두 네 단계를 거쳐서 도달한다. 철학의 과제는 감성에서 이성으로 나가는 인식의 사닥다리에 참된 이데아의 세계를 보게 하는 것이다.

서양 중세는 대표적으로 단테가 사랑과 믿음으로 땅에서 하늘로 올라가는 인식의 사닥다리를 만들었다. 그는 자기가 살고 있던 북부 이탈리아 토스카나 지역을 중심으로 희랍철학과 기독교를 결합하여 천당과 지옥과 연옥이라는 세계를 만들었다. 그의 『신곡』은 13～14세기 토스카나 일대의 자신의 삶의 내용과 주변의 인물과 사회와 국가와 정치적 사건의 내용을 반영한 이야기이다. 단테는 인간과 사회와 국가에서 일어나는 세상만사의 업보에는 이 셋 중의 어느 한 세계의 영역에 할당되는 영적인 질서를 갖는 장소라고 설명한다. 어디가 천당이고 연옥이고 지옥이냐고 물으면 그곳이 오늘날 입장에서 보면 도대체 어디라고 알려줄 길이 막연하다.

그러한 질문의 답변은 과학사적으로 이미 단테 이전에도 아랍문명권으로부터 유입된 아리스토텔레스 자연학의 재해석에서부터 시작되었다. 비잔틴문명으로부터 유럽에 유포되어 간 고전지식을 바탕으로 자연과학과 인문지식의 부흥은 본격적으로 중세적 세계관을 뒤흔들어 놓았다. 나침판, 인쇄술, 광학기술은 상업과 해상활동 및 과학 활동에 이용되었고, 사람들은 이제부터 땅에서 하늘로 연결되는 새로운 인식의 사닥다리를 사용하였다. 망원경은 지구로부터 가장 멀리 떨어진 곳이라도 가까이 있는 것처럼 볼 수 있게 하였고, 현미경은 육안으로 잘 보이지 않는 미세한 사물까지도 찾아내어 관찰할 수 있게 한다. 이러한 변화가 계속되면서 종전의 아리스토텔레스-프톨레마이오스의 지구 중심의 천동설이 차츰 태양 중심의 코페르니쿠스 세계관에로의 천문개혁이 일어났다.[40] 이제부터는 지구가 더 이상 세계의 중심이 아니라는 자각이 일어났고, 이는 곧 사실로 입증된 것이다.

---

40) G. W. Leibniz, 『형이상학강론』 § 27.

결국, 인간의 삶의 장소는 지구에서 가장 먼 곳에 놓인 각도에서 보았을 때 그 중점을 상실하였다. 단테가 세운 천당과 지옥의 인식의 사닥다리도 250여 년이 지난 다음 갈릴레이는 해체하였다. 지옥을 지키던 저승사자는 위치와 거리에 대한 지표를 몰라 어쩔 줄 모르게 허둥대야 하는 상황이 벌어진 것이다. 물체의 위치, 운동, 시간, 거리에서 허둥지둥하는 상황이나 우왕좌왕하는 모습을 고전물리학으로 바로잡은 인물은 뉴턴이다.

단테에서 갈릴레이까지 전승된 희랍적 지중해적 사유형식은 공간적으로, 지중해적 사유에서 대서양적 사유의 변화를 보여준다. 그 이유는 기하학적 공간과 고전논리와의 지도제작은 밀접하게 연결되어 있고, 갈릴레이 이후는 점진적으로 과학기술문명이 대서양을 낀 북유럽으로 이동하였기 때문이다. 희랍의 고전논리는 지도지리학과 지구를 탐구하는 기술역사와 밀접하게 연관이 되어 탄생하였다. 희랍문화에서 사유란 그의 최근류의 고지를 통하여 그 둘레의 종차를 통하여 정의되기 때문에, 사유를 통하여 대상의 경계선이 그어지고, 피라미드 형식으로 높이가 올라갈때, 고전논리와 지리학의 이해 사이의 평행선이 달려간다. 이 양자 사이의 평행선에 지리학과 고전논리의 한계가 놓여 있다. 지리학에서 경계를 넘는 것과, 고전논리학에서 경계를 넘어서는 것은, 동일한 원소의 활동이다.[41] 고전논리의 근본구조에서 동일성의 명제

---

41) *Weltkarte des Hekataios von Milet(um 560 v.Ch.)* in: http://de.wikipedia.org/wiki/Hekataios_von_Milet.

개념이나 존재자의 존재의 규정에서 사유의 대상은 그 자체로 자신과 동일하다.

단테에서 인류가 지구 위에 살아간다는 것은 현상(現象)이었지만, 갈릴레이에서 그것은 사실(事實)이다. 천동설 입장에서 현상을 보느냐 지동설의 입장에서 사실을 보느냐 이 차이가 문명이동 현상을 드러낸다. 코페르니쿠스 이전 천동설에서 우리의 눈이 직접 보아 직시(直視)한 것은 현상이었다. 육안(肉眼)으로 본 태양이 지구를 주위를 돈다는 현상은 항상 참으로 여겨왔다. 그러나 코페르니쿠스 이후에 우리가 눈으로 직접 본 대상의 진실은 달랐다. 현상의 진리는 반드시 사실의 진리와 일치하지 않았다. 대기 중에 빛이 물을 지날 때 빛이 꺾이며 매질에 따라 방향을 달리하는 것은 빛의 성질이 신기한 것이기 때문만은 아니었다. 수은과 물의 밀도의 차이로 수은주에 들어 있는 두 물체 사이에 진공이 성립하는가의 문제도 현상과 실재의 이론대립을 보여준다. 지구가 일종의 자성을 지니고 있는지의 질문도 새로운 관심거리였다. 우주 공간에 진공과 인력 사이의 관계 해명은 행성운동의 원인과 지구의 자전을 규명하는데 이론적인 도움을 줄 수 있었다. 천동설을 따르면 지구가 세계의 중심이었지만, 지동설을 따른다면 지구가 세계의 중심이 아니다. 지구가 태양 중심으로 돌았다는 것이 사실이라면, 지동설에서 지구는 더 이상 세계의 중심이 아니며[42] 태양이 세계의 중심이다.

17세기 서양선교사들과 그들이 배경지식으로 갖고 있던

---

42) H. Blumenberg, p.40.

천문과학 및 자연과학의 이론은 이제 중국이 세계의 중심이라는 생각을 파괴하였다. 중국이 세계 중심이 아니라면 이러한 세계관의 변혁 이론의 진원지의 중심 이동에는 아리스토텔레스 프톨레마이오스 천문이론을 뒤집어엎은 코페르니쿠스, 케플러, 갈릴레이, 뉴턴이 있었다. 한반도의 조선도 17세기 서양문물이 도입된 이래로 차츰 중국이 세계의 중심이라는 동북아시아의 화이적(華夷的) 세계관을 밀어내기 시작하였다.

오늘날에는 뉴턴의 고전역학이론과 이를 전복하였던 아인슈타인의 상대성이론과 양자역학이론을 통하여 물체운동의 위치와 속도를 달리 보는 이론변화가 일어났다. 근대의 고전역학은 위치와 속도의 측정으로 물체의 운동결과를 예측할 수 있었다. 그러나 양자역학 세계에서 불확정성 원리에 따르면 관측자는 위치나 속도 중 어느 한쪽은 예측할 수 있으나 양측을 동시에 예측할 수는 없다. 현대의 아인슈타인과 양자역학의 이론이 근대의 뉴턴의 고전역학의 거리와 위치에 관한 정량적인 생각을 완전히 해체한 것이다. 이로써 미시세계의 연구에서 관찰자와 피관찰자 사이에 과거와 미래 시간의 구분은 사라지게 되었다. 양자역학 세계에서 파악되는 시간의 화살은 가역과정과 비가역과정으로 구분되었다. 일정 계에서 통용되는 에너지는 일정한 시간의 변화의 경과의 가역과정에서 엔트로피를 증가시키므로, 어느 순간을 기점으로 비가역과정으로 변화하게 된다.

지중해 문명세계와 동아시아 문명세계의 접속과정에도 동일한 유비에 따라 이러한 문화철학적 인식이 적용된다. 동아시아라는 지역에 속한 문명권은 지중해문명권과의 접점에서 이러한 문명이동가속 엔트로피가 일어났으며, 그곳에는 전체 문화총량은 동일하게 유지되었지만 문화에너지의 문명이동 변곡점(*變曲點*)이 존재한다.

근대 이래로 우리는 사건이나 사실에 대한 자연과학적 인식은 오늘날까지 꾸준하게 증가하여왔음에도 불구하고 지상이나 월상의 하늘의 운동에도 모두 동일한 운동법칙으로 같은 하늘과 땅 아래의 현상 세계에서 살고 있다. 단테가 구상하였던 천당이나 지옥 같은 곳은 어디를 찾더라도 볼 수 없다. 분명한 것은 그의 천체는 물리적 실재를 제시하는 것은 아닌 것임에도, 지중해 세계를 중심으로 인류가 표현할 수 있는 최고의 정신세계를 천당과 연옥과 지옥이라는 삼계를 투사한 천체가 재미있고 그럴만한 상상력을 자아낸다는 점이다. 그것은 그의 천체이론의 한가운데에는 사랑이라는 힘의 실체가 자리 잡고 있기 때문이다. 사랑은 오늘날에도 한순간의 영원으로 향하여 시간을 넘어서고 국경을 넘어서 공간의 경계를 허무는 힘이 있다. 문화철학적으로 이해하자면 단테의 사랑의 개념은 아인슈타인(*A. Einstein*)의 $E=mc^2$ 에 해당되는 에너지 개념과 같다. 이 사랑의 에너지는 만물과 만인을 상통하는 우주의 근원적 실재이다. 아인슈타인은 질량을 에너지로 변형시키는 이 공식을 통하여 존재(*Sein*)와 당위(*Sollen*)를 동일하게 놓았다. 이 공식은 양자의 어느 누구에게도 전혀 물리적 과정에 대한 정보를 주지 않는다.

단테는 사랑에서 우주를 움직이는 근원적 힘의 실체를 보았고 지중해를 중심으로 그러한 사랑을 전개하였기 때문에, 지중해 세계와 새롭게 등장하는 대서양 세계와의 갈등을 예감하고 시대를 앞서 살아갔다. 지동설을 제시한 갈릴레이와 천동설 천체이론으로 중세적 세계관을 노래한 단테는 동일한 토스카나의 피렌체 출신이지만 새로운 세계를 열어간 선구자들이다. 이들은 지중해를 중심으로 생겨난 천동설과 지동설의 체계갈등을 지중해와 대서양의 지리적 갈등으로 파악하는 한에서, 오늘날 우리가 일하고 경험하고 이해하는 같은 땅과 하늘의 시간과 공간을 지중해 연안에다 해체하고 건설하였다.

2차 세계대전의 이야기가 보여준다. 한반도 주변에 B-29가 날았고, TNT 20,000톤 무게의 원폭이 투하되었고, 일본 황제는 항복 선언을 하였고, 36년간 일제 압제에 시달리던 한반도는 광복을 찾았다.[43] 역사는 결과만에 의한 사실의 세계를 구성하는 데 주력하였지, 이에 대한 반성적 사고는 어디에서 출발하였는지를 알려주지 못한다. 이것은 근대와 현대 철학사에도 동일한 비판적 지적이 가능하다. 아프리오리 한 선험적 사유구성의 연역을 말하고, 아포스테리오리 한 사유결과의 귀납적 매거를 말하면서도, 왜 현실문제에 전혀 해법을 제공하지 못하는가? 갈릴레이가 피사의 사탑에서 떨어뜨린 자유 낙하 실험정신의 효과가, 350년 후에 한반도에서 약간 아래로 떨어진 곳에 떨어질 것은 당시에도 예측할 수 없던 사안이었다. 순수한 이론적 관심에서 얻은 통찰에 의한

---

43) H. Hülsmann, *Die Maske, Essays zur technologischen Formung der Gesellschaft, Mit einer Einführung von R. Tschiedel*, Münster, 1985, p.118

수식의 물리적 성과는 역사와 사회와 문화세계의 실재로 들어왔다.

라이프니츠가 1689년 라우레티(*G. Laureati*)에게 보낸 편지에서 동서양은 상호 대등한 "빛의 교환"[44]을 하여야 말했을 때의 빛에나, 1945년 8월 26일 뉴멕시코 사막에서 하늘로 솟아올랐던 버섯구름 사이로 "천 개의 태양"보다 밝은 빛 사이에는 빛의 동질화라는 문화형이상학적 후경(*後景*)이 있었다. 지구중심설에서 태양중심설에로의 패러다임 이동과 더불어 빛의 동질화의 역사가 태동될 때, 영국과 대륙에서 각각 경험론과 합리론의 사유의 길이 제시되었고, 유럽 외부에서는 서양의 학문을 서학으로 규정하고 이를 반성적으로 접근하여 나간 실학이 있었다. 서양과학은 이미 플라톤의 유명한 『국가』 7권의 동굴의 비유에서부터 주어진 빛의 현실을 문화 내지 문명이동의 맥락에서 이론화하고 있다가 태양중심설과 더불어 근대에 재생하였다. 빛의 지식과 과학기술의 진보 앞에 "상호문명의 빛의 동등한 교섭"[45]이라는 문화철학적 유비추론은 이제 우리로 하여금 더 이상 후퇴할 수 없는 문명세계의 현실수용을 요구한다.

---

44) G. W. Leibniz, *Der Briefwechsel mit den Jesuiten in China(1689–1714)*, Hrsg. u. mit einer Einleitung versehen v. R. Widmaier, Textherstellung und Uebersetzung v. M. – L. Barbin, Franzoesisch/Lateinisch–Deutsch, Hamburg 2006, p.26: "Commerica inquam doctrinae et mutae lucis."

45) Ibid.

6. 사유의 로드맵

인간이 지식을 획득하기 위하여서는 먼저 자연을 관찰하고 그 모사를 머릿속에서 그린다. 개미들이 어떻게 집을 지으며 길을 뚫고 살아가는가를 비롯하여 어떻게 인간들이 도시를 만들고 또 발전되는가에 대한 지식도 근본적으로 관찰을 통한 사유의 모사에서 일어난다. 자연과 인간 사이에는 일종의 약속 같은 언어를 통하여 혹은 사유의 지도를 통하여 연결된다. 사유의 지도란 인간과 자연 사이에 있는 일종의 약속의 기호이다. 저 하늘 멀리에 이르기까지 관찰의 대상이 인간의 지식으로 들어오기 위하여서는 망원경이 있어야 한다. 망원경으로 천체를 관측하기 시작하였을 때, 최초로 관측대상으로 들어오는 감각자료가 당장 어떤 과학적 의미를 던지는 것은 아니다. 인간은 지식대상으로 등장하는 자연의 데이터를 두고 먼저 유의미한 행동반경을 찾기 시작하여야 하였다. 15세기 이래 많은 서양인이 지리상의 발견 이래 이와 같은 사유의 로드맵으로 고향 혹은 태어난 나라를 버리고 식민화의 길을 따라 지구상의 도처로 떠났다. 우주공간으로 떠난 우주인이 다시 지구로 돌아왔을 때, 출발 전후에도 유지되는 사유의 로드맵은 단순한 생물학적 두뇌작용에만 제한되는 것이 아닌 인문코드에 이미 자리 잡혀 있었다고 할 수 있다.

고대 중국의 홍범구주(洪範九疇) 사유 전통도 이와 같은 생각의 지도를 만들어왔음을 알려준다. 넓은 의미에서 사유의 지도란 손쉽게 인간이 생각하는 사유대상과의 부단한 의사소통을 열어가는 방법이다. 산의 모습을 보고 산(山)이라고 그릴 수 있고, 물(水)을 보고 흐르는 물을 알 수 있듯이, 언어가 반드시 한국어나 중국어나 영어이어야 할 필요는 없지만, 적어도 언어를 통하여 도달한 기호의 객관성에 대하여서는, 일정한 의미의 협약에 도달할 수 있어야 한다.[46]

아리스토텔레스에 따르자면, 세계는 4가지 원인에 의하여 구성된다. 존재하는 모든 것에는 궁극적으로 질료의 원인(*causa materialis*)이 있다. 청동상이 구리로 만들어지듯이 모든 형상에는 질료의 원인이 있기 때문이다. 질료와 더불어 사물의 원인을 갖는 것이 형상의 원인(*causa formalis*)이다. 형상, 곧 꼴이 생겨나는 것은 이러 저러한 형상이 생겨나도록 작용을 가한 운동의 원인(*causa movens*) 때문이다. 그러나 이런 운동에 의하여 생겨난 형상의 원인은 최종적으로 어떤 존재자의 궁극목적을 위하여 존재하는데 이러한 원인을 목적의 원인(*causa finalis*)이라고 한다.

개미들이 이동하고 군집생활을 하는 것을 관찰하면, 이들이 지나간 자리에는 일정한 길이 있다. 마찬가지로 인간에게는 존재하는 만물이 일정한 사유지도에 따라 정리되고 만들어진다. 지중해 지역에서는 아리스토텔레스가 세계의 4원인설에 기초하여 서양사유의 원형적인 사유의 지도를 만들었다. 서양문명은 아리스토텔레스의 사유지도에 따라 세계를 이해하고 형성하고 문물을 만들어 나갔다. 아리스토텔레스의

---

46) 배선복, 『근대동서존재론 연구』, 2007, pp.82-84.

사유지도는 인간의 사유방식을 모두 10가지로 분류한다. 첫 번째가 먼저 무엇이 참되게 존재하는 것이냐에 대한 ① 실체의 질문이다. 실체는 변하지 않고 남아 있는 성질이다. 소크라테스와 동 시대의 고대 희랍의 원자론자 데모크리토스(*Democritos, B.C. 460~370*)는 이런 실체를 물(水), 불(火), 공기(氣) 그리고 흙(土)으로 답변하였다.

아리스토텔레스는 '무엇임'에 대한 답변을 가능하게 하는 '이것'을 실체라 불렀다. '*x*는 용감하다'라고 하면 '무엇'인 *x*에 대한 성질을 의미한다. *x*가 실체하면 '용감하다'인 것은 이 *x*의 ② 성질이다. 실체가 일정한 성질을 갖는다면, 얼마나 많은지에 대한 양의 질문이 나오는데, 이것이 곧 ③ 양이다. *x*에 대한 양을 알게 되면 그 다음으로 묻게 되는 것이 *x*의 ④ 관계이다. 그런데 *x*는 어떤 장소를 갖는다. 이것의 ⑤ 장소이고, 그 다음의 *x*의 ⑥ 시간이다. *x*가 어떤 ⑦ 조건과 ⑧ 상태에서는 ⑨ 능동과 ⑩ 수동이 된다. 아테네에서 고린도를 왕복하기 위하여서는 어떤 ⑦ 조건과 ⑧ 상태이든지, 아테네에서 고린도로 간 것은 ⑨ 능동이며, 고린도에서 아테네로 온 것은 ⑩ 수동이다. 데모크리토스에서 자연의 객관적 질서를 반영한 사유지도는 아리스토텔레스에서 이러한 실체의 물음에 대한 답변의 진행형식을 의미하였다.

이태리 피렌체 한 다리에서 단테가 베아트리체를 '사랑했다'고 해보자. 이 문장을 일반화하기 위하여 '*x*가 *y*를 사랑했다'고 정식화했다. 이 *x*와 *y*는 누구인가고 생각한다. 이 누구에 대한 첫 답변이 실체이다. 그 '사랑'은 실체의 성질을 포

〈표 1-1〉

세계원인	아리스토텔레스의 10가지 범주									
	①	②	③	④	⑤	⑥	⑦	⑧	⑨	⑩
질료원인	실체	성질	양	관계	장소	시간	조건	상태	능동	수동
형상원인	x가 y를 사랑하다.									
운동원인										
목적원인										

함한다. '두 사람'은 사랑의 실체의 양을 갖는다. 이들은 연인관계이다. 이상이 ① 실체, ② 성질, ③ 양, ④ 관계이다. 이들 사랑의 관계는 x와 y에 의한 '능동'과 '수동'의 행위를 바탕으로 성립되는 언어 구문으로 일어난다. 이것이 곧 ⑤ 자리, ⑥ 시간, ⑦ 조건, ⑧ 상태, ⑨ 능동, ⑩ 수동의 범주이다. 아리스토텔레스가 정식화한 범주에 따라 인간의 사유 지도가 10가지 분류로 나타내어진다면, 인간은 세계에 대하여 이러한 사유를 통하여 매개됨을 의미한다.

고대에는 이런 사유의 지도를 나무에 비유하여 포르피리오스가 존재의 나무를 만들었다. 포르피리오스에 따르면, 실체는 신체적인 것과 비신체적인 것, 물체는 영이 깃든 것과 영이 깃들지 않은 것, 영이 깃든 물체는 다시 감각적인 것과 비감각적인 것으로 나누어지고, 통상적으로 동물이라 함은 합리적인 것과 비합리적인 것으로 나누어진다. 여기서 합리적 동물은 가사적인 것과 불사의 것이 있고, 인간은 다시 이 사람, 혹은 저 사람으로 구분된다. 이러한 존재의 나무는 사유의 수직적 위계를 드러내는 데 적합하다. 아래의 소크라테스나 플라톤은 인간은 스스로 합리적 사유로 상승하는데 이

〈그림 1-6〉 포르피리오스 나무(*Arbor porphyrii*)

는 그의 종(種)에서 가장 근접한 유(類)의 차이로서 정의에
따른 것이다. '인간은 합리적 동물이다'라는 서술에서 인간의
종은 주어를 이루고, 그의 유의 횡적인 차이인 합리적 동물

이라는 술어는 주어에 대한 위계로 나타난다.

중세에는 라문두스 룰루스(*R. Lullus*)가 아리스토텔레스의 10가지 범주에서 실체를 오직 신에게만 적용하고 나머지 9 범주를 변형하여 새로운 사유지도를 만들었다. 그의 사유지도는 중심에 신을 두고 중요한 다른 개념을 주위에 배열하는 조합이론을 배경으로 만들었다. A는 신이고, 둘레에 B는 선, C는 위대함, D는 지속, E는 능력, F는 지혜, G는 의지, H는 덕, I는 참, K는 영광으로 나타내었다. 그리고 이들의 조합관계를 나타내는 연결선을 그렸다. 룰루스의 사유의 기계론적 조합의 방법은, 오늘날 순전한 이성의 조작에 의한 계산을 수행하는 컴퓨터 제작이론의 기초가 되었다.

라이프니츠는 아리스토텔레스 카테고리를 해체하고 룰루스의 조합이론을 이어받아 0과 1에 의한 디지털 사유지도를 그렸다. 라이프니츠는 처음에는 스콜라 자연철학의 전통에 따라 아래 도형에 따라 좌측에는 땅, 우측에는 공기, 상단에는 불, 하단에는 물을 배열하여 서로 마주보는 것은 모순적인 관계를 그렸다. 그리고 이들 원소의 건(澣), 냉(冷), 습(濕), 속(涑) 속성을 배치하여 상호연관성을 나타내었다. 이들은 우주의 근본원소를 4개로 보는 데모크리토스 전통인데, 수학적으로 보다 단순하게 환원하는 방안으로 발전된 것이 이진법이다. 라이프니츠는 4계절, 우주의 원소의 4 등의 경우를 들어 4진법, 1년 12달 경우처럼 12진법 또한 고려하였으나 이들이 궁극적으로 2진법으로 수렴될 수 있기 때문에 2진법을 발전시켰다. 라이프니츠는 1674년에 사칙연산이 가능한 목조

<그림 1-7> 룰루스의 사유지도

<그림 1-8> 라이프니츠의 1666년 저작 『조합이론, *De arte combinatoria*』의 표지그림

컴퓨터를 제작하므로 룰루스와 덧셈 뺄셈만 가능한 파스칼 계산기 방식을 창조적으로 승계하였다. 라이프니츠는 예수회 선교사이며 프랑스 왕립수학자 부베가 동양의 오랜 지혜의 서적에 속한 주역의 상징체계를 자신의 이진법과 일치시키려는 노력에 자극을 받아 이를 인정하고 이에 상응하는 논문을 프랑스 학술원에 기고하기까지 하였다. 오늘날 컴퓨터 논리의 원형적 사유언어인 2진법의 이론적 배경에는 라이프니츠의 이진법과 주역의 상징체계가 자리 잡고 있는 것이다.

퇴계(退溪) 이황(李滉) 역시 『성학십도 聖學十圖』에서 전통적인 주희성리학의 사유지도를 정리하여 밝혀놓았다.[47] 소위 리(理)와 기(氣)를 토대로 발달한 47(四七)사유논쟁의 모델이 바로 그의 성학지도에 나오는 태극도이다. 퇴계 이황의 사유지도는 먼저 맹자에 의하여 개진된 ㉮ 측은지심, ㉯ 수오지심, ㉰ 사양지심, ㉱ 시비지심에서 인간 본연의 4가지

---

47) 이황, 『알기 쉽게 해설한 성학십도』, 조남국 옮김, 교육과학사 2000, p.48.

심성을 찾았다. 이들 4가지 심성은 곧 ㉮-1 인, ㉯-1 의, ㉰-1 예, ㉱-1 지라는 개념으로 통일되며, 다시 이들의 근본심성은 ① 희, ② 노, ③ 애, ④ 락, ⑤ 애, ⑥ 오, ⑦ 수라는 칠정(七情)으로 수렴된다. 사단은 마음 심(心)에서 유래하며 칠정은 성(性)에서 유래한다. 순수한 사유의 도식의 측면에서 본다면, 동양의 이 심성론은 서양의 이성과 감성이라는 두 가지 인식영역의 차이와 일치이다.

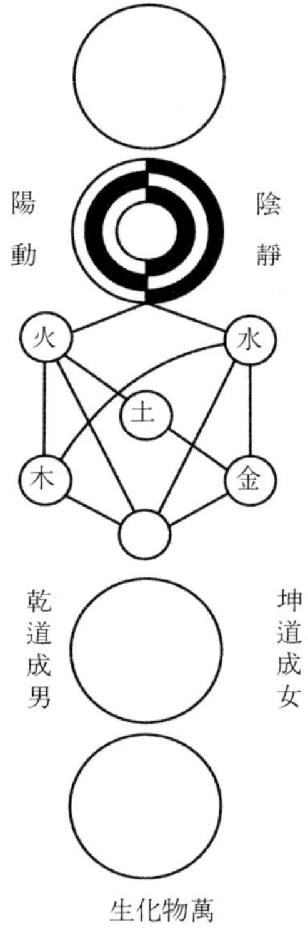

〈그림 1-9〉 제1태극도

칸트(*I. Kant*)도 『순수이성비판』에서 감성과 이성을 통합하는 사유지도를 만들었다. 칸트는 *x*에 대한 질문에는 근본적으로 ㉮ 양, ㉯ 질, ㉰ 관계, ㉱ 양상이라는 존재론이 전개되고 있다고 진단한다. 그리고 ㉮ 양에는 ㉠ 통일성, ㉡ 다의성, ㉢ 전체성이 대응하고, ㉯ 질에는 ㉣ 실재성, ㉤부정성, ㉥ 제한성이 대응하고, ㉰ 관계는 ㉦ 내재성과 자립성, ㉧ 인과성과 의존성, ㉨ 공통체가 상응하고, ㉱ 양상에는 ㉩ 가능과 불가능, ㉪ 현존과 비존재, ㉫ 필연과 우연의 속성이 대응한다. 아리스토텔레스 이래에 문제 삼아 왔던 '*x*란 무엇이냐?'에 대한 생각은 칸트의 경우에 *x*가 얼마큼(양) 있고, 어떤지(질), 누구와(관계), 어떻게(양상) 지내는지를 문제 삼는다.

〈표 1-2〉 칸트의 12가지 카테고리 도표

	㉮ 양		㉯ 질		㉰ 관계		㉱ 양상
㉠ 통일성	㉮㉠	㉣ 실재성	㉯㉣	㉦ 내재성&자립성	㉰㉦	㉩ 가능&불가능	㉱㉩
㉡ 다의성	㉮㉡	㉤ 부정성	㉯㉤	㉧ 인과성&의존성	㉰㉧	㉪ 현존&비존재	㉱㉪
㉢ 전체성	㉮㉢	㉥ 제한성	㉯㉥	㉨ 공통체	㉰㉨	㉫ 필연&우연	㉱㉫

20세기의 사유지도는 인간사유의 알파벳의 기계화라는 라이프니츠의 이념을 폰 노이만(*J. von Neumann*, 1903-1957), 튜링(*A. Turing*, 1912-1954) 등에 의하여 수리 논리적으로 실현된 현대컴퓨터가 탄생하므로 형성되었다. 이른바 0과 1이라는 이진수의 조작으로 형성되는 사유의 진행은 기존의 셈법을 간편하게 만들었고, 주어진 데이터에 대하여 프로그

램 명령문을 수행하는 컴퓨터가 인간의 사유를 대체하기에 이르렀다. 인간사유는 대상세계와 언어를 통하여 연결되는데, 그 명제 논리적 연결어는 모두 16가지로 알려져 있다. 문장연결어란 일상생활에서 사용하는 언어 가운데 한 문장과 다른 한 문장을 결합하는 연결어를 말한다. 하나의 문장연결어는 연결된 문장에서 그 자체의 정언적 의미를 지니지 않지만 일정한 기능을 행사한다. 예를 들어 '혹은', '그리고', '만약', '그러면' 등의 문장연결어는 자신을 둘러싼 두 가지 정언문장의 의미에 대하여 전혀 영향을 미치지 않으면서도 문장연결을 통하여 문장의 의미를 만들어내고 있다. 비트겐슈타인(*L. Wittgenstein*)은 이러한 문장연결어를 명제의 진리근거라고 불렀다. 비트겐슈타인의 논리사상은 현대논리학의 비조인 이진법에 기초한 라이프니츠의 대수의 논리학을 독립적으로 구현한 19세기의 불(*J. Boole*)과 더불어 현대 이산수학의 철학적 토대를 제공하였다는 점에서 그의 16가지 진리근거는 현대의 디지털 사유지도의 원본이라 할 수 있다.[48] 0과 1에 의한 조작으로 생겨나는 세계는 동양의 오랜 책인 주역에서도 이와 동일한 음양상징체계(陰陽象徵體系)를 사용하고 있다는 점에서 아래의 사유지도는 현대인의 디지털 세계관의 원형적 언어철학적 모델이다.[49]

---

48) 비트겐슈타인, 『논리 철학 논고』 5. 101 참조. 소위 논리 게이트로 알려진 이산수학에서 불의 논리회로는 통칭되는데 논리학의 역사에서 퍼스(*C. S. Peirce*)가 전자 스위치 회로로 수행되는 조작을 처음 보여주었다. 현대 컴퓨터에서 논리회로의 수리적 기계적 장착에 공헌한 새논(*C. E. Shannon*) 이전에 비트겐슈타인은 『논리 철학 논고』에서 이와 같은 세계관의 완벽한 논리적 기초를 제공하였다.

49) 배선복, 『근대동서존재론 연구』, 2007, pp.236-239.

<표 1-3> 비트겐슈타인의 16가지 진리근거들

PⓞQ	P①Q	P②Q	P③Q
0	1	0	1
0	0	1	1
0	0	0	0
0	0	0	0
P④ Q	P⑤Q	P⑥Q	P⑦Q
0	1	0	1
0	0	1	1
1	1	1	1
0	0	0	0
P⑧Q	P⑨Q	P⑩Q	P⑪Q
0	1	0	1
0	0	1	1
0	0	0	0
1	1	1	1
P⑫Q	P⑬Q	P⑭Q	P⑮Q
0	1	0	1
0	0	1	1
1	1	1	1
1	1	1	1

제 2 장 원형사유(原型思惟)

1. 개요

한반도에서 지중해 지역을 상호문화철학적으로 바라보았을 때, 그곳에는 고대에서부터 현재에 이르기까지 그들만의 고유의 철학이 있다. 이러한 철학은 그것을 직접 여행한 견문을 통하여 체득하고 전달되면 더 잘 알려진다. 한반도에 히말라야의 만년설산(萬年雪山)을 넘어서 불법(佛法)이 들어왔을 때에는, 지리적 연결과 인적 물적 왕래가 가능하였기 때문에 전달된 것이다. 지중해 지역의 철학은 기원전 5∼6세기에서 기원후 5∼6세기에 이르기까지 긴 기간에 형성되었고 보존되었고 발전하였다. 특히 이들 철학의 토대를 제공한 탈레스나 피타고라스 등은 이집트로 여행하여서 그 견문지식을 바탕으로 희랍에 독립적이며 창의적인 지식을 형성할 수 있었다. 이 철학은 문명의 탄생과 성장과 번영 그리고 이동을 경험하면서 시대를 통하여 유럽으로 전달되었다. 북유럽인이 처음부터 고대 희랍문명의 철학을 하며 지낸 것은 아니었다. 그것도 장기간의 역사를 통하여 잃었던 옛 사유를 다시 찾기를 거듭 반복하며 일구어낸 것이다. 북유럽인이 아테네와 로마를 집중적으로 찾기 시작한 것 역시 제3기 지중해 철학이 열리는 르네상스 이래의 근대문명과 계몽시대에 집중적으로 몰려 있다. 계몽시대의 북유럽국가의 지성인들은 자신의 문명의 뿌리를 찾기 위해 로마를 찾았다. 유럽국가의 대부분 도시발전과 건축양식 그리고 생활문화의 패턴이 비슷한 것은 로마와의 일치를 찾았기 때문이다. 지중해 지역의 철학을 거슬러 올라가면, 고대 희랍 철학이 전혀 무에서 생겨난 것은 아니고 오랜 이집트문명의 비전의 지식을 자유롭고 독립적인 인간정신의 창의적 발로에서 탄생한 것이다. 전체 역사적 경과에서 고려하면 유럽문명의 통일적이면서도 통합적인 사유유형은 고대에서 오늘날까지 일관된 우주의 사물의 본질에 대한 원형적 물음을 제기하므로 시작되었다. 이러한 원형적 물음에 대한 지식의 역사가 가능하였기 때문에 철학이라는 명칭을 얻게 되었다. 지중해 지역 외부에서도 그러한 원형적 물음에 대한 확고한 해답을 갖고 생겨난 문명화된 지역은 많다. 하지만 지역학으로서 탈 지중해(*Post the Mediterranean Sea*) 철학을 구체적으로 실현한 지중해 지역 철학자들에게는 그들이 언제라도 회귀할 수 있는 희랍적 원형적 사유모델을 가졌다. 이러한 원형적 사유모델은 '떠나지만 돌아온다'는 지중해적 사유의 패러다임을 갖는다는 점에서 그들 사유방식의 자랑이 있다.

지중해 철학의 원형적 사유모델은 플라톤과 아리스토텔레

스이다. 모든 서양철학은 유명한 화이트헤드가 플라톤 주석의 역사라고 할 만큼 사유의 순수성과 형식의 통일성이 단순하다. 플라톤 철학의 핵심은 이데아라는 보편자이고 아리스토텔레스 철학의 중심은 개별자였다. 그 후 서양철학은 아리스토텔레스는 플라톤 극복을 설파하였고, 아리스토텔레스 이후에 양자를 전파한 알렉산더가 있었기 때문에 발전하였다. 알렉산더 대왕은 아프리카와 아시아 그리고 유럽의 3개 대륙을 통합하므로 플라톤, 아리스토텔레스가 창조한 원형적 사유모델을 지중해문명권에 심었다. 플라톤, 아리스토텔레스 철학의 앙상블은 고대 희랍에서 스콜라 철학에 문명진입단계, 중세문명에서 근대문명에 이행단계 그리고 근대에 동서 문명접촉 과정에 문명이동의 이론모델의 범례로 두드러진다.

플라톤의 보편자는 한 문명이 탄생 이후에 그 문명이 새로운 지역으로 이동할 때에 원형적인 모범을 제공하였다. 그것은 감각의 변화의 세계에 예속된 것이 아니라 영원불변의 이데아의 세계에 속한다고 주장하기 때문에 가능하였다. 이에 반해 아리스토텔레스는 이 말(馬), 이 사람(人)만에 실재를 갖는 개별실체만으로 존재한다고 하므로 플라톤적 이상론에 대하여 현실지반의 인식론적 제약을 문제 삼았다. 이 때문에 오늘날도 여전히 현대천문학으로부터 아리스토텔레스가 천문학을 망쳐놓았다는 비난을 받는다. 문명이행의 각 단계에 플라톤의 보편자는 감각적 별개에 대하여 보편적 형상, 일과 다의 상호연결개념에 놓인 패러독스의 문제해결로 변화 중인 문명이동과정에 더 높은 도약을 가져왔다.

〈그림 2-1〉 라파엘로의 아테네 학당[50]

---

50) 참고: 2008 Oldenbourg Schulbuchverlag, *Bildquelle* in Wikipedia. 그림의 가장 중앙에 플라톤은 손을 높이 쳐들고 있는 반면 아리스토텔레스는 손가락으로 땅을 가리키고 있다. 아리스토텔레스 앞으로 테오프라토스가 있고, 플라톤 좌측으로 소크라테스가 포진하고 있다. 바닥에는 디오게네스가 있고 턱을 괴고 앉은 자는 헤라클레토스이다. 우측하단에는 유클리드가 책을 펴들고 토론하고 있고 그 옆에 프톨레마이오스가 있다. 좌측 하단에는 피타고라스가 책을 들여다보고 있고 곁들여서 아낙시만드로스도 보고 있다. 대부분 플라톤 아리스토텔레스의 희랍철학으로 채워진 반면 좌측에 터번을 쓴 아베로이스는 주목을 끈다.

중세에서 근대로 이행하는 과도기의 16세기 르네상스의 대표적 화가 라파엘로(S. Raffaello, 1483~1520)는 <아테네 학당>을 통하여서 플라톤, 아리스토텔레스 철학의 문제를 회화적으로 표현한 바 있다. 왜 1,000년이나 지난 과거 역사의 사실을 르네상스 시기에 창조적 방법으로 원형적 재생을 일구어냈는가 하는 질문 역시 지중해 철학의 동질성과 지중해 문명의 강력한 피드백 때문이라고 설명할 수 있다.

플라톤은 『국가』 7권[51] 동굴의 비유에서 서양 인식론과 형이상학을 지배하는 사유의 원형으로서 보편적 존재자인 이데아론을 제안하였다. 보편자는 언제 어디에서나 진리이고, 법이고, 원형이고, 패러다임이고 불변인 본질형식이다. 그들은 모든 시간과 장소에도 보편적 도덕법으로 타당하며 모든 경우에도 필연적이다. 반면에 아리스토텔레스에서 인물, 개, 나무, 돌은 별개 존재자는 시간과 장소에 유일한 개별 사물이며, 구체적으로 어느 시점 어느 장소에서 직시된다.

그러나 고대 희랍인들은 그들 스스로 창안한 보편자와 상세히 환원될 수 없는 별개 존재자들의 차이에 얽힌 수수께끼

---

51) 플라톤의 『국가』 7권(514a‐520a)에서 소크라테스의 통한 동굴의 비유로 처음으로 지중해 철학의 원형적인 사유모델을 제시하였다. 어렸을 적부터 팔다리가 묶인 채 타오르는 햇불을 뒤로하는 동굴에서 앞에 있는 벽만 바라보고 살아가는 포로 생활하는 죄인들이 있다. 그들은 그림자에 불과한 벽면에 어른거리는 그림자들만을 보고 살아간다. 그런데 어느 한 포로가 묶여 있던 사슬을 풀고 동굴 바깥으로 탈출한다. 포로는 처음에는 햇빛에 눈이 부시고 사물을 구분할 수 없었지만 시간이 지나면서 동굴 밖의 주변사물을 지각하면서 자신이 지금까지 참이라고 믿고 살아왔던 동굴 안의 삶이 거짓이고 기만된 현실이라는 점을 깨닫는다. 죄수는 옛 동료포로들을 구하려 동굴 안으로 돌아가는데, 플라톤은 이 비유를 통하여, 감각에 억매인 세계와 독립적으로 존재하는 참된 세계의 실상, 그림자의 열등한 비전에 속한 허상의 영역과 참된 태양의 이데아의 영역을 구분함으로써 철학자가 하여야 하는 기능과 역할을 보여주었다.

를 해결하지 못하였다.[52] 불멸의 보편자에 대하여 더 이상 환원되지 않는 개별자 앞에서 더 이상의 문명발전을 견인하지 못하였다. 그들은 플라톤 아리스토텔레스 철학의 보편자와 개별자의 앙상블에서 문명의 보편성(*Non-locality*)을 통하여 국지성(*Locality*) 문제를 더 높은 차원으로 극복하기 위하여 자신의 문명유산을 로마문명으로 양도하였다.

로마문명 역시 희랍문명과 같은 숙명적 문제를 안고 플라톤을 재해석한 신플라톤주의에서 출발하였다.[53] 기원후 2세기 플로티노스에서 시작된 플라토니즘은 그의 제자 포퓌리우스를 거쳐서 북아프리카의 아우구스티누스, 아우구스티누스 이후 기원후 5세기 보에치우스까지 아우구스티누스 이원론으로 완결되었다. 지중해 지역의 최대 기독교 철학자 아우구스티누스는 보편자와 별개 존재자의 수수께끼를 지상의 세계와 천상의 세계로 나누면서 양자를 이원론의 문제로 파악하였다. 기원후 476년 로마제국의 멸망으로 이 이원론 역시 더 이상의 문제해결의 실마리를 주지 못하였다. 고대 희랍과 로마의 고전교양세계를 파괴한 북방야만민족에 대한 대안으로서 생겨난 이 이원론은 근대 데카르트에게 전승되고 스피노자, 라이프니츠에서 일원론으로 재정립되기 전까지 서양철학의 근본문제를 보여줄 수 있는 야누스(*Janus*) 얼굴을 지녔다.

15~16세기 르네상스로 접어들면서 천동설에서 지동설로

---

52) F. Hutshison, *The one and the many versus multiculturalism*, March 11, 2008. in: *Renew America analyst*, 2008.

53) 참고: *Platonismus in der Philosohie des Mittelalters*, Hrsg. von W. Beierwaltes, Darmstadt, 1969.

의 지식이동 그리고 서양에서 동양에로의 천문학체계 이동패러다임에도 플라톤 동굴의 비유의 철학적 모델은 더욱 매력적인 얼굴로 다가왔다. 천동설에 얽매어 살아가는 동굴 안에 있는 옛 포로를 해방시키기 위하여 사슬에서 풀려나서 동굴 밖의 태양을 보고 온 지동설로 살아가는 철학자, 곧 개별자는 두 세계의 진실을 알리는 보편자가 된다. 데카르트는 '나는 생각한다. 고로 존재한다.'라는 명제로 동굴 안과 동굴 밖의 급진적 차이를 해소한다. 그는 아우구스티누스가 구분한 정신세계와 물질세계의 이원론에 따른다. 하지만 '생각한다'의 정신세계와 '존재한다'의 물질세계는 신이 인간으로 오신다는 안셀무스 사상을 인간에서 신으로 올라가는 역발상으로 접근하였다. 그래서 인간의 완전함이 우주의 완전함과 같다는 데카르트 테제가 등장하였다. 데카르트는 이 테제로 보편자와 개별 존재자 사이의 일 즉 다(一 卽 多)의 문제를, 다 즉 일(多 卽 一)로 치환할 수 있는 사유근거(思惟根據)를 주었다. 데카르트 근대철학에 앞서 근대성을 선취하던 쿠자누스에서도 일의 개념으로 어디에나 있고, 반면에 어디에도 없는(*nowhere*) 우주의 중심을 발견하고 일 즉 다로 새로운 힘을 일으키는 원동력으로 무한우주를 제창한다. 지구는 끊임없이 도는 별들 가운데 있으며 별들의 투명한 운동은 지구의 자전축에 의하여 야기된 환영이며 운동이 없는 우주 중심은 태양이다. 이러한 무한의 사유는 르네상스와 근대에 지금까지와는 전혀 다른 새로운 차원의 문명비전을 던진다.

1450년에서부터 1700년에 이르는 기간에 지중해에서 대서양세계에로의 문명이동의 경과에 지중해문명의 흐름과 서유럽문명의 핵심권역은 유럽중심주의로만 편성되지 않았고 여러 가지 다원성을 밑그림으로 재편성되고 있었다.[54]

경동천지(驚動天地)에 가까운 코페르니쿠스 천문학 혁명이론이 수립된 곳은 파리 대학이 아닌 지중해 지역 대학과 독일의 프로이센 지역이었다.[55] 새로운 세계와 문명이론의 창출은 지중해 지역에서 일어난 것이었다. 단테의 지옥을 위상수학(*Topology*)의 관점에서 깊이 연구한 바 있는 갈릴레이 역시 지중해 지역을 터전으로 지동설을 창안하였다. 갈릴레이는 단테 이래의 지중해 지역의 철학의 적통을 이어가며 문명이동현상을 사유실험을 통하여 물리학적으로 국지화하고 이론화하였다. 대서양 권역의 철학은 코페르니쿠스 태양중심설에서 뉴턴역학에 의한 과학혁명의 완성으로 데카르트 중심으로 유럽정통의 흐름을 이어가면서 대륙의 합리론과 영국의 경험론으로 양분되며 발전해나갔지만, 지중해 지역을 중심으로 동아시아세계와의 접촉에 의한 문명이동이 추진되면서 동서비교철학의 흐름을 일구어 내고 있었다. 이 시기는 코페르니쿠스적 전향이 전적으로 장소적 전향(*spatial turn*)을 포함하

---

54) 역사적 전환 시기에 유럽중심주의 절대정신의 관점에서 비유럽문명을 도외시한 관점은 최근 다문화철학적 관점에서 절실한 반성이 되어 있다. 참고: H. Kimmerle, *Interkulturelle Philosophie*, Junius, 2002. R. A. Mall & H. Huelsmann, *Die drei Geburtsorte der Philosophie*, Bonn, 1989.

55) J. Kirchhoff, *Kopernikus*, Rowohlt, Reinbeck bei Hamburg, 1985. S. 63. 코페르니쿠스가 이탈리아 볼로니아에서 도메니코 노바라(*D. Novara*)에서 천문학을 배운 것은 사실이지만, 노바라는 학문적으로 자신의 스승은 레기오몬타누스(*Regiomontanus*), 혹은 쾨스히스베르크의 요하네스 뮐러(*J. Mueller*)라고 고백하므로 코페르니쿠스 천문학 이론형성에는 지중해 지역 인물과 더불어 독일 지역 인물들의 영향이 크다고 할 수 있다.

면서[56] 전반적으로 유럽 중심적 보편성과 비유럽 변방의 지역성을 둘러싼 문명편향 내지 문명 편중현상[57]이 빚어지고 있었다.

근대유럽에서 철학은 데카르트를 중심으로, 물리학에서는 뉴턴을 중심으로 전개될 때, 마테오리치[58] 및 수많은 지중해 지역 출신의 예수회 중국선교사들은 동서 문명 교류와 전파 활동을 하였다. 이들과 함께 동아시아 문명세계와 접목을 시도하여 동서 문명이동의 새로운 패러다임을 구상한 인물은 라이프니츠이다. 라이프니츠는 데카르트, 뉴턴 역학과 대립하며 유기체적 세계관을 바탕으로 동서세계의 운명적 만남을 리프팅(*lifting*) 할 수 있는 도르래 이론모델을 발전시켰다.[59]

---

56) S. Guenzel, *Spatial Turn – Topographical Turn – Topological Turn –Ueber den Unterschiede zwischen Raumparadigmen*, in: http://www.stephen-guenzel.de/Texte/Guenzel_Topological Turn. pdf, p.1-19.

57) 이 글에서 '문명 편중현상'이라는 용어는 그 발상이 르네상스 이후 지구 중심성 개념을 포기하므로 각종 학문분야에 등장하는 현상을 지적하기 위하여 사용한 인위적 개념이다. 가령 케플러도 종전에 원운동에서 모든 운동현상을 설명하였던 생각에 반하여 타원모델을 고안하여 이심에서 지구의 공전현상을 설명하였다. 특히 이 개념각인에 결정적 단서는 블루멘베르크 교수의 두 저서, 『근대의 적법성, *Die Legitimitaet der Neuzeit*』와 『코페르니쿠스 세계의 기원, *Die Genesis des kopernikanischen Welt*』에 귀인된다. 그 외 케플러 저작을 들수 있다. J. Kepler, *Mysterium Cosmographicum, Das Weltgeheimnis*, uebersetzt und eingeleitet von Max Caspar, 1923. 나아가 15세기부터는 유클리드 기하학으로는 설명하기 어려운 그림자, 입체적 공간 등의 문제를 투영성질에 의하여 풀이하였고 17세기에 이르러서는 지평선에서 배가 사라지는 현상, 행성운동, 등 물체의 투영성질을 설명하는 획기적인 사영기하학이 발달하였다(M. Venzmer, *Von der euklidischen zu projektiven Geometrie*, 2000.). 어떠한 공간적 물체도 그림자를 지니는 이상, 케플러도 자신은 지구의 그림자를 측정한 사람이라고 묘비명에 적었을 만큼 사영기하학이 근대과학세계를 설명하는 데 지대한 공헌을 하였다. 사영기하학에서 적용되는 가시적인 점에 대비되는 '사라지는 점'이 곧 현상의 편중을 설명하는 이론이다.

58) 마테오리치 연구의 효시를 이루는 작품의 한역대조번역은 여러 명의 공동번역으로 탄생하였다. 마테오리치(利馬竇), 『天主實義』, 송영배 외 옮김, 서울대학교 출판부, 1999, pp.5-6.

59) G. W. Leibniz, *Discourse on Metaphysics and Essays, On the ultimate*

이는 마테오리치의 중국 도착 이후 1세기 이후에 이루어진 초유의 사건 존재론적 의미를 지닌 문화형이상학적 사건이었다. 역사형이상학적으로 한 문명이 발전단계에서 더 이상의 높은 단계의 발전을 유보하고 이웃문명과 더불어 대화가 시작하는 다문명의 통섭과 문명 편중현상이 두드러졌을 때, 플라톤 철학의 동굴 안팎의 급진적 차이는 문명이동이라는 결과를 초래하였다. 지금까지 3차례의 동아시아 문명세계와 지중해 문명세계와의 동서 문명의 만남은 동질의 문화형이상학적 고원지대(高原地帶)[60]의 위상학적 지점에서 이루어졌다.

2. 동굴의 비유

플라톤은 기원전 427년에서 347년까지 희랍문명의 최고시기를 살았던 아테네의 철학자 소크라테스의 수제자 중 한 명이었다. 기원전 399년 스승 소크라테스가 독배를 마시고 죽자, 플라톤은 그의 언행과 학설을 글로써 편집하며 집필하였다. 소크라테스는 당시 아테네를 떠나면 목숨을 건질 수 있었음에도 불구하고 제자가 건네준 독배를 마시고 삶과 죽음의 경계에서 기꺼이 원하는 죽음을 맞아들임으로 지혜의 사

Origination of Things. Preface to the New Essays. The Monadology, Translated by D. Garber and R. Ariew, Printed in the United States of America 1991, pp.18-20.

60) '역사형이상학 고원지대' 귄터의 『기계, 영혼 그리고 세계사, *Maschine, Seele und Weltgeschichte*』에 등장하는 개념으로 여기서는 문화형이상학고원지대로 개념변형을 하였다.

랑을 실천한다. 플라톤은 이러한 위대한 스승의 행적을 기념하고 그 자신도 스승에 버금가는 사상체계를 갖추면서 학생들을 가르치기 위하여 세계의 첫 번째 대학에 해당되는 아카데미를 설립하였다. 플라톤은 그의 철학 개념을 위한 장소로서 아카데미의 정문 앞에 "기하학을 모르면 들어오지 말라"라는 문구를 적어놓고 세계의 참된 본질과 실재에 대한 사상을 가르쳤다. 땅을 딛고 살고 사유하며 살아가는 인간지식형성의 근본조건으로서 지구를 측정하는 기술에 관한 로고스, 즉 기하학이 지식의 첫 출발이 된다는 것이다.

플라톤은 자신이 살고 있는 지중해 지역에 대한 지리학적 인식에서 우주의 근본적 본질이 존재한다고 가르쳤다. 플라톤의 가름침은 서양철학의 창시자로 알려진 탈레스에서 철학의 기본개념을 취하였다. 그리고 플라톤은 우주에는 불변하는 근본본질이 있다고 하였던 탈레스와 더불어 수가 우주에서 근본적이고 불변하는 원소라는 점을 생각하고 이론화하였던 피타고라스를 수용하였다. 대부분의 사람들은 이러한 불변의 형상의 수적 본질을 모르고 살아간다. 우주의 영원한 불변의 본질이 있다면 아무도 모르고 살아가는 것이 알며 살아가는 것 보다는 덜 회의주의에 직면할 것이다. 그러나 희랍인은 지중해 지역의 푸른 바다같이 명랑하고 적극적인 삶의 표현으로 지식을 긍정하였다. 그래서 모르는 것과 아는 것의 갈림길에서 지혜의 추구인 철학을 선택하였다. 철학이 우주 본질에 대한 지와 무지에 대하여 근원적인 해답을 마련하였을 때, 플라톤은 탈레스나 피타고라스를 넘어서 이 본질을 형상이라고 간주하는 지중해 지역 철학을 발전시켰다. 형상은 완전하고 불변이고 영원한 구성요소이지만 우리는 감각의 베일이 덮인 채 모르고 살아가고 있다. 사물의 참된 형식은 우리의 감각적 존재를 넘어서 불변의 형상의 본질의 세계에 위치하고 있다. 이 세계의 모든 항목은 형상의 세계에서 발견되는 항목의 참된 형식을 닮아서 만들어졌다.

플라톤은 무지와 교양, 가상과 본질, 거짓과 진실, 형상의 세계를 아느냐 모르느냐에 밝음과 어두움의 대비를 중요시하였다. 플라톤은『국가』7권에 어두운 동굴에 어릴 적부터 포로가 되어 살아가는 죄인들과 그들 가운데 사슬을 풀고 나와 바깥세계를 알고 동굴로 돌아와 옛 동료들을 구출하려는 철학자의 이야기를 고안하였다.[61] 플라톤은 물론 당시 아테네 가까운 근교에 광산을 방문하였고 광산 노예들이 채광하면 일하는 모습을 보고 거기서 알레고리를 생각해냈을 것이다.『국가』7권에 나오는 장면은 동굴 벽에 비치는 그림자를 현실로 인식하고 앞만 보고 살아가는 동굴감옥에 거주하는 포로들의 모습을 그린 것이다. 동굴 벽에 타오르는 불, 일하는 사람들, 쇠사슬, 부지런히 움직이는 동굴 길 위의 인형 같은 대상들, 그들이 비치는 동굴 벽의 그림자 등등으로 구성된다.

플라톤은 동굴 안의 지각현상을 시각의 세계와 같이 비유하였다. 동굴 안은 인류의 무지한 상태로서 쇠사슬은 형상에 대한 인간의 무지이다. 감옥은 세계를 표상하고, 죄인은 세계

---

61) Platon, *Politeia, Der Staat*, Bearbeitet von D. Kurz, Griechischer Text von E. Chambry, Deutsche Uebersetzung v. F. Schleiermacher, Darmstadt, Printed in Germany 1971, pp.554-567.

에 거주하는 인간이다. 동굴에 살아가는 죄인들이 보는 그림자는 현재 세계의 인간이 그의 대상들, 환경들, 사건들 그리고 기타 등등을 함께 보는 것과 같은 것이다. 사슬에 묶인 죄인들은 면벽(面壁)하며 일방적으로 오직 앞만 바라보고 앉아서 동굴 벽에 횃불에 의하여 비쳐지는 어른거리는 그림자를 실재로 믿고 지낸다. 그러나 사실은 그들이 앉아 있는 자리 뒤의 구역에 담벼락을 따라 여러 대상이 왔다 갔다 하는 대상들을 횃불이 비치고 있기 때문이다. 죄인들은 뒤돌아 볼 수 없기 때문에 보고 듣는 모든 것은 벽에서 반사된 소리와 그림자에 불과하다. 그들이 외부세계에 대하여 아는 것이라고는 아무것도 없다.

동굴의 비유에서 시사되는 유일한 해법은 지성세계로의 영혼의 상승이다. 동굴을 빠져나오려면 동굴 밖의 빛이 있는 위로 올라가야 한다. 구속된 세계에 있는 몸이 해방을 얻기 위하여서는 영혼이 거주하는 마음의 세계로 들어가야 한다. 죄인들 가운데 사슬에서 풀려나온 죄수는 동굴 밖을 나오므로 외부세계의 참된 실상을 보게 된다. 태양, 물, 자연 등 외부세계의 참된 실상을 파악한 그는 동굴로 회귀하여 실재에 대한 이해를 가르쳐야 하는 책임을 느낀다. 옛 동료에게 무엇이 실재인지를 가르치고 동굴을 탈출하여 진리 세계로 도피할 것을 권유하는 자는 교양인이다. 교양인은 무지한 자를 유식한 자로 빛을 비추어 깨어나게 하고, 미몽과 환상에서 참된 세계를 알게 인도하고자 한다. 물리영역에서는 밑에서 위로 상승하여야 하고, 정신영역에서는 밖에서 안으로 들어가야 한다.

〈표 2-1〉 플라톤의 동굴의 비유의 인식모형

그림자, 반사	물리적 사물, 대상	수학, 논리학	형상, 이데아
에이카시아 *eikasia*	피스티스 *pistis*	디아노이아 *dianoia*	노에시스 *noesis*
감각세계		지성세계	

전체 동굴의 비유는 무지상태의 구속에서 빛의 밝은 상태로의 이행이 목표인데, 전자의 상태는 감각에 예속되어 있고 후자의 상태는 이성의 지배를 받는다. 교양인의 과제는 감각에 의하여 지각되는 현상의 참된 실재원인을 보여주는 것이므로, 이는 인식의 가장 낮은 곳의 감각적 예속을 분할된 선분의 가장 높은 부분에 의하여 설명하는 것이다. <표 2-1>는 플라톤의 인식세계를 감각세계와 지성세계로 나눈 것이다. 감각세계에 예속된 영역에는 그림자와 반사를 의미하는 에이카시아(*eikasia*)가 있고, 물리적 사물의 대상을 지각하는 피스티스(*pistis*)가 있다. 수학과 논리학의 추상작용을 펼치는 디아노이아(*dianoia*)가 지성세계에 속해 있고, 마지막 형상과 이데아를 아는 지식으로 노에시스(*noesis*)가 작용한다. 이들 인식등급의 편차는 동굴의 상황을 비유적으로 반영한다. 이와 같은 인식등급은 봉건적 생산양식을 취하던 고대 노예제의 사회상을 반영하는 준거 틀로도 사용될 수 있었을 것이다.

동굴감옥 안에서 보는 불빛의 세계는 시(視)의 영역에 있고, 외부세계의 태양 빛의 세계는 관(觀)의 영역에 속한다고 하였을 때, 동굴감옥에서 보는 것을 시(視)라 하고 동굴감옥 외부에서 보는 것을 관(觀)이라 한다. 동굴 안의 죄인이 사슬을 풀고 외부세계로 나갔을 때에도 시(視)에는 본질적인 변화가 없다. 반면에 관(觀)은 동굴내부와 외부 사이의 차이를 지각하는 봄이다. 그러므로 동굴감옥에서 들어갈 때나 나올 때의 이러한 시각 차이에 대한 교양인의 인식은 더 높은 단계의 시 지각 의식으로 인도한다. 양자의 시 지각 의식은 사유와 존재의 인식론적 모사(模寫)를 보여주고 있다.

플라톤은 가시적인 것을 볼 수 있게 하는 능력을 부여할 뿐 아니라 됨, 성장, 영양을 주는 태양의 비유(508a~509b)를 말한다. 태양은 빛 형이상학의 근원이다. 빛에서 사물을 고찰하면, 빛이 있는 곳에는 어둠이 있다. 어둠은 빛의 원천에 떨어진 거리를 만들어내는 소이(所以)이므로 무(無)와 같다. 빛의 부재 혹은 존재의 부재, 선에서 어긋남, 일정하게 언명될 수 있는 것은 참된 것의 경계 등을 만들어낸다. 그러므로 플라톤 철학에서 무는 원형이 아니라, 파생적인 것이다. 감성적 지각은 단지 태어나기 이전부터 각인되어 있었던 이데아의 봄의 기억(anamnesis)으로 해체된다. 감각적 인식에서 놓여 있는 진리는 사물과 그림자의 섬세한 명시를 갖는 이데아 자신의 감각적 현상에서 드러난다. 감성적 직관은 현상에 방향을 돌리고 있지만 사유는 이데아의 봄에서 파악된다.

플라톤은 선분의 비유(509d~513e)에서 A에서 E까지 선분에 대하여 어느 한 같지 않은 지점을 잡아서 양분할 것을 요청한다. 그러면 그 중에 짧은 단면 A C는 물리적 세계를 나타내고 긴 단면 C E는 지적인 세계를 나타낸다고 설명한다. 말하자면 선분의 비유는 인간은 몸을 가지므로 감각적인 A

〈그림 2-2〉 플라톤의 선분의 비유의 선분분할

C 세계에 속한다. 하지만, 인간은 마음을 지니므로 지적인 정신영역에 속하는 C E 세계를 추구하는 산술적 모델을 안다.

짧은 양쪽 단면을 다시 같은 비율로 절단하면 A B, B C, C D, D E 사이에 일정한 비율이 생겨난다. A B는 물리적 사물의 그림자를 대표하고, B C는 물리적 사물들 자신이다. 이들 양자의 지식은 실제로 존재하지 않는 환영의 그림자와 물리적 사물들에 대한 신념에 불과하다. 반면에 지적인 영역의 C D는 A B가 B C에 대하여 취하는 것과 같은 비율로 나누어진다. C D는 수학적 추론인 디아노이아를 통하여 추상적 수학대상을 다룬다. 그러한 대상은 물리세계 외부에 있다. D E는 철학적 추론, 곧 변증법적 추론인 노에시스 작용으로 가장 높은 단계의 지식에 속한다. B C와 C D의 단면은 각각 물리대상의 영역과 수학대상의 영역을 차지하지만, 엄격하게 동일한 비율의 길이이다. 그러므로 물리적 대상과 수학적 대상 사이에는 상호의존성이 있다.

플라톤은 『티마이오스』에서 만물의 4원소설과 피타고라스에서 유래하는 플라톤 체를 도입하여 이들의 상호의존성을 설명한다. 플라톤은 탈레스, 피타고라에 이어 엠페도클레스의 우주 만물의 4원소설까지도 붙잡는다. 곧 세계물체는 불, 공기, 물, 흙 4원소로 이루어졌다.

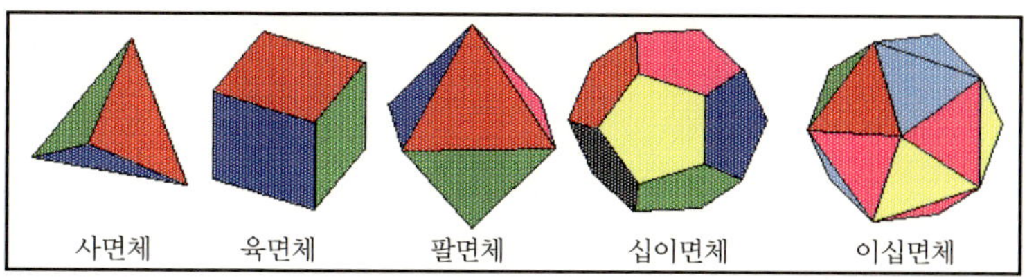

〈그림 2-3〉 플라톤 체

육체와 정신	상승비례관계	영역별 방법론적 구분
지성세계	D ↑ C	D: 형상, 이념 ↑ C: 수학적 대상, 논리학
감각세계	B ↑ A	B: 대상, 물리적 사물 ↑ A: 그림자, 환영[62]

〈그림 2-4〉 동굴의 비유의 인식론적 상승모형

플라톤 체는 각각 사면체, 육면체, 팔면체, 십이면체, 이십면체로 구성되어진다. 우주의 모든 도형은 플라톤 체로 환원되고, 나머지 사물의 현상의 본질은 4원소로 구성된다. 국가도 이러한 수학적 구성을 닮아 이루어질 때 이상적인 사회를 건설할 수 있다. 훌륭한 국가 지도자는 올바른 수를 알아야만 하는 것이 아니라, 모든 사회적, 국가적 사태를 국가를 튼튼하게 지속적으로 좋고 조화롭게 배열하여야 한다.

---

62) 가장 낮은 실재의 등급인 A에서 최상인 실재 등급인 D에 이르는 선분의 비례는 밑에서 위로 상승한다.

3. 동굴의 비유, 그림읽기

　빛이 직선거리로 나아갈 때 그림자가 생기는 것을 설명하는 것은 광학, 기하학의 주제이다. 일상생활에서 언제 어떻게 빛과 그림자가 생기는지는 누구라도 하루의 경험을 통하여 안다. 아침이 되면 밝아지고 정오에 가장 밝아지다가 저녁 무렵이면 어두워지다가 자정이면 가장 어둡다. 동굴의 비유가 아니라도 일상에는 명암이 있고, 해가 뜨고 지는 지평선의 180°각도와 360°의 원의 기하학 도형이 생긴다. 광학의 발전은 사유발전과 맥락을 같이 하기 때문에, 오늘날 과학탐구와 철학탐구도 이 동굴의 비유의 알레고리에 관계에서 조명된다. 무엇보다 기독교 신학에서, 예수그리스도 교회 이론도 플라톤의 이론과 부합된다. 교회도 예수 그리스도의 몸으로 알려져 있지만, 빈 무덤을 찾아 나선 자들도 예수 그리스도의 시신은 직접 본 적이 없이 돌아서야 하였다 제자들은 예수 그리스도가 오직 갈릴리로 먼저 가셨다는 소식만 전해 들었다는 점에서 동굴의 상황과 유사하다. 동굴에서도 여러 다른 죄인들은 어느 풀려나온 죄인이 돌아와서 자신들을 속박에서 해방시켜주겠다고 하지만, 이 소문에 대하여 더욱 자신들의 결박된 사슬들을 단속하면서 흔들리지 않을 것을 종용한다. 현대 서양문명이 2000년까지 발전되어 왔을지라도 거의 강요적인 유사성으로 사유와 현실의 구속에 머물러 있다. 인간성은 '동굴을 떠나는' 개념으로 열광한다. 지금까지 서양철학은 이 모델에서 많은 걸음을 나가지도 못하였고, 과학 역시 이 근처에서 맴돌고 있다.

현대 언어철학의 독보적 영역을 개척한 비트겐슈타인은 동굴의 비유에서 풀려나온 포로가 다시 옛 동료에게 돌아가서 동굴의 탈출을 권유하는 것처럼, 철학의 근본문제를 마치 병 속에서 출구를 찾아서 빠져나오려는 파리의 그림에 비유한다. 그의 유명한 『논리 철학 논고』에서는 "2. 1. 우리는 우리에서 사실의 그림을 만든다."고 말한다. 도무지 사유란 사실의 모사를 이끌어내는 그림과 같다. 그래서 "2. 12. 그림은 현실의 모델이다."라는 점을 지적한다.[63]

아래의 <그림 2-4>와 <그림 2-5>는 임의로 인터넷에서 발췌한 그림으로 플라톤의 동굴의 비유를 나름대로 그려서 제시한 것이다. 먼저 <그림 2-4>에는 동굴 안에 죄인들이 벽에 기대어 앞의 그림자를 바라본다. 벽에 던져 투사된 그림자는 그들이 앉아 있는 뒤편의 횃불이 어느 누군가 꼭두각시 흥행사의 연기를 비추므로 생겨났다. 죄인들은 이 어른거리는 그림자를 진짜 현실로 착각하고 살아간다. 반면에 동굴 입구 쪽으로 분산된 태양 빛을 따라 동굴 밖으로 나가는 통로에 어떤 한 인물이 동굴 밖 바깥세상으로 나가고 있다.

<그림 2-5>는 동굴 안을 두 개의 벽으로 갈라놓고 <그림 2-4>와는 다른 불빛의 경로를 분석하고 있다. 동굴 안에는 포로들이 동굴거주자가 타오르는 불빛을 이용하여 한 마

---

63) 비트겐슈타인, 『논리 철학 논고』, 2.1. 2.12.

〈그림 2-4〉

플라톤의 동굴극장

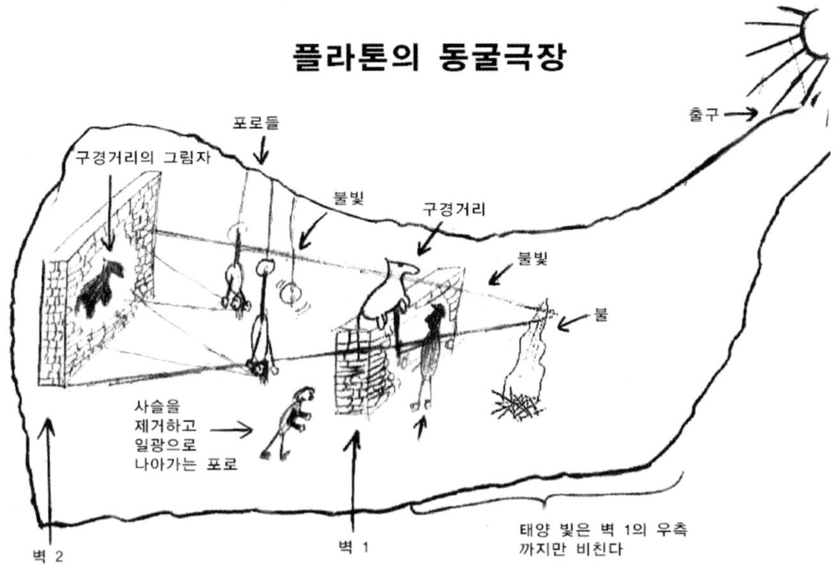

〈그림 2-5〉

리 동물을 구경거리로 삼아서 비친 광경을 그림자로 보고 있다. 포로들이 보고 있는 벽면의 그림자는 동굴 안의 불빛에만 제한되어 생긴다. 반면에 포로 중 한 명이 동료 포로들이 바라보고 벽을 넘어가며 일광(日光)을 향하여 걸어 나간다. 이 포로는 지금까지 자신과 자신의 동료들이 보고 지내던 그림자의 실체의 빛과는 다른 성질의 빛을 느끼고 찾아낸 것이다. 그가 걸어 나가는 길은 동굴 밖으로 나가는 일광에서 비롯된 것이다. 이 일광은 포로가 걸어가는 길에서 동굴 안으로 들어오는 측면과 동굴 밖으로 인도되는 측면의 통로를 제공한다. 포로가 이르는 출구에는 태양 빛이 빛나고 그 밖에는 철학자의 나라가 펼쳐 있다. <그림 2-5>에서는 포로가 두 종류의 빛을 인식하므로 이 차이를 통하여 동굴의 출구를 찾아간다.

플라톤이 동굴의 비유를 통하여 말하려고 하였던 바는 무엇인가? 플라톤은 광학적 모사를 인식의 메타포로 사용한다. 그러나 플라톤은 우리가 동굴 안에서 스스로의 모사과정을 직접 지각할 수 없다는 점을 묵시적으로 보여준다.[64] 모사과정은 복합적이어서 지각하는 자에서 모사대상으로부터 늘 벗어나 있다. 플라톤의 동굴의 비유의 정확한 이해에 따른다면, 우리가 볼 수 있는 것이란 대상의 그림자에 불과하다. 모사과정 역시 연출된 그림자놀이이기 때문이다.

르네상스의 사영기하학은 플라톤의 동굴의 비유에서의 보여준 인식과정과 모사과정 사이의 유사성을 회화 영역에 적

---

64) W. Merz, *Unterwegs zum Hoe. Hoehlenausgang der Moderne*, Freiburg, 2010.

용하였다. 나아가 모사과정을 확실하게 포획하므로 세계인식을 증식시킬 수 있다는 점에 주목하였다. 르네상스 근대인은 감각기관을 해부하였고 광학렌즈와 카메라를 실험수단으로 완전한 외부세계의 그림을 내부공간으로 투사하였다. 르네상스 이후의 경험과학의 등장은 플라톤의 모사모델에 새로운 인식론적 도전장을 의미하게 되었다.

경험적으로 오직 하나의 외부세계만 있다. 이를 지각하는 감각기관은 이를 지각한다. 우리의 감각기관은 감각인상을 생산한다. 그러므로 세계의 완전한 모사를 얻기 위하여 온도계, 수은계기, 나침판, 망원경, 현미경, 시계 등은 우리의 감각지각을 대우주와 소우주로 확장하기 위한 도구들이다. 근대 경험론적 자연과학은 이러한 인식배경에서, 우리의 모든 인식과정이 통일하려 하였지만 그 안에 잘못된 표상이 들어왔을때 어려움에 직연하였다. 그래서 경험론의 아버지 베이컨(*F · Bacom*)은 4가지 우상가운데 극장의 우상으로 우리의 감각경험에 들어오는 오류의 원천을 경계하였다. 동굴의 비유를 전적으로 경험론적으로 해석한다면, 동굴의 안팎은 이와 같은 오류의 원천에 노출될 여지가 많은 것이다. 근대 경험론에 대하여 데카르트를 위시한 합리론은 우리가 보는 사물은 결코 물 자체가 아니라는 인식론적 진단에 이른다. 세계는 우리의 개념으로 대상세계와 관계를 맺는 결합이고 조합의 결과이다. 이는 스스로의 지각으로 환원될 수 있는 세계의 일부도 아니다.

영국 경험론은 칸트합리론에 의하여 극복되었다는 철학사적 칭찬은 그 자체로 많은 철학하는 즐거움의 일거리를 주었다.

철학자는 인간이기 때문이다.

4. 원형과 반복

고대 희랍 문명의 원형적 행적으로서 역시 재창조(*再創造*)에 해당되는 라틴로마문명시기에 지중해 지역의 대표적인 인물들은 이집트에서 태어나 로마에서 죽은 플로티노스(*Plotinos*, 204~270)와 그의 제자 포르피리오스(*Porphyrios*, 233~309), 북아프리카의 아우구스티누스(*St. Augustinus*, 354~430), 그리고 로마 황제가의 보이티우스(*Boethius*, 480~525) 등이다. 이들은 플라톤의 이데아세계와 아리스토텔레스의 개별자의 앙상블로 지중해 정신세계를 통일하였지만 보존과 발전에 실패하여 로마제국의 몰락과 더불어 인류의 정신세계에서 완전히 잊힌다. 하지만 이들의 정신유산은 1,000년이 지난 르네상스에 부활하여 지중해문명에서 대서양 문명으로 문명 확장의 이념적 토대로 작용하면서 장차 대서양세계에서 동아시아 세계로의 문명이동과 확장의 이론근거를 제공하였다.

로마문명세계에 플라톤 철학을 재생한 인물은 204년 이집트 뤼코(*Lyco*)에서 태어난 플로티노스이다. 그는 변증론자의 교부철학이 끝나면서 새롭게 탄생한 기독교 철학이 헬레니즘, 영지주의, 마니교 등의 이론경쟁을 하고 있을 무렵 27세의 나이로 알렉산드리아에서 암모니오스 사카스(*A. Saccas*) 강의를 듣고 "이 사람이야, 내가 찾던 사람이다!"라고 말하면서 철학공부를 시작하였다 한다. 그는 알렉산드리아에서 11년을 보내고 38세경에 고르디안 3세의 군대에 합류하여 페르시아를 거쳐 인도로 여행하였다. 페르시아와 인도철학을 공부하였고 그는 40세에 로마에 들어간 이후로 신플라톤주의 운동을 일으켜 초기 기독교철학 형성에 지대한 영향을 주었다.

플로티노스는 기독교를 플라톤의 철학에 접목한 지중해 지역의 관점에서, 우리가 보는 모든 현상은 보다 높고 지적인 진짜 존재의 부분의 모방이거나 빈약한 모사나 이미지라고 플라톤을 해석하였다. 세상에는 최상의 선험적 존재가 있으며, 그것이 곧 일자(一者)이다. 이 일자는 구분을 포함하지 않으며 존재와 비존재의 범주를 넘어서기 때문에 어떤 존재하는 것일 수 없다. 일자는 일종의 존재계의 피라미드 형식의 가장 꼭대기에 있기 때문에 여기에 사유가 귀속될 수는 없다. 사유는 생각하는 자와 생각되는 대상 사이의 구분을 함축하기 때문이다.

일자는 빛(光)에 비유된다. 일자의 첫 유출은 누스(Nous)이다. 신적인 정신인 누스는 태양에, 영혼은 달에 비유된다. 누스가 세계영혼을 낳고, 세계영혼은 고등한 것과 열등한 것으로 나누어진다. 일자로부터 유출되는 세계영혼에서 개별 인간영혼이 나오며 최종적으로 가장 열등한 단계에 질료의 존재가 생긴다. 만유(萬有)는 일자로부터의 무한한 분유를 통하여 생긴다.

플로티노스 이후 시리아 출신으로 29살에 로마에서 플로티노스를 만나 6년간을 신플라톤주의를 연구하고 66세로 스승이 죽자 그의 저작을 편집하면서 유명한 『교사들, *Isagoge*』을 집필한 인물은 포르피리오스이다.[65] 그는 이 책에서 처음으로 유와 종이 객관적 실재인지 아닌지, ① 유와 종은 자연에 존재하는가? 단지 지성의 산물인가? ② 그들이 마음과 떠나서 존재하면 물질적인가 비물질적인가? ③ 그들이 감각적 개별사물 외부에 존재하는지 아니면 감각적 개별사물 외부에서 현실이 되는지의 질문을 던진다.

이 질문은 중세보편논쟁의 시발점을 제공한다. 이 질문에는 플라톤, 아리스토텔레스 철학의 근본문제로서 보편자의 개별자의 문제가 등장한다. 로마사회가 다문화 사회로 존재하기 위하여서는 다양한 인종이 공존할 수 있는 보편자에 대한 이론이 있어야 한다. 그렇다면 로마사회에 살아가는 사람들은 이집트 출신이든 시리아 출신이든, 자신이 종으로서의 인간인지, 지성의 산물인지의 질문을 던지게 된다. 현대 한국사회를 살아가는 사람들에게도 동남아시아 출신이든, 중앙아시아 출신이든 혹은 구미출신이든 종으로서의 인간인지 지성의 산물로서의 인간인지에 대한 보편자의 질문앞에서 있다. 『교사들』의 보편자의 질문이란 로마문명의 존속과 지속성을 가늠하는 척도가 된다. 하지만 그는 이 문제에 명확한 답변을 내리지 않으므로 기나긴 논쟁으로 몰고 간 중세보편논쟁의 화두(*話頭*)를 던졌다.

---

65) *Platonismus in der Philosohie des Mittelalters*, Hrsg. von W. Beierwaltes, Darmstadt, 1969. p.427.

아우구스티누스는 로마의 몰락으로 기독교가 흔들릴 때 부패로 소멸되는 지상의 나라와 영원하고 불멸하는 하늘나라로 구분함으로 플라톤 이원론을 기독교적으로 계승하였다. 그는 인간의 육체와 정신의 구분에서 분리된 교회를 영적인 신국으로 발전시켰고 플라톤 형상이론을 신적인 관념으로 발전시킴으로써 플라톤주의를 가장 기독교철학에 근접시켰다. 그는 이민족과 야만에 의하여 제국의 멸망을 보면서 망하고야 말 세속적인 지상의 나라와 영원한 썩지 않는 불멸의 하늘나라를 구분하였다. 그는 인류에게는 참다운 지혜의 사랑으로 불멸의 대상을 향하여 나갈 수 있다는 하늘나라의 이념을 설파하였다. 그는 인식론적으로 감각은 지성을 속일 수 있지만, 이데아의 진리는 학에서와 같이 의심할 바 없다고 주장한다. 정신과 물질, 정신과 육체, 소멸과 불멸의 나라에서 이데아 자체는 창조자의 정신에 포함되어 있으나, 구체적인 별개의 것은 참된 이데아의 변경되는 모사이다. 인간이 인식할 수 있는 유일한 불변의 본질은 창조의 원형은 신적인 마음에 정착된 신의 보편적 관념에 있다. 인간영혼은 신적인 관념에서 직접적 통찰을 획득하기 위하여 오성작용에서 특별한 초자연적인 협조를 얻어야 한다. 선은 악을 멀리하나 악은 선을 드러내기 위하여 존재하지 않는 선에 불과할 뿐이다. 430년 반달족이 들이닥치면서 모든 것을 파괴하였지만, 아우구스티누스의 성당과 도서관을 건드리지 않았으며 임종 시에도 아우구스티누스는 플로티노스의 『에네이드, *Aeneid*』를 읽고 있었다고 전한다.

〈그림 2-6〉 보티첼리(1445~1519, *S. Botticelli*)의 1480년경의 아우구스티누스 작품

아우구스티누스와 더불어 기억될 고대 로마 최후의 교양인, 최초의 스콜라 철학자로 손꼽히는 인물은 6세기의 보에치우스이다. 철학자 보에치우스는 서로마세계에서 희랍의 고전세계 마지막 지적인 전통의 계승자이다. 그는 서로마제국의 몰락의 위기 앞에서 라벤나에 수도를 둔 테오도리코 왕의 비호하에 『철학의 위안』을 집필하여 지중해 문명세계와 라

틴어 문명세계의 철학과 예술을 보존하고 전승하기 위한 구원자의 역할을 해냈다. 그는 아리스토텔레스 주석을 쓰므로 중세 스콜라 철학에서 아리스토텔레스 해석의 유일한 원천을 제공하였다.

그는 완전한 것은 논리적으로 불완전한 이전이며 영원함은 항상 되어가는 시간이 아니라 무시간적으로 완전한 상태를 상정하였다. 완전하게 좋은 모든 것은 신 안에 있고, 모든 존재의 근원은 신 안에서 완전하다. 보편자는 불완전한 이전이 아니라 완전한 것이고, 되어가는 시간이 아니라 된 시간 안에 있다. 그러므로 보편자는 신안에 있다.

보에치우스는 포르피리오스가 제기한 보편자의 문제를 재론하였다. 보에치우스는 로마문명의 몰락의 기로에서 보편자가 자연에 존재하느냐 단순한 추상이냐, 사물이냐 아니냐를 문제 삼았다. 보편자는 감각사물 내-외부(*內-外部*)에 둘 다 존재한다. 보편자는 지속하고 지성적(*subsistentia & intellecta*)이며, 둘 다 본질적으로 물질적이고 추상적이다. 그러나 보에치우스의 보편자는 음식에 두루 맛을 내는 양념은 되었을지언정 두루뭉술한 구름 같은 개념이었다. 그래서 감각내외부에 경계를 긋지 못하다가, 마음은 추상작용으로 별도(*seperated*)의 대상의 보편적 표상을 형성할 수 있으므로, 보편자는 오직 마음에만 의존하여 존재할 수 있다는 주장에 기울었다.

지중해 문명권은 흉노족에 의하여 원인(*遠因*)이 제공된다. 게르만 민족의 대이동으로 전 유럽이 크게 요동쳤다. 역사적으로 일대 파국이 일어났다. 문화적 세계사적 지각변동에 의

한 지중해 세계의 단절이 생긴 것이다. 그럼에도 불구하고 해양성 기후를 배경으로 하는 지중해는 그 자체로 안전하고도 따스한 완결된 세계였다. 위기 때마다 걸출한 인물들은 이러한 지중해 지역의 문명의 연속을 지켜나갔기 때문이다. 서로마 제국의 멸망과 더불어 문명의 중심은 비잔틴으로 이동하였다. 서로마제국의 몰락에 이르기까지 1,000여 년을 지켜온 지중해문명의 원형은 중세와 더불어 잠들었다. 서유럽 문명세계는 비잔틴으로부터 전수되어 보존되어간 희랍문명의 원형을 학습하고 전달받은 7~8세기 사라센의 문명이 완전히 망각된 아리스토텔레스 철학 및 희랍의 고전지식을 전해주기까지, 안셀무스가 서유럽인의 정신적 자각을 일깨운 스콜라 철학운동까지, 보에치우스에 머물고 있었다.

<그림 2-7> 수업 중인 보에치우스(글래스고우 대학)

1. 개요

보편사유란 엄밀하게 존재론적 사유와 우주론적 사유를 지칭한다. 전자는 안셀무스가 신 존재 증명을 위하여 만들어낸 사유형식이며, 후자는 운동, 원동원인 찾기, 우연, 완전성 등급, 목적이라는 다섯 가지 방법에 의하여 신 존재 증명을 실시하기 위하여 만들어낸 아퀴나스의 사유형식이다. 양자는 원래 플라톤의 원형사유에 이미 그 발단이 있으나, 후자는, 특별히 아리스토텔레스의 4원인에 의한 세계이론과 밀접한 연관을 갖고 발전된 것이다. 그러므로 지중해 지역에서 보편사유란 원형사유와는 달리 특정한 목적을 위하여 발전되어간 사유형식에서 유래한 것이라 할 수 있다. 이러한 사유발전은 고대문명의 몰락과 중세라는 시기를 통하여 형성된 것이다. 보편사유는 오늘날까지도 철학적 사유의 존립근거를 제공한다.

먼저 기원후 476년 서로마제국의 몰락으로 동고트족의 왕 데오도리코 휘하에서 서양고전문명의 보존에 힘썼던 보에치우스 이후 동방의 비잔틴 제국이 1453년 몰락에 이르기까지 사실상 천 년 가까이 암흑의 시대로 평가하는[66] 서양문명은 고대문명으로부터 단절되었다. 중세문명이라고 부르는 이 시기는 그럼에도 불구하고 완전히 사라진 것이 아니라 끊임없이 이어지고 계승되었다고 볼 수 있는 두 가지 요인이 있다. 하나는 고대 로마문명은 기원후 476년 서로마제국의 몰락으로 수직적 단절 이후 동방에는 비잔틴 제국이 1453년까지 존속되었고 여기에는 많은 고대지식이 보존되었다. 다른 하나의 이유는 그 정상에 자연신학이 종교적으로 통일되어서 연속성의 선상에서 있을 수 있었던 정신문명으로 들 수 있다. 후자의 존속에 결정적인 영향력을 미치게 된 것이 보편사유이다.

중세문명은 다양한 문명권의 흐름을 포괄하였다. 전쟁과 야만의 공포로 특징지을 수 있는 10~13세기 십자군 전쟁과 13세기 몽고의 원 제국에 의한 유럽침략에도 유태인과 아랍인을 포함하는 통일된 보편적 정신문명을 형성하고 있었다. 중세 지중해문명은 이러한 정신문명의 탄력성과 유연성 그리고 통일성 때문에 2,000년 동안 지속할 수 있었다. 중세유럽의 어둠이 자취를 감추는 과정은 13세기 이래로 비잔틴문명의 정점에 선 콘스탄티노플이 몰락하기 시작하면서부터이다.

---

66) K. Flasch, *Das philosophische Denken im Mittelalter. Von Augustin zu Machiavelli*, Stuttgart, 2000, pp.22-27. '중세'라는 단어는 고전부흥운동에 열광하였던 르네상스 인문주의자들의 각인이지만 500년에서 1,500년에 이르는 기간에는 중세는 지리학적으로 라틴 서방세계를 지칭한다. 이 기간은 20세기의 통일된 세계상보다 상대적으로 더 통일적이기 때문에 전문적인 의미에서 '중세'는 협약에 의한 의미를 담는다.

그때 이래로 고대 희랍 고전지식이 서유럽으로 유입되기 시작하였으며, 14세기부터 오컴과 그의 주의자들이 새로운 논리학의 길(*via logica nova*)을 추구하였다.[67] 15세기에는 아랍문명에 의하여 번역되고 해석이 된 플라톤 아리스토텔레스 고전이 서유럽에 본격적으로 수용되었다. 드디어 16세기에 이르면서 종전의 천동설을 기각되고 태양중심설이 등장하면서 더 이상의 중세유럽문명은 존재할 수 없게 되었다.

서유럽인의 자존심과 자긍심을 불러일으킨 지중해 철학 사유는 11세기경 북이탈리아 아오스타 출신의 안셀무스에서 시작된다. 소위 스콜라철학[68] 운동을 일으키며 새롭게 탄생한 이 사유유형은 데카르트에 의하여 다시 재생되기까지 500년을 특징짓는 가장 대표적인 보편사유로 발전하였다. 이 사유의 특징은 언어와 인간과 신, 그리고 세계의 발견으로 시간과 장소를 초월하는 보편적 사유운동의 동인을 제공한다는 점에 있다. 1050년에서 1450년까지 지속적으로 발전된 스콜라철학운동이 지중해 지역에서 서서히 대서양 세계로 이동할 수 있게 된 것도 안셀무스가 일으킨 보편사유 덕택이다.

스콜라 철학운동이 보편적이 된 이유는 안셀무스가 신을

---

67) J. Marenbon, *Later Medieval Philosophy(1150—1350), An Introduction*, London and New York, 1987. p.170.

68) 라틴어의 '스콜라티쿠스(*scholaticus*)'라는 단어의 '학교에 속한', '학교의 가르침'을 의미하는 것으로 근원적으로는 인문학(*artes liberales*)의 교사와 제자를 일컬어 스콜라주의자라고 부른다. 이들은 주로 교회, 대학, 수도원 등에서 학습이 이루어졌으며 9세기에서 11세기를 초기 스콜라, 12세기에서 13세기는 높은 스콜라, 14세기에서 르네상스 인문주의자의 등장까지를 후기 스콜라주의로 구분한다. 참조: *Woerterbuch der philosophischen Begriffe*, Hrsg. v. J. Hoffmeister, Hamburg, 1955, p.542.

증명하는 존재론적 사유법에 있었다. 이 사유법에 따르면 신이 인간으로 오시는 근거가 있는 곳에는, 언제나 신 존재에 도달하는 필연적 사유의 길이 있다. 안셀무스는 신이 인간으로 오신 이유를 인간의 타락과 죄와 몰락으로 들었다. 최초의 인류 아담과 이브는 타락으로 죄에 빠져 몰락하였다. 하지만 신은 이를 내버려두지 않고 스스로 인간으로 내려오심으로 인간의 죄의 대속의 근원을 마련하였다. 신이 인간으로 오신 존재이유는 사유필연성에 근거하고 있다. 안셀무스는 곧 신이 인간으로 내려온 이유를, 오직 인간사유의 필연성에 의하여 밝히므로 신 존재를 증명하는 길을 열었다. 신이 인간이 되는 시간과 사건을 의미하는 그리스도의 육화가 인간과 신 사이의 패러독스를 해결한다.[69] 신은 하나의 존재이다. 그러나 그는 삼위의 한 인격이다. 삼위일체의 이론은 무한한 신과 유한한 인간 사이의 갭을 메운다. 곧 삼위일체의 이론은 일 즉 다의 형이상학을 낳았고, 이는, 곧 스콜라 철학운동으로 번졌다.

이 철학운동은 지성의 요람이면서 교육장소로서 교회와 수도원을 중심으로 활동하다가, 11세기 후반 북부 이탈리아를 중심으로 도시국가의 성립으로 인구증가와 경제발전으로 대학들이 설립되면서 유럽 전역의 대학으로 확산된다. 당시에 볼로니아, 파리, 옥스퍼드 등에 대학이 설립되는데, 특히 파리 대학은 스콜라 철학 논쟁의 최고의 영예의 전당으로서 근

---

69) Anselm von Canterbury, *CUR DEUS HOMO*, Lateinisch und Deutsch von F. S. Schmitt, Darmstadt, 1956.

대과학혁명까지 중세유럽철학의 중심으로 부동의 위치를 차지하였다. 안셀무스의 뒤를 이어 서양 중세철학에 기여한 지중해 지역 철학자들로서는 이탈리아에서 태어나 파리에서 공부하였고 독일의 쾰른에서 스승 마그누스를 만나면서 신앙과 이성을 통일하는 이론을 제시한 아퀴나스이다.[70] 12세기의 서유럽 대학에서의 이러한 교육적으로 열악한 상황과는 달리 비잔틴과 이슬람 세계는 철학, 의학, 수학 등 모든 분야에 희랍의 고전지식을 보존하고 있었기 때문에 유럽문명세계보다 문화적, 학문적으로 우월하였다.[71]

2. 존재론적 사유

캔터베리의 안셀무스(*Anselm of Canterbury*, 1033~1109)는 11세기 최고 기독교 철학자이다. 그는 지중해를 배경으로 태어나 프랑스에서 교육과 정신적 훈련으로 지적인 대가로 성장하면서 말년에는 영국으로 건너가 캔터베리의 대주교로 일생을 마감함으로써 중세의 보편적 지성인의 삶의 표범을 보여주었다. 안셀무스는 1033년 북이탈리아 부르군디 왕국의 경계도시에 위치하는 계곡마을 아오스타(*Aosta*)에서 고귀한

---

70) M.-D. Chenu, *Thomas Aquinas*, Reinbeck bei Hamburg, 1995, p.25.

71) 아벨라드 폰 바트(*Abelard von Bath*, 1090-1160)는 젊은 영국학자로 스페인 여행, 아랍어를 번역, 아랍 과학이 의학, 수학, 천문학에서 우월하다고 강조한다. 그 밖에 중세의 유태교, 이슬람학문 등에 관해서는 다음 장을 참고하라. J. Marenbon, *Later Medieval Philosophy(1150-1350), An Introduction*, London and New York, 1987. pp.50-65.

가문과 부유한 집안에서 태어났다. 자신감 있고 유덕한 어머니로부터 종교교육을 받았다. 안셀무스는 15세에 수도원에 들어가려고 하였지만 아버지 동의를 얻지 못하여 수도원 입문을 포기한다. 이로 인하여 안셀무스는 학업을 중단하고 한동안 방탕한 삶을 살았다. 하지만 그의 일생의 결정적 변화는 어머니가 죽던 1059년에 대오각성(大悟覺醒)하면서 일어났다. 안셀무스는 고향을 떠나기로 결심하고 알프스를 넘어가서 부르군디와 프랑스를 방랑한다. 3년간을 정처 없이 방황하다가 정착한 곳은 그의 고향사람 랑프랑(*Lanfranc*)이 명성을 떨치고 있던 노르망디 벡(*Bec*)의 베네딕트 수도원이었다. 안셀무스는 여기서 자신이 펼치지 못한 수도원 입문의 길을 실현하기로 작정하고 랑프랑의 베네딕트 수도원에 들어간다. 안셀무스는 랑프랑의 정신적 지도로 수도원의 지적인 서클의 중심인물로 성장하면서 수도원을 변증법 교육훈련의 도장으로 변모시켰다. 벡의 수도원에 있는 동안 안셀무스는 대부분의 자신의 저작인 『진리에 대하여, *De Veritate*』, 『의지의 자유에 대하여, *De Libertate Arbitrii*』, 『악마의 몰락에 대하여, *De Casu Diaboli*』와 『문법론에 대하여, *De Grammatico*』 등의 작품을 집필한다. 1063년 랑프랑이 벡에서 까앵(*Caen*)으로 옮기자 안셀무스도 스승을 따라나서는데, 이 시기에 1077년 『독어론, *Monoslogion*』을 쓰고, 1078년 『대어록, *Proslogion*』을 쓴다.

안셀무스는 1092년 프랑스를 떠나 스승 랑프랑이 있던 영국으로 여행하면서, 1093년에 랑프랑에 이어 캔터베리의 대주교로 지명된다. 하지만 영국 왕 윌리엄 루퍼스(*W. Rufus*)가 교회로부터 국가의 세입을 챙기는 간섭 때문에 망명길을 떠난다. 안셀무스는 로마 교황청에서 영국교회의 경우를 탄원하면서 자신 스스로의 해임을 간청했으나 교황은 이를 거부하고 안셀무스의 입장을 두둔한다. 이 망명 기간 동안 영국 왕과의 갈등 가운데 완성한 작품이 『왜 신은 인간이 되셨나이까?, *Cur Deus Homo*』이다. 안셀무스는 계속하여 『말씀의 인육화에 대한 서한, *Epistolae de Incarnatione Verbi*』, 『처녀의 개념과 원죄에 대하여, *De Conceptu Virginali et de Originali Peccato*』, 『성령의 과정에 대하여, *De Processione Spiritus Sancti*』, 『예지, 선정, 자유선택을 갖는 신의 은총과의 조화에 대하여, *De Concordia Praescientia et Praedestinationis et Gratiae Dei cum Libero Arbitrio*』를 집필한다. 윌리엄 러퍼스가 죽자 새로운 왕 헨리 1세(*Henry I*)는 안셀무스에게 다시 로마로부터 영국으로 돌아올 것을 요구하였다. 교황도 이 제안을 수락하자, 안셀무스는 다시 영국으로 돌아와서 영국 왕과 화해하였다. 그 후 2년 동안 안셀무스는 대주교 역할을 수행하다가 1109년에 캔터베리 대성당에 묻힌다. 로마 가톨릭은 1720년 이래로 안셀무스를 박사로 추앙하였으며, 영국교회 역시 로마가톨릭과 더불어 성인으로 추앙하고 있다.

안셀무스는 필연적 존재의 관념에 의존하여 직접 신 존재로 올라가는 존재론적 사유를 발견하였다. 안셀무스는 전체 현실적 존재의 사슬이 그 자체로 필연적이고 다른 존재를 필요로 하지 않는 자기 충족적인 존재로 돌아가는 이전의 존재론의 기반에서 사유에 의한 추론방법을 도입하였다. 그는 현실의 존재는 전적으로 단순하고 하나의 존재에서 매듭지어 있다고 보았다. 전체로서의 존재의 사슬은 각 주어진 존재에서 존재론적 사유를 보편적 진리로 전제한다. 안셀무스는 여기서 별도의 존재자를 추론하였고 나아가 신 존재를 증명하였다. 특히 『왜 신은 인간이 되셨나이까?』에서 타락한 피조된 인간세계의 질서를 바로 잡기 위하여 몰락한 천사의 수를 대치할 필요성을 발견하고, 신이 인간으로 온 창조의 이유를 순전한 연역적 논리체계에서 도출하였다. 말하자면 죄에 의한 우주의 피조질서가 깨어짐으로 신이 필연적으로 인간이 되는 기독교인(*Jesus Christus Mensch*)의 도래를 선언한다. 신이 인간이 되는 사건, 신이 기독교인이 되는 이 사건은,[72] 신의 영광과 정의를 위하여 신-인간 예수의 인격이 종국으로 신-인간이 원하는 죽음으로 완성된다.

3. 개념주의 사유

안셀무스 이후의 12세기 중세의 가장 위대한 논리학자, 철학자는 아벨라드(*P. Abaelardus*, 1079～1142)이다. 그는 낭뜨 동쪽으로 16킬로미터 떨어진 빨레(*Palets*) 마을에서 브리타니 빨레의 하급 귀족의 장자로 태어났지만 13살에 유산과 기사

---

72) Anselm von Canterbury, *CUR DEUS HOMO*, Lateinisch und Deutsch von F. S. Schmitt, Darmstadt, 1956.

직분을 포기하고 당시 학문하는 방식에 따라 프랑스 전역을 돌며 논쟁하고 공부하였다. 아벨라드는 로세(*Loche*)와 뚜르(*Tour*)에서는 로셀링(*Roscelin von Compiègne*)에게 공부하였다. 파리 노트르담 성당학교에서 한동안 라옹(Laon)의 안셀무스(*Anselm*)에서 공부하였고, 안셀무스의 제자 윌리엄(*William of Champeaux*)에게서 변증법을 배웠고 논쟁에서 승리하였다. 특히 노트르담 성당학교의 스승들을 모시고 변증법을 배운 아벨라드는 1111년 이래로 자립적인 선생으로 활동하여 1114년 파리에서 석사 학위를 획득한다. 당시 그가 가르친 제자에는 뛰어난 논리학자 샬리스버리(*John of Salisbury*)도 있었고, 다른 학생으로는 나중에 교황 셀레스틴 2세(*Celestine II*)가 된 구이도(*Guido of Castello*)도 있었다. 1100년 당시 파리는 센 강에 있는 섬 위에 놓인 작은 도시로서 매우 작은 마을에 불과하였다. 강어귀에는 작은 다리와 큰 다리가 있었다. 아벨라드는 목회자, 곧 성직자가 되기 위하여 강의 좌측의 제네비브(*St. Genevieve*)에 있는 성당학교에 다녔다. 이 학교의 교육방법은 한 사람은 개념을 위하여 논의하고 다른 사람은 이 개념에 반대하여 논의하는 변증법이었다. 최종적으로 양 논의 사이의 해결책을 종합이라고 불렀다. 예를 들자면, 태양이 있고 빛이 있다면 또 태양이 있다. 고로 빛이 있다(*Si sol est, et lux est; at sol est: igitur lux.*).

1) 논증논의: 태양이 있고 빛이 있다.

2) 논증논의: 태양이 있다.

3) 논증종합: 빛이 있다.

〈그림 3-1〉 1819년 비그노 유화작품 '들킨 장면'

　여기서 1)에서 2)를 거쳐 3)의 순서로 하는 논쟁형식을 갖추고 있었다.

　아벨라드는 당시 36세로 파리 성당학교 교수시절에 노트르담 성당 근처 삼촌 집에 거주하던 16세의 소녀 엘로이제(*Héloïse*, 1106~1164)와의 너무나도 유명한 사랑 이야기를 남겼다. 아벨라드는 당시 36세로 파리 성당학교 교수였던 아벨라드는 플베르 집에 거주하며 불베르(*Fulbert*) 조카를 가르쳤다. 엘로이제는 노트르담 성당 근처에 그녀의 삼촌과 살았는데 그녀가 아벨라드를 만났을 때 나이는 16세이었다. 엘로

이제는 아름다웠으며 고전문헌, 라틴어, 희랍어 지식에 밝았다고 한다. 거기서 아벨라드는 그녀와 사랑에 빠진다. 사랑에 빠지면서 임신한 사실을 안 그녀는 비밀을 유지하기 위하여 도피처를 찾아야 했다. 아벨라드는 그녀가 임신한 줄 알고 자신의 고향 브레땅으로 보냈고, 그녀는 남자아이를 낳았지만 비밀이 유지되지 않았다.

삼촌은 이 사실을 안 다음 몹시 화가 났지만, 아벨라드와 그녀는 강요된 결혼에 갈팡질팡한다. 아벨라드는 그녀와 비밀리에 결혼하겠다고 하지만 엘로이제는 거절한다. 그녀의 관심은 학자는 가정생활을 돌볼 수 있는지이다. 그녀에게 아벨라드는 천재였기 때문에, 아벨라드가 보통사람이 되길 원치 않았다. 결국 두 사람은 노트르담의 금요철야기도에 아침 여명 무렵에 남몰래 결혼식을 올렸다. 결혼을 비밀로 유지하기 위하여, 아벨라드는 그의 고독한 방에 돌아왔고, 엘로이제는 불베르와 머물렀지만 불베르는 약속을 깨고 공적으로 결혼을 폭로하였다. 그녀는 자신이 아벨라드와 결혼하였다는 것을 부인한다. 아벨라드는 그녀를 달래 성 데니 수도원에 들어간다. 그녀는 수녀 복장을 하였지만, 수녀 서원은 하지 않았다. 하지만 나중에 수도원에서 수녀 서약을 한 뒤 20세에 수녀가 되었다.

아벨라드와 엘로이제의 사랑의 이야기는 누구라도 다 알고 있었다. 그들이 무엇을 하였는지 사랑의 이야기는 그의 스승 로셀린도 알았다고 한다. 113의 사랑의 편지가 15세기에 발견되었다 한다. 아벨라드는 죽기 10년 전 자신의 일대기를

<그림 3-2> 파리 근교의 아벨라드와 엘로이제의 무덤

1132년에 『나의 불행한 이야기, *Historia calamitatum*』라는 이름으로 집필한다.

아벨라드는 63세 나이로 1142년 4월 21일에 죽어 교회장례 이후 1142년 11월 16일 죄사함을 받는다. 29년 후에 엘로이제가 죽자 아벨라드 곁에 묻는다. 1497년 두 사람의 유골은 교회 주변 노강 슈어 쎈드(*Nogent-sur-Seine*)로 옮긴다. 프랑스 혁명에 이들 무덤이 파괴되어 1871년 파리 공동묘지 라세이즈(*Pere-Lachaise*)로 옮긴 뒤 오늘날 많은 연인들의 방문을 받고 있다.

그의 보호자 페투루스 베네라빌리스(*Petrus Venerabilis von Cluny*)는 라틴 묘비명을 다음과 같이 적었다. "갈리아의 소크라테스, 서양의 플라톤, 우리의 아리스토텔레스"라고 불렀다.

1257년 로베르 드 소르본(*R. de Sorbon*)이 신학부 학생을 위한 학교를 열고 소르본이라고 부르기 시작하므로 생겨난 파리 대학은 볼로니야 대학 이후 유럽에서 두 번째로 건립되었다. 이 대학 건립의 초창기 모습은 곧 아벨라드에 의하여 형성된 것이다. 아벨라드가 죽은 1142년 이후에 파리의 선생들에게는 여러 분야에서 합법적 대학사회 구성원이 되는 길이 열렸다. 대학생들은 대학의 가장 기초적인 인문학부에서 주로 7분과 학습을 하였고, 이 기초교양과정을 이수하고 난 이후부터는 의학이나 법학 혹은 신학을 전공으로 공부하였다.

중세대학은 논리학, 문법, 수사학, 산수, 지리, 음악, 천문학, 의학, 법학, 신학 등을 교육하였다. 논리학자 수업내용과 상황은 오늘날과는 매우 다르다. 중세의 교회의 내부 모습을 보면 설교를 담당하는 목회자의 위치는 대부분 일반청중들이 앉아 있는 장소보다 더 높게 설치되어 있다. 교회학교에서 가르치는 자와 배우는 자는 학습도 이와 유사한 형식으로 하였다. 가르치는 자는 높은 의자에 앉아 있고 그 발아래 학생들이 앉아 있으며, 교수는 도서관에 출입할 기회를 갖지만 학생들에게는 특별한 교재나 도구가 없었다. 대부분 중세 학자들은 대학에서 강의를 시작하면 아리스토텔레스나 그 밖의 고전을 주석하고 해설하는 것이 주요 업무였다.

대학의 수업은 세 가지 형식으로 구성된다. 첫째, 강좌(*lectura*)를 개설하여 강의록을 읽고, 둘째, 강의를 주석(*commentare*)하고, 셋째는 논쟁(*disputatio*)하는 것이었다. 그러므로 모든 강좌에

는 승마 시합에 비유되는 스승과 학생 사이의 논쟁이 일어난
다. 이 논쟁은 오늘날 강의, 세미나, 연습 등에 해당된다. 학
생들은 가르치는 선생들(*magister*)에 의존하며 학생들은 도서
관 출입이 엄금되었다. 교수들에게는 학습도구가 빈약하였고,
강의록을 읽는 데에서 기억기술이 중요하였지, 특별한 규칙
이 없었다.

아벨라드는 초기에는 안젤무스가 말하는 보편자를 표현
(*sermones*), 후기에는 언급(*voces*)이라고 여겼다. 표현은 인간에
의하여 의미가 담지되는 반면에, 언급은 구체적이고 단순한
단어의 물리적 음성이다. 유의미하게 설정된 언급이 보편자
라면, 보편자는 여럿으로 서술된다.[73] 인간존재는 유의미한
언급으로 설정된 담론으로 보편자에 공통성을 부과하기 때문
이다. 아벨라드의 보편자의 문제의 해결을 보편적 단어의 적
절한 사용과 의미를 개념적으로 아는 것에서 찾았다.[74] 우리
가 신의 능력에 집중하면서 '아버지'를 부르고, 그의 지혜에
집중하면 '아들'이라고 부르며, 그의 사랑에 집중하면, '성령'
이라는 표현으로 의미지칭에 도달한다. 의미의 호칭과 의미
지칭이 적절하게 대상에 이르는지에 대하여서, 이때 단어를
자의적으로 사용할 수 없는 것은 아버지, 아들, 성령이라는
단어들을 사용할 때 우리가 대상의 의미를 인식하기 때문이
다. 우리가 "소크라테스는 한 인간이다."라고 말하면, '인간'

---

73) 참고: http://plato.standford.edu/entries/abelard/

74) *Peter Abelard and the Origins of Nominalism*, in: http://www.formalontology.it/
abelard.htm

이라는 말로 무엇을 말하려고 하는지를 안다. 그렇기 때문에, "소크라테스는 한 인간이다."는 문장은 "소크라테스는 한 존재자이다(*Socrates est ens*)."로 문장변형을 통하여 분석할 수 있다. 이때 존재자(*ens*)의 단칭형식으로서 주격의 인식론적 상태가 보편자의 지위에 해당된다. 보편자는 사유 외부에 사물들과의 관계를 위하여 확정한 단어들이다. 하지만, 인식론적 관점에서는 감각적으로 구체적으로 지각될 수 있는 명명(*appellatio*)에서 출발한다는 문제점이 있다.

아벨라드는 너 자신을 알라(*scito te ipsum*)는 방법론적 원칙과 전가(傳家)의 보도(寶刀)로서 코풀라(*copula*) 이론을 이용한다. "소크라테스는 한 인간이다."의 경우, '소크라테스'는 한 사물의 존재자가 고유명사로 서술된 것이다. 하지만 '인간'은 보통명사로 여러 사물에 대하여 동시에 진술되고 있다. 이때 코풀라가 주어와 술어 사이를 연결하는 한, '인간'이라는 보편명사의 본질과 그 지위(*status*)에 대한 존재론적 물음이 보편자의 문제해결의 첩경이다. 코풀라는 "인간은 포유동물이다."에서 '인간'을 주어의 명사구로 만들고, "소크라테스는 인간이다."에서는 '인간'을 술어구로 연결한다. 하지만 코풀라는 여기서 존재는 주장하지 않는다. 코풀라 안에는 사유의 대상을 주어와 술어로 연결하는 역할만 있을 뿐이다. 코풀라는 이 문장연결 형식에 공통원인으로 들어가지만, 존재론적인 개입은 하지 않는다.

인간이 있다(*esse hominem*)면 이때 보편자로서 인간의 지위는 사물도 사람도 아닌 공통원인이다. "배가 난파되었다. 선장이 없었기 때문이다."라는 진술이 있다. 전체 명제가 지칭하는 시그니피카타(*significata*)는 "선장이 없다."이다. 이 시그니피카타는 사물의 존재방식이 아니라, 배의 난파의 원인에 관련되는 사물의 존재적 지위에 관계한다. 사물의 지위에는 전체 명제로 지칭되어 부과되는 공통원인이 있으며, 이에 대한 진술을 명제의 딕타(*dicta*)라고 부른다. 딕타는 어떠한 사물과도 동일시되지 않으며 일상적인 사물들과는 완전히 다른 존재론적 영역을 독립적으로 구성한다. 이 영역에 지성이 부과하는 사물들에 일치하는 공통원인으로서 비존재의 원인이 있다.

지칭으로 생겨나는 딕타는 마음의 개념은 아니며, 더군다나 마음의 활동성에도 의존하지 않는다. 이들은 우리가 이들에 대한 정신적 작용을 형성하는지와도 무관하다. 그렇기 때문에 아벨라드는 딕타의 지위는 어떤 실재적인 신적인 정신의 대상이라고 주장한다. 신은 영원으로부터 사물의 창조의 상태를 미리 인지하기 때문에, 보편자는 사물 앞(*ante*)에도 없고, 명명으로서 사물 뒤(*post*)에도 형성되지 않는다. 아벨라드는 보편자는 별개 존재자의 추상으로 오성에서 순수하게 머물면서 사물들 안의(*in rebus*) 감각지각으로 인식되는 것이 아니라고 주장한다. 정신이 영혼의 지성(*intellectus*)에 의한 사물과 유사성을 만들어낸 결과라는 것이다. 이 입장은 유명론에 입각한 개념론이다.[75]

---

75) P. King, *The Metaphysics of Peter Abelard*, in: *The Cambridge Companion to Peter Abelard*(CUP 2004), pp.65–125.

아벨라드는 단어만이 우리가 지각할 수 있는 것을 지칭할 수 있기 때문에 보편자의 지위는 지각될 수 없다고 말한다. 단어는 그들의 사용자와 발견자가 그들을 어떤 사물의 특징과 일치하는 의미결정을 하기 때문이다. 어떻게 그들이 그들의 지위 안에서 서로 간에 일치하는 개별화된 본질에 관련되는지도 명백하지 않다. 그렇기 때문에 아벨라드는 보편자를 인식론적 지배자의 영역에 있는 지적인 개념으로 인지하였다. 그리고 지성의 통제 외부에 놓인 여타의 독립적인 보편자를 용인하지 않았다. 아벨라드 보편자는 인식론적 제국주의의 패턴을 따르며 오직 개념으로만 존재한다고 믿었기 때문에 결국 문화에 대하여 파괴적이었다.

4. 보편논쟁(*普遍論爭*)

보편사유는 보편자(*普遍者*)가 무엇이냐는 물음에서 시작된다. 그러나 보편자의 문제는 지식의 기원과 자명성에도 관계되며 신학에서도 중요한 문제를 일으켰다. 보편자의 문제제기는 개별자에서 출발하여 개별자에서 제기된 단어의 의미, 단어에 상응하는 사물과의 일치에 합당한 지성의 조작여부에 관계하고 있기 때문이다. 보편자의 문제는 단어의 사용과 의미의 다양성의 발전을 가져오므로 논리학의 발전역사와 평행선을 이룬다.

아리스토텔레스가 서양논리학을 창시한 이래로 논리학은 크게 3차례의 발전의 정점에 도달하는데, 첫 번째 정점은 스토아학파의 명사의 논리학에서 도달하였고, 둘째 정점은 스콜라 논리학에서 도달하는데 그 출발점이 안셀무스이다. 세 번째 정점은 두 번째 시기에 정점에 서 있었던 아벨라드의 개념주의와 오컴과 유명론이 종합과 통일을 통하여, 전혀 새로운 출발이 일어난 라이프니츠에서 비롯되는 현대논리학의 발전이다. 세 번째 정점은 오늘날에도 지속적인 영향을 미치며 발전하고 있다고 할 수 있다. 우선 안셀무스가 가져온 실재론에 입각한 논리학의 이론은 단어의 의미론과 단어와 사물과 지성 사이에 놓인 진리이론의 발전을 가져왔다. 안셀무스 이후 유럽의 중세철학은 여러 진리이론의 갈등으로 파리대학의 아벨라드를 필두로 스코투스, 아퀴나스, 오컴 등에 의한 실재론(實在論)과 유명론(唯名論) 사이에 발생한 전대미문(前代未聞)의 보편논쟁은 논의 자체보다는 논의 참가자의 복합성을 더 많이 반영하게 되었다.

보편논쟁의 뿌리는 플라톤의 보편자(普遍者)와 아리스토텔레스의 개별자(個別者)의 논쟁이다. 보편자의 문제는 개별자에서 출발하여 보편자에 이르는 사유의 길을 찾는 데 있다. 역으로 보자면, 보편자에서 출발하여 개별자의 현실인식에 안착하는데 있다. 누구라도 생각을 통하여 하나의 동일한 목표에 도달하는 과정을 개별자에서 출발하여 보편자에 이른다고 말할 수 있다. 생각의 길은 마음 안의 것과 마음 밖의 것을 구분하므로, 보편적인 목표에서 개별적 현실로 되돌아오는 길이 차이와 반복으로 끝난다. 말하자면 보편자와 개별자의 문제는 이상과 현실의 문제를 반영한다. 누구나 이상을 목표로 생각하고 살아가지만, 그 이상이 곧장 현실이 되는 것이 아니고, 현실이 곧장 이상으로 발전하는 것도 아니다. 이 점에서 교양지식은 기다리고 이루어가야 하는 과정을 필요로 한다. 대학에 입학하면 고등학생은 대학생이 되지만, 교양교육을 통하여야 보편사회의 구성원이 될 수 있다. 중세대학의 경우에 대학생은 7분과 인문교양과목을 통과하지 못하면, 전공수업을 할 수 없었다. 7분과 교양수업에 재수강이나 시험에 통과하지 못하여 누적된 학생들이 붐비는 경우도 허다하였다.

플라톤 철학의 감성세계와 이성세계의 구분은 이러한 개별자와 보편자의 여정을 반영한다. 플라톤에서 감각세계는 오직 우연적, 별개의 것, 지속되지 않는 것을 포함한다. 그렇기 때문에 플라톤은 일과 다의 조화, 변화와 지속의 문제에서 보편자를 에이도스(*eîdos*), 이데아 세계를 중요시한다. 여기서 감각세계가 내부(內部)와 아래(下)에 있다면, 실재는 감각세계의 외부(外部)와 위(上)에서만 존재한다. 이데아는 절대 안정적으로 그 자체로 존재한다. 현상세계로부터 분리된 이데아는 신과 인간지성으로부터 자연종뿐만 아니라, 인공적 산물, 부정과 무에서 우리의 추상적 표상의 초감각적 세계와도 판명하게 상응한다. 실재는 지성에 지적인 표상을 지니고 있기 때문에, 찡그리거나 손짓만 해도 이데아 세계에 들어 있다. 즉, 플라톤 철학에는 분명히 전형적인 과잉실재론의 모습이 있다.

플라톤 철학의 문제는 제자 아리스토텔레스가 해결하였다.

아리스토텔레스는 스승의 이데아 세계가 하늘이 아닌 구체적인 지상의 사물에서 있다고 하므로 과잉실재론 입장을 진정시켰다. 실재는 감각적 세계의 어떤 모호한 그림자로 있으면서 영속불변의 세계로 올라가는 것이 아니다. 실재는 감각 세계 가운데(中) 이 말, 이 사람의 구체적인 개별 실체에 거주(居住)한다. 보편자는 그 자체로 사물이 아니므로 개별실재만이 존재할 수 있다. 보편자는 개념의 보편성의 형식을 취하면서 주관적 고찰의 산물로서 개별자에 내재(內在)한다. 그러므로 사물 자체의 실체에 속하지 않는 사유하는 지성은, 사유 안에 있는 실체에 작용하는 보편성을 지성의 사물의 손가락으로 가리킬 수 있다.

스토아의 제논은 플라톤의 보편자는 손, 아리스토텔레스의 개별자는 손가락에 비유한다. 감각은 인간의 모든 지식의 원칙이다. 사유는 오직 인간의 집합적 감각이다. 그러므로 인간의 감각은, 아리스토텔레스의 손가락과 플라톤의 분리된 편손으로 비교할 수 있다. 편 손의 손가락은 다양한 개별 감각 경험을 펼치지만, 오그린 손의 손가락은 경험을 일반감각으로 환원시킨다. 손가락과 손은 그들의 감각대상으로 신체적 외적 사물에 도달하는 것이 아니다. 손은 사물의 대상을 보편자로서 염두(念頭)에 둘 수 있지만, 손가락은 대상에 대한 지시 관계로 개별자에 다다를 수 있다. 스토아주의자들은 손가락을 폈다 오므렸다 하면서, 플라톤의 이데아론을 지각된 실체 혹은 렉톤 개념으로 변형하였다. 즉, 스토아 논리학에서 언표가 일어나는 렉타(*lecta*, 말할 수 있는 것)는 기호를 통하여 의미된 렉톤(*lecton*, 지칭될 수 있는 것)과 물리적 대상 사이에 완전한 의미론적 통일을 이루는 의미론을 갖고 있었다. 스토아논리학에서 다섯 가지 증명될 수 없는 논증유형은 오늘날 말하는 명제논리 추론이론의 토대를 이룬다.

중세철학의 독점적인 보편논쟁의 발단은 포르피리오스의 『교사들』 텍스트 주석에서 던진 다음의 3가지 질문에서 시작되었다.

① 유와 종은 자연에 존재하는가? 그들은 단지 지성의 산물은 아닌가?

② 그들이 마음과 떠나서 존재하면, 그들은 물질적인가 비물질적인가?

③ 그들이 감각적인 개별사물외부에 존재하는가? 혹은 그들은 감각적 개별사물외부에서 실현되는가?

유와 종이 객관적 실재인가 하는 첫 번째 물음에 포르피리오스는 명확하게 답변하지 않았다. 두 번째 주석가 보에치우스도 일관되지 않고 모호하게 답변하였다. 보에치우스에서 유와 종은 둘 다 지속적, 지성적이고, 둘 다 본질적 추상과 물질적 구체이며, 둘 다 감각사물의 내부와 외부에 존재한다고 하였다. 오직 사물의 유사성은 자연의 개별성과 마음의 보편성에 기초할 뿐이다. 유와 종의 개념의 대상이 자연에 귀속되느냐, 아니면 단순한 추상(*nuda intellecta*)이거나 혹은 보편자는 그냥 말뿐에 불과한 것이다.

이와 같은 중세 보편논쟁은 9세기경 실재론 진영의 아랍철학에서 주도하면서 서유럽 지성사회에 광범위하게 전개되었다. 아랍철학은 종에서 유에 이르기까지 지성의 위계조직 구성의 마지막에는 오직 실체만 있다고 간주하였다. 이 철학은 보편적인 것은 정신적 본질뿐이라는 급진적 실재론을 대변한다. 급진적 실재론이 존재하는 모든 것을 유일한 동일한 실체로 돌리려는 태도를 견지할 때 과잉실재론으로 변모한다. 17세기 스피노자가 범신론 시각에서 이에 준하는 실재론을 전개하였다. 과잉실재론은 자연과 마음 혹은 사유에는 엄격한 평행주의를 주장한다. 마음에는 보편적 개념, 자연에는 보편적 사물이 있고, 보편자는 각각에 양자에 독립적으로 내재한다. 이들을 파악하는 과정은 직관이나 지각에 유사하다. 인간존재는 보편자의 이해과정에 아무것도 첨가하지 않는다. 그러므로, 외부대상은 우리가 개념에서 발견하는 동일한 특징의 기성복에 불과하다. 과잉실재론에서 지성은 자연과 사유의 평행선에서 거의 만화 수준이나 공상과학 수준의 현실세계를 펼치게 된다.

중세보편논쟁은 논쟁자 개개인의 구체적이고 일관된 입장을 특징짓기 어렵지만, 중세 보편논쟁의 역사를 처음으로 기술한 11세기 안셀무스의 저작에서 등장한다.[76] 안셀무스의 저작을 통하여 그 이전에 보편논쟁이 있었다는 점을 추정할 따름이며, 체계적인 자료로서는 존재하지 않는다. 그 점에서 안셀무스는 중세보편논쟁을 아랍적인 시각을 딛고 일어서서 자립적이고 독립적인 보편적 사유를 추구하는 첫 번째 인물이 되었다. 안셀무스는 어떻게 마음으로 지각하는 꽃의 일반

---

76) D. P. Henry, *The Logic of Saint Anselm*, Oxford 1967.

관념이 들판에 있는 별개인 꽃의 임의의 존재와 지성적으로
일치할 수 있느냐 하는 질문으로 9세기 이래의 실재론의 문
제를 탐문한다.77) 곧 실재론의 아찔한 질문은 지성 외부에
존재하는 사물의 질문에서 보편자는 성당의 첨탑(尖塔)에 천
사가 몇이나 올라가 앉을 수 있을까 하는 것이다. 지성이 풀
어내어야 하는 미묘한 답변은 단어 내지 개념으로 사물세계
의 현실을 그려내고 감각으로 와 닿는 현실을 포착하는 일이
다. 이와 같은 실재론의 질문과 답변은 소귀에 경을 읽는다
거나 낙타가 바늘귀를 통과하는 것과 같이 험난한 일이었다.

안셀무스가 제기한 보편논쟁은 스콜라철학이 지중해에서
대서양 지역으로 지식이동의 권리근거를 주었고 장소에 의존
하지 않는 글로벌 지식추구의 방향을 제시하게 되었다. 13세
기 파리 대학은 유럽각국 출신의 교수와 학생들로 북적거리
면서 새로운 이론창출과 지식전달의 상황에 보편논쟁의 중심
이었다. 그래서 파리 대학에 일어난 일이나 대학의 강사들이
토론한 내용은 유럽전역으로 확산되었다. 서유럽에서 지식이동
이 일어난 이유는 보편논쟁 때문이었다.

아퀴나스 이후에 영국 옥스퍼드의 스코투스와 오컴이 등장
하면서 최고절정에 이른 유명론과 실재론의 논쟁은 소위
1278년 파리 대학의 대정죄사건과 14세기 이후 차츰 쇄락을
길을 걸었다. 중세문명내부의 스콜라 철학에서는 쇄락이지만,
문명외적인 관점에서는 새로운 문명의 등장이었다. 북부 이

---

77) S. Anselmus, *De incarnatio verbi*, in: *Opera Omnia*, Vol. 1, Ed. F. S.
Schmitt, 1938. "Illi utique dialectici, qui non nisi flatum vocis putant
universalis esse substantias."

탈리아의 토스카나 지방으로 활동하며 중세적 우주관을 뚫고 나오고자 몸부림친 최고의 교양인 단테는『신곡』의 천당 편에서 파리 대학의 여러 교수들 가운데 "아퀴나스와 브라방"을 천당에 올려놓은 점 등 이미 문명내부의 쇄락과 문명외부를 향한 갱생의 양면을 읽고 있었다.[78] 아베로이스를 나름대로 인정하는 대서양세계관을 그리므로 르네상스를 향한 근대세계의 길을 보여준 단테『신곡』은 철학과 학문은 파리 대학 중심으로 진행될 필요가 없음을 보이기에 충분한 중세철학의 조감도와 같았다.

11세기 아벨라드 이후의 최고의 논리학자로서 오컴은 14세기에 새로운 논리학의 길과 사유의 개별화로 모더니티의 토대를 제시한 철학자이다. 오컴은 신의 현존도 그의 속성도 이성에서 증명될 수 없으므로, 교회와 국가의 분리를 주장하였다. 그는 개별자만의 자기인식이 최고의 확실성이라고 하므로, 근대적 사유의 지평을 선취하였다. 개념은 사물의 모사가 아니라 오직 기호뿐이다.

오컴의 유명론은 훗날 오컴주의자들을 낳았다. 14세기 이후 스콜라 철학은 오컴과 오컴주의자의 유명론과 개념론의 주도로 옛길의 논리학을 버리고 본격적으로 새 길의 논리학을 추구하므로 근대세계를 예비하였다. 오컴주의자들에 속한 인물로서 니콜라스 폰 오레스메(*Nikolas von Oresme*, 1330~1382)는 태양중심설이 가능하다고 여겼고, 피에르 다이(*Pierre*

---

78) Dante Alighieri, *Die goettliche Komaedie*, uebersetung und kommentiert von H. Gmelin, pp.303-306.

d'Ailly, 1350~1429)는 지각은 자연을 향한 외적인 관련이며, 이는 신으로부터 변경될 수 있다고 하였다.

중세 철학자이자 르네상스의 대변인이자 근대철학을 예고한 니콜라스 쿠자누스(*Nokolaus von Kues*, 1401~1464)이다. 그는 어디에나 계시는 무소부재(*無所不在*)의 신의 개념을 소우주와 대우주로 확장하였다. 지중해와 대서양 지역을 중심으로 도달한 르네상스 시기의 보편논쟁은 실재론의 퇴조와 더불어 소멸하다가 17세기 극단적 유명론으로 좌초하면서 근대 과학혁명을 이끌어냈다.

중세 유럽인이 생각한 플라톤에서 진정한 실재는 감각세계의 외부와 위에서만 존재한다. 반면에 아리스토텔레스에서 보편자는 구체적으로 존재하는 개별사물에 있다. 이를 인간이 살아가는 삶의 현실에 적용하자면 인간 지성은 실재론을 따르든가 유명론을 따르든가 한다. 중세 유럽인은 살아가는 세계에 대하여 자신의 입장을 인식론적으로 과잉과 온건 혹은 극단과 온건에서 조율하였다. 과잉유명론은 사물에 명명된 것은 순수하게 자의적이라고 본다. 그래서 그들에 대한 지식은 사물에 있는 내재적 보편자와 무관하다고 간주하였다. 반면에 온건 유명론은 이름과 사물 사이의 연결에 어떤 유사성의 본질을 주장한다. 이름은 주관적 목적을 위하여서 창조되며, 지성은 사물에 명명하는 이름이 세계에 존재하는 유사성에 기초하는 실재로 연결되게 한다. 그런데 보편자의 결정적 문제는 자연과 사유, 실재 세계와 표상된 세계 사이에 안티노미가 일어날 때 이다. 실재론은 우리 안의 추상적이고 보편적 개념을 인정한다. 하지만 마음의 대상이 외부에 어떤 토대를 갖는지에 거리를 둔다. 그러므로 자연의 개별대 상이 그 자체로 그들을 인지하고 지각하는 대로 분배적 실재 를 소지하는지 어쩐지는 회의적이다.

결국 과잉실재론은 사유세계가 엄격하게 대상속성에서 일 치하는 현실세계를 발견하였지만, 문제해결이나 상식에 반하 였으므로 곧바로 유명론으로 전환되었다. 유명론 논쟁의 발 단을 일으킨 11세기의 로셀링(*Roscelin*)도 급진적 실재론자이 지만, "로셀링 논쟁" 이후에 그가 곧장 유명론으로 기울어졌 다고 평가되는 것도 이런 이유에서이다. 그의 이론에 따르면, 보편자들은 목구멍에서 공기를 쳐서 나온 소리(*flatus vocis*)에 불과하다. 감각기관으로 지각하는 대상들은 특별히 별개이고 개별적으로 나눌 수 없다. 그러므로 지성에서 생겨나는 개념 은 단지 외부세계로 연결되어 있는 관계에 불과하다. 사물 사이의 관계는 사물 자신을 통하여 존재하므로 보편자란 이 름만으로 존재한다. 로셀링은 유명론자로 알려졌고, 그의 급 진적 실재론은 유명론을 표방하였다. 로셀링이 서 있는 뿌리는 엄격하게 말하자면 소리주의(*Vokalismus*) 입장의 로고스 중심주 의 이론이다. 실재론자는 단어에는 그들의 속성을 기술하는 사물과 지성 사이에 유사성이 있다고 본다. 하지만, 소리주의 자 혹은 유명론 이론가는 어떤 소리와 그것을 지칭하기 위하 여 부과된 사물 사이에 유사성의 연결이 없다고 본다.

한 소리가 청자의 마음에 이해를 생기게 하는 의미지칭을 가질 수 있다. 모든 소리는 현실적 의미지칭을 갖도록 잠재적으로 지성을 일깨우는 단어의 의미 부과와 협약과 의미설정을 이끌어낼 수 있기 때문이다. 이러한 마음의 의도와 단어의미를 협약에 의하여 사용하는 묵시적 동의는 개념주의 입장을 낳는다. 곧, 유명론과 실재론 양자를 매개하는 이론은 개념론이다. 개념론은 실재론이 상정하는 사물의 대상들에 이상적인 가치를 간주하므로, 실재론과 유명론을 절충한다. 각 입장들은 서로가 대립하며 서로 간의 명쾌한 경계를 짓기가 쉽지 않다. 크게는 실재론과 유명론 그리고 개념론 진영으로 삼분되어 온 중세보편논쟁은 이러한 의미부여와 의미설정의 동의절차에서 치열하게 대립하였다. 그 인식론적 차이는 과학적 결론에 이르기 위한 절차적인 것이고, 이 차이는 또다시 과학의 발전을 의미하게 되는 것임을 깨닫기까지는, 17세기를 기다려야 하였다.[79]

5. 요약

보편논쟁이 중세문명 발전에 기여한 첫째 요소는 성부 성자 성령의 하나님의 삼위일체의 오의(奧義)이다. 각 개별자가

---

[79] J. Mittelstrass, *Neuzeit und Aufklaerung, Studien zur Entstehung der neuzeitlichen Wissenschaft und Philosophie*, Berlin, New York, 1979, p.194; 뒤헴(*P. Duhem*)과 더불어 미텔슈트라스는 후기 스콜라철학의 유명론은 하나의 새로운 물리학의 반성적 지식을 탄생시켰다는 점을 수긍한다. 미텔슈트라스는 새로운 물리학은 물리학의 새로운 규정의 결과가 아니라 하나의 영지주의적 새로운 규정이라고 보는 점에서 본고가 주장하는 플라톤의 동굴의 비유 이래의 제3기 지중해 철학은, 블루멘베르크가 말하는 대로, 근대의 탄생을 알리기도 하지만 동시에 영지주의적 극복과정으로 보는 관점에 우호적이다.

보편자가 되는 과정이 삼위일체의 수수께끼이다. 신에 존속하는 보편자는 세 명의 별도의 존재자의 인물로 있다. 보편자는 별도의 존재자인 개별자에 선험적일지라도, 존재론적 존재를 갖는다. 보편자는 성만찬 빵과 포도주에 별도로 존족할지라도, 개별자로 하여금 그리스도의 몸과 피를 보편적으로 받아들이고, 이 가운데 목적원인 제공자인 최상의 형식인 신으로 임재하게 한다. 빵과 포도주는 매일 식탁에 오르고 일요일에는 성찬에도 등장하지만, 믿는 자에게는 신의 말씀은 그들의 삶의 내용에서 끊임없이 구원의 사역을 구신화한다. 말씀이 육신이 됨은, 세계사의 개입을 의미한다. 빵이 밀에서 빵을 가공하는 기술적 생산과 밀의 자연적 생성 사이의 되어감(*genesis*)에 자연과 창조 세계가 있다. 하늘은 신의 영광을 선언하고, 빛은 그의 작품을 비추어 보여준다. 그와 같이 세계는 하늘과 자연으로부터 선언적인 신의 음성으로 채운다.[80]

보편논쟁이 가져온 둘째 영향은 중세 유럽인의 보편사유의 발전에 획기적으로 기여한데 있다. 존재론적 사유방식은 중세의 민족과 국가 간의 국지문명의 다원화와 문화적 보편주의를 가져왔다. 나아가 신 인간, 그리스도인의 도래를 가져왔다. 믿음은 중간단계인 통찰을 통하여, 볼 수 없는 곳에까지 이르게 하고 믿음의 이해는 보다 높은 세계를 지향할 수 있게 하였다.[81] 중세유럽인은 예수그리스도가 인간으로 내려오

---

80) 『시편』 19장 1-3절

81) Anselm von Canterbury, *Proslogion*, Lateinisch-deutsche Ausgabe von p.
    F. S. Schmitt, Sttutgart-Bad Cannstatt, 1984, p.46.

〈그림 3-3〉 멤미(*L. Memmi*)의 1349년경 피자의 성 카타리나(*St. Caterina*) 성당의
템페리어 목판작품82)

신 사건으로부터 신인간은 그리스도인임을 알았고 그리스도인을 발견하였다. 위로부터 아래로 임하신 그리스도인의 사건을 통한 중세유럽인의 신 인간의 이해는, 라이프니츠가 말했듯이, 모든 근대 유럽인이 신 인식을 하는 의식수준으로 끌어올리게 하였다.

셋째로 보편논쟁은 유명론의 극단적 승리로 소멸하였다. 그러나 보편논쟁의 결과는 르네상스와 17세기 자연과학문명의 도래와 발전을 가져왔다.[83] 소위 아리스토텔레스 프톨레마이오스 천동설과 코페르니쿠스, 갈릴레이, 케플러, 뉴턴으로 이어지는 태양중심설에로의 패러다임 이동에서 보편논쟁은 자연법칙에 인식론적 패권주의를 양도하였다. 보편논쟁은 과학적 사실에 대한 패러다임 이동에서 종전의 개별입장이 지금의 개별입장과 비교하여 보다 더 보편적임을 입증할 수 없었다. 그리고 어느 한 입장에 절대적 가치를 부여할 수 없었다. 보편논쟁의 문제는 과학지식의 증가와 발전 앞에 그 존립근거를 상실하고, 그 자신이 지니고 있던 인식론적 지위에는 자연과학이 들어서게 되었다.

보편논쟁이 중세위기의 집적지점에 이를 근대 주어에 대한

---

82) 이 유화는 이탈리아 피자에 있는 성 카타리나(*St. Caterina*) 성당에 걸려 있는 목판으로 된 템페러어 그림으로 1349년경 시에나 출신의 멤미(*L. Memmi*)의 작품이다. "아퀴나스의 승리"라는 명칭으로 알려진 이 작품에는 아리스토텔레스는 좌측에 플라톤은 우측에 있고, 아베로이스는 아퀴나스가 앉아 있는 원 아래 누워 거의 발에 밟혀 있는 모습이다. 아퀴나스의 좌우로는 누가, 마테, 요한 그리고 마가가 각각 둘러싸고 있다. 펼쳐들고 있는 성경구절은 잠언 8장 7절의 "내 입은 진실을 말하며, 내 입술은 악을 싫어한다."이다.

83) J. Mittelstrass, *Neuzeit und Aufklaerung, Studien zur Entstehung der neuzeitlichen Wissenschaft und Philosophie*, Berlin, New York, 1970, pp.193-203.

해석학적 난제는 새로운 시대의 문제를 등장한다. 근대 주어의 자기보존의 인간학적 정초로서 주어와 역사의 구성이 그것이다. 삶의 구조와 관련된 '이해될 수 있는 주어짐의 기준'에서 근대주어가 중세를 수단으로 근대를 규정할 때, 자기보존의 원칙은 위급한 상황에 자신을 방어하는 원칙이며 동시에 발견의 원칙이 되었기 때문이다. 이 점에서 하르트만(F. Hartmann)은 중세 보편논쟁의 결과로서 근대적 주관성 구성의 결정적 조건에서 사고 혹은 계산기로 일정한 인지과정을 기계화하는 문화기술의 도래를 보았다.[84] 이제부터 개별자의 사고는 스스로 새로운 정초를 찾고 그 존재는 스스로의 반성 이외에는 다른 것이 아니다. 개별주어의 새로운 합리성의 반응과정에서, 나와 세계 사이에서 개별 주어는, 스스로 동일시되는 반성된 주어에서 스스로를 만들려 한다. 하지만 개별자는 이미 경험으로 주어지지 않는 앞선 약속으로 새로운 지식제작으로 글쓰기를 강요받는다. 세계는 여전히 써지지 않은 텍스트이다. 텍스트는 여전히 그의 저자를 발견하려 한다. 근대 개별 주어는 세계를 문맥화하여야 할 도덕적 의무로서 이러한 주변정황을 만들어냈다.[85]

근대 개별자는 자기보전의 물음 앞에 자연의 빛을 더 이상 인간에서 떨어져 있는 빛으로 간주하지 않고 인간 주변에 혹은 인간으로부터 비추이는 것으로 이해한다. 인간이 비추이는 본질에서 비추이는 자가 되므로, 주어의 대상은 자기 능

---

84) F. Hartmann, *Medienphilosophie*, WVU Universitaetsverlag, 2000.
85) Ibid., p.34.

력껏 존재 영역에서 진리추구를 통하여 밝아지는 존재자로 규정된다. 주어와 대상의 매체성이 부각되면서 주어는 지각대상을 그렇게 만들어지고 정렬되도록 구성한다. 따라서 지각대상은 더 이상 주어로부터 결론을 내릴 일로 종합되고 범주화되지 말아야 할 것이 되었다. 근대주어는 자기보존이 신적인 권능에 의하여 지휘되고 있지 않음을 알게 된 것이다. 곧, 근대주어는 무 앞에서 인간 스스로 공작인(*homo faber*)으로서 우연을 관장하며 세계와의 소통으로서 미디어를 현안으로 사용한다. 영혼이 없는 물체의 자연적 장소이동이 아리스토텔레스 자연철학에서는 절대로 일어날 수 없었지만, 근대주어는 세계와 주어 사이(間)의 매개를 전달로서 철학을 새롭게 정의하는 패러다임을 취하게 되었다. 데카르트의 몸과 정신의 관계는 말하자면 고전적 주어이론에서 두뇌와 그 일부가 매체역할을 담당하는 데이터 전송의 문제가 되었다.

중세의 하늘은 이미 천체에는 거의 고정적으로 확정된 별들이 있다고 전제하였다. 한 번 쳐다보면, 그 곳에는 뚫고 부술 수 없는 법칙이 경과하면서 불변이면서 황폐화되지 않으면서 결코 종말론적 무효를 누설하지 않는 세계였다.[86] 하지만 1572년 브라헤가 새로운 별들이 나타나났거나 사라졌을 때 것을 놀랍게도 확정하였을 때, 근대주어는 천체의 연장과 거기에 상대적으로 오는 작은 빛의 속도로부터의 수렴에서 자기가 생긴다는 생각을 하기 시작하였다. 오컴은 인간이 하늘의 별들을 쳐다볼 때, 신은 이 별들이 이미 존재하기를 중

---

86) H. Blumenberg, p.46.

지할지라도 하늘에 있는 별을 볼 수 있도록 작용을 가할 수 있었다고 하였다. 하지만 근대 주어는 신의 전능과 인간의 직관에 대한 관계에서 자기스스로의 정체성을 알아야 하였다.

신은 인간이 하늘에 있는 별을 볼 수 있도록 작용을 가할 수 있었지만, 코페르니쿠스 개혁으로 탈지구 중심 논의의 표준장소로서 하늘은 더 이상 상하가 없어졌다. 근대주어의 직관의 거부와 직관의 상실은 모든 이론의 귀결이 되었다. 새로운 현실개념의 형성은 인간 중심성의 상실을 의미하였다. 모세는 별들이 무엇이관데 하늘에서 빛나고 땅을 비추이는지에 대하여, 피카델라 미란돌라(P. Mirandola)는 이 별들의 존재목적은 우리에게 봉사하기 위한 것이 아니고 더 이상 신의 영광에 따라서가 아니라, 빛나는 성운들도 탁월성과 고유목적에서 우리에게 그 스스로를 비추이는 것이라고 하였다.[87] 인간이 자율적 이성능력이 있다고 간주되므로, 인간 스스로 자연에서 얻어낸 것은 자연 스스로에서 생겨난 것으로 보여주어야 하였다. 자연은 더 이상 인간이 목적론적으로 수행할 수 없는 제어와 지배까지 갖춘 것으로 간주된 것이다.

후기 중세의 보편논쟁은 인간을 위하여 규정되고 인간학적 기능을 갖는 기능은 인간 안에 있는 인식을 통하여 현실화되지 않고서는 자연을 다른 방식으로 적법화하기 어려우므로 자연과학의 발흥을 수용하게 되는 결과를 낳았다.

---

87) Ibid., p.49.

제4장 사랑이 움직이는 천체(天體)

1. 개요

중세 이탈리아 최고 시인이자 철학자인 단테(*Dante Alighieri*, 1265~1321)는 통일된 지중해문명권에서 베르길리우스, 아우구스티누스 다음으로 중요한 인물이다. 지중해 문명의 최고의 시인이며 사상가인 이들은 고대 희랍에서 통일된 지중해에로의 해양문화권 형성에 기여하였다. 지중해 연안을 둘러싼 따스한 해양성 기후, 올리브 나무, 와인, 스파게티 등의 생활상에서 이들은 그 자체로 외부세계에 대해 완결되고도 폐쇄적으로 자족적이기에 충분한 문화 지리적으로 통일된 세계상을 보여줄 수가 있었다. 단테는 지중해 지역을 배경으로 하는 토스카나 지역의 피렌체에서 태어났다. 성장하면서 당시 도시정치에 관여하다 황제와 교황의 다툼에서, 황제 편에서 싸우다가 실패하였다. 결국 고향도시에서 반대파로부터 사형언도를 받고 추방당하여 평생 동안 토스카나를 배회하며 방황하다가 라벤나에서 생애를 마감하였다. 그는 살아생전 『신생, *La Vita Nuova* 1293』, 『향연, *Il convivio* 1304~1321』, 『제정론, *De Monarchia* 1312~1313)』과 『신곡, *La Divina Commedia*, 1310~1321』 등의 유명한 작품을 남겼다.

보에치우스를 최후의 교양 있는 로마인이라고 부른다면 지중해 문명의 보존자요, 마지막 구원자이자 보루이며, 전파자는 단테이며, 그 끝은 갈릴레이에서 끝난다. 토스카나 지역의 피렌체와 자웅을 겨루던 인근의 도시 피사 출신의 갈릴레이는 지동설을 통하여 단테가 갈구하며 꿈꾸었으나 이루지 못한 탈지중해 세계를 구가하였다. 그는 더 이상 지중해가 아닌 대서양 세계에로 문명중심 이동모델을 발견하였다. 단테 역시 그러한 탈 지중해 세계를 향한 노래를 불렀다. 그는 동시대의 뛰어난 토마스 아퀴나스, 오컴 등 파리 대학 중심으로 헤게모니를 잡으려던 철학자들과는 달랐다. 그는 자신이 지리적으로 몸담고 살아가는 인간과 사회현실에서 실제 현실세계를 해석하였다. 그의 지역 중심의 작품 활동을 보면, 중세철학과 신학은 반드시 파리 중심으로 이루어질 필요가 없음을 보여주기에 충분하였다. 철학은 지역학이어야 하였기 때문이다.

단테는 『신곡』을 통하여 지중해 문명권이 대서양 문명으로 확장되기까지 지중해 문명세계의 정신적 지주 역할을 하였다. 그는 지중해적 관점에서 사랑을 통하여 천국으로 가는 길을 기술하였다. 『신곡』에 등장하는 장소와 인물과 사건과 역사는 전적으로 그가 직접 보고 경험하고 느낀 북부 이탈리아의 구체적이고 절실한 삶의 현장의 기록이다. 그가 세운 중세적 우주론의 질서는 그가 몸담은 지중해 세계관을 바탕으로 한 것으로 아리스토텔레스 프톨레마이오스 우주론을 연장한 것이다. 단테가 활약하던 14세기 초반만 해도 아리스토텔레스 프톨레마이오스 천체관은 기독교의 권위를 후광으로 학문상의 부동의 위치를 누렸다.

하지만 아리스토텔레스의 『자연학』 해석에서 교회와 신학의 권위에 대한 도전으로 빚어진 1277년 파리 대학의 대정죄사건 이후에 새로운 지적인 세계관이 꿈틀거렸다. 단테가 처한 서유럽의 지중해 문명은 단일하고 순수한 동질의 연속은 아니었다. 이미 지적인 호기심과 새로운 세계를 향한 충동의 기운은 유럽의 전역으로 퍼지고 있었다. 단테 역시 『신곡』 지옥 편 26장에서 지중해 세계에서 대서양세계로 이어지는 지브롤터 해협의 언저리에서 이를 노래하였다.

> "인간들을 더 이상 넘나들지 못하도록 헤라클레스가 표적을 세워놓았던 곳인 저 바다협곡에 이르렀을 때, 우리는, 이미 나와 나의 반려자는 늙어버렸구나",

> "아직은 남아 있는 우리네의 감각들이 이토록 조금 남아 있다고 하여 해님의 뒤를 쫓아서 사람 없는 세계를 찾아가려는 마음을 거역하진 말아다오."[88]

중세적 세계를 탈피하려는 독백을 가까스로 중얼거린 단테는 『신곡』 천당 편 10장에서 이에 걸맞은 새로운 지적인 세계의 도래를 뒷받침하는 논의를 제시한다. 여기서 단테는 드

---

88) 단테 알리기에리, 2005, 『신곡』, 한형곤 옮김, 서울: 서해문집, p.267.

물게도 파리 대학 강사 출신인 브라방(S. v. Brabant, 1235~
1240)을 아퀴나스와 나란히 등장시키면서 이러한 의도를 예
시하고 있다. 13세기에 이성과 신앙의 일치를 이끌어내어 로
마 가톨릭 신앙을 철학과 신학의 문제를 사상적으로 통일하
였다고 알려지는 아퀴나스와 동일한 반열에 그의 스승 알베
르트 마그누스(A. Magnus 1193~1280)와 더불어 천당에 올
려놓는다. 브라방의 등장은 언뜻 보면 다소 의외의 장면이다.
그는 토미즘을 반박하기도 하였으며, 브라방이야말로 교회가
인정하는 지식과는 독립적으로 성립할 수 있는 자연과학 지
식의 독립성을 인정하고 있던 아베로이스 주의를 옹호한 철
학자였기 때문이다. 그렇다면 브라방은 토마스와 그 밖의 토
미즘의 흐름의 반대진영에 서 있는 아베로이스 주의자로 보
아야 할 것이다.

매우 논쟁적인 사안이지만 단테는 이 놀라운 종탑의 소리
를 들으며 이미 교회가 인정하는 지식과는 독립적으로 성립
할 수 있는 자연과학지식을 끌어들였다. 아베로이스 주의를
옹호한 브라방의 반-아퀴나스 지적인 지위를 아퀴나스의 지
적 지위와 동일하게 놓은 단테는 그를 아퀴나스에 반대하여
새로운 시대의 아침의 여명을 알리는 인물로 묘사하였다.

단테가 근본적으로 지중해 세계를 옹호하기 위하여 제시한
천문학적 논의는 라벤나에서 테오도리코 왕의 비호에서 철학
의 위안을 갈파한 보에치우스를 따라 "사랑은 만물을 제어하
고, 무엇보다 하늘을 제어한다."는 논증이다. 보에치우스에
따르면, 사랑은 우주질서의 원칙이다. 사랑은 땅과 바다와 하

늘을 지배한다. 단테가 본질적으로 보에치우스 논의를 따라, 지식, 사랑, 의지로 이루어진 세계를 구상하였다. 지식이란 성(聖)에 속한 신을 아는 것이고, 사랑이란 천체를 움직이는 힘이고, 의지란 신이 바라는 평화를 행하는 구원의 지향이다.

단테에서 모든 그의 세계구조에 의존하는 피조물보다 중요한 것은 인간이며, 인간의 지위에 가장 중요한 것은 두 사람 사이의 사랑이다. 이 사랑은 빛과 어두움의 선명한 차이의 인식에서 우주를 움직이는 에너지로 변환시킨다. 이러한 의중(意中)에서 지중해와 지중해 연안의 공간(空間)의 관점에서 단테가 구상한 천체론의 의미는 자신이 살아가는 곳의 일상 삶의 경험에 있다. 단테는 보다 세련된 표현으로 두 인격 사이의 관계를 사랑으로 파악하였다.[89] 그의 신곡의 마지막 결론은 다음과 같았다.

> "사랑은 태양과 별들을 움직인다(*l'amor che move il sole e l'altre stelle*)."

단테는 아리스토텔레스가 『형이상학』에서 말한 신은 남을 움직이면서도 스스로는 움직이지 않는 부동의 원동자로서 만물의 운동의 원인인 신의 자리에 사랑으로 대치하였다. 이 구절을 정확하게 해석하자면 사랑이 하늘과 땅(天地)을 움직이는 것이 아니라, 태양(日)과 별(星)들을 움직인다는 것이다.

---

89) K. Flasch. 2000. *Das philosophische Denken im Mittelalter. Von Augustin zu Machiavelli.* Stuttgart: Reclam. p.74.

〈그림 4-1〉 이탈리아 라벤나에 있는 테오도리코(*F. Theodericus*, 454~526)
왕(좌)과 단테(우)의 무덤[90]

〈그림 4-2〉 황남대총과 천마총을 낀 신라왕들의 대능원과
선덕여왕 제위(632~647)의 첨성대[91]

---

90) 동고트족의 왕으로 게르만족의 전설의 영웅이다. 520년경에 왕은 로마문명의 마지막 교양의 보호자로 보이티우스를 행정과 법무의 수장(*magister officiorum*)으로 받아들였다. 540년 도시의 정복과 더불어 교회로 사용되었던 그의 무덤은 라벤나에 있는 가장 아름다운 기념건물의 하나로 손꼽힌다.

91) 각주 23을 참조하라. 단테는 피렌체에서 태어나서 라벤나에 죽었지만, 지역학의 관점에서 그곳은 서로마제국의 멸망과 더불어 게르만 왕이 지배한 곳이다. 신라의 천마총이나 황남대총의 주인들 역시 서로마제국의 멸망시기를 전후하여 활동하였던 기마민족들의 후예들로서 문명사적 연관이 있다. 오늘날 관광객은 현지에 가서 보고 사진 찍고 돌아서면 그만이지만 남아 있는 문명의 흔적은 문화형이상학적 상상력의 재구성으로 우리에게 다가온다. 20세기초 프랑스 구조주의자들은 원시문명이나 식민지문화에서 구조를 발견하였지만, 우리는 문명의 고원지대에서 상호문화성과 동시성을 (*Synchronicity*) 본다.

　이 해석은 운동의 주체와 대상에 관한 물음으로 집약된다. 움직인다면 움직이는 주체와 움직여지는 대상이 있어야 한다. 그런데 희랍의 우주관을 표현하는 희랍어에는 움직이는 것(*poiesis*)과 움직여진 것(*pathesis*)의 차이는 없고, '움직여지다'는 표현은 있어도 '움직이다'는 표현을 담는 문법구조는 없다. 움직임에는 단지 로고스만 남는다. 운동에 대한 이러한 문법적 접근은 중세 라틴어언어세계에서 천문학의 과학적 인식에도 영향을 미쳤다.[92]

　사랑이 대상을 움직인다면, 사랑하는 주체와 사랑받는 대상과의 차이는 단지 로고스에 따라 해소(解消)된다. 사랑에 따라 움직여진 대상은 움직인 것이다. 단테의 "사랑이 태양과 별들을 움직인다." 테제가 성립하자면, 이 사랑은 "두 인격이 만나서 만들어가는 세계에 따르면"이라는 인식론적 존재론적 함축이 있다.[93] 그러한 전제에서 움직이는 것은 태양과 별들이고 그 뿌리는 사랑에 있다. 이들이 움직인 주체는 사랑으로서, 결국 두 사람의 사랑이 움직여서 올라간 곳이 하늘이면, 하늘도 움직였다는 것이다. 이승에서의 사랑이 저승에서 완성된다는 이야기는 많지만 단테같이 구체적으로 아리스토텔레스 물리학에 기초하는 운동의 원인에 관한 천문학적 역학적 설명을 한 인물은 없다.

---

92) H. Blumenberg, p.167.

93) K. Flasch, p.75.

2. 천체인식의 기본구조

단테는 9살 소년시절 동갑내기 소녀 베아트리체를 만나 사랑에 빠졌다. 단테는 그녀와의 첫사랑에 실패하면서 실연 이후에 『향연』을 집필한다. 『향연』에서 철학은 종종 보에치우스에 따라 고귀한 여성(*donna gentile*)에 비유된다.

> "은을 찾아 나섰지만 다시 금을 발견하였다면 여기에는 감추어진 원인이 있으며, 이는 신적인 지배(*divino imperio*)가 있는 바이다. 내가 이 길에서 위안을 찾을 것은, 내 눈물을 위한 약이 아니라, 저술가들, 학자들 그리고 책들이라 총칭할 수 있는데, 이는 철학이라는 이름이다."[94]

단테가 보에치우스를 전거로 철학을 추구하지만, 당시 철학의 이름으로 중세를 지배하고 있던 교회를 위한 검, 교회에 의한 검, 곧 베드로의 '두개의 검'을 구분으로 현실을 헤쳐 나간다. 이 두 검 곧 "영적인 검과 현세적인 검(*duos gladios, spiritualem videlicet et temporalem*)"으로 13세기 교회의 보편주의의 위기를 극복하려 하였던 것이다. 이 때문에 단테는 『제정론』을 집필하여 당시 두개의 권위를 교황에게 가져가려 한 보니파치우스 교황 칙서(*Unam Santam*)에 답변하려 한다. 이 때 그가 먼저 끌어들인 것은 아리스토텔레스와 베르길리우스(*P. M. Vergilius*, B.C. 70〜19)의 권위였다. 단테는 교황권력

---

94) Dante Alighieri, 1989. *Monarchia, Einleitung*, Uebersetzung und Kommentar von R. Imbach und C. Flueeler. Stuttgart: Reclam. p.13.

<〈그림 4-3〉> 홀리데이(*H. Holiday*)의 1883년 유화작품으로 단테가
산타 트리니타 다리(*Ponte Santa Trinita*) 난간에서 베아트리체를 만나는 모습을 담고 있다.

과 황제의 권력을 분리할 것을 외친다.[95]

중세 정치권력의 핵심은 천체구도와 관련되어 형성되어 있었기 때문에, 천체구도에 대하여 말한다는 것은 세속의 정치에 관련하여 말한다는 것을 의미하였다. 오늘날은 인간은 사회를 지배하고 자연은 자연과학이 지배하는 것이 보는 것이 자연스러웠지만, 중세에는 인간과 자연이 모두 신적 질서에 따른다고 보았기 때문이다. 세속의 권력구조가 위계를 갖듯이 단테는 아리스토텔레스 세계관의 천체의 상하(上下)의 위

____

95) 단테, 『제정론』, 성염 편저, 철학과현실사, 1997, p.24.

치와 중심과 주변으로 나누어서[96] 지옥과 연옥과 천당을 그렸다. 하늘은 세계의 가장 외적인 곳에 가장 높이 있다. 동심원(同心圓)의 중심에서 보면 가장 멀리 떨어진 변방에 하늘이 놓인다. 모든 자연적 과정은 그 최종원인인 가장 높은 곳, 가장 바깥의 천구의 정상의 운동으로부터 배열된다. 거기에는 탈우주적으로 움직이지 않는 절대적 부동자의 운동이 있다. 이를 일컬어 부동의 원동자(*Primum Mobile*)라고 부른다. 이 운동의 원인은 그의 인과적 세계의 기능의 현존(現存)에 의하여 가장 외적이고 가장 높은 천구에서만 작용한다. 그러한 천구는 그의 궤도가 반성적 궤적으로 순수사유로 종결된다. 가장 외피의 이 운동궤도의 천구는 모든 다른 천체를 움직이고, 외부에서 내부로, 위에서 아래로 물리적 실재의 위엄을 나타내 보인다.

지구 중심은 모든 자연적인 원소들의 가장 자연스러운 장소이다. 아리스토텔레스 물리학에 따르면 위(上)는 가장 가벼운 원소가 올라가는 곳이고, 아래(下)는 무거운 물체가 자연스럽게 내려가려고 하는 장소이다. 지구의 모든 원소는 가장 아래의 낮은 곳은 가장 천한 지위를 갖고 세계의 중심부분으로 자연적 장소에 도달하려는 잠재적인 힘을 갖는다. 지구의 중심에는 기하학적 중심(*centrum quantitatis*)과 물리적 중심(*centrum*

---

96) 참조: H. Blumenberg, p.40. J. Hirschberger, "Platonismus im Mittelalter", in: Platonismus in der Philosophie des Mittelalters, Hrsg. v. W. Beierwalts, Darmstadt, 1969, p.44; 중세의 플라톤주의는 신이 모든 전달이 가장 높은 것은 가장 낮은 곳으로, 가장 먼 곳은 만물의 가장 내적인 존재에로 영향을 미치게 구도가 잡혀 있다. 히르시베르거는 단테가 플라톤주의 원칙을 아리스토텔레스의 조직적 사고체계에 맞추어서 세속적인 황제의 권리를 도출하였다고 본다.

gravitatis)이 있다. 자연적 장소(*locus naturalis*)는 지구 구체의 구성적인 불안을 야기하며, 모든 부분들의 불안정한 활동이 전체 질량의 불안정한 작용을 불러일으킬 수 있다. 운동의 인과적 방향은 위에서 아래로 내려올 뿐만 아니라 외부에서 내부로 구심적 방향으로 달려가므로, 이때 천문학 체계의 내부공간은 밑에서 위로 올라가게 된다.

> "움직여지는 모든 것은 다른 것으로부터 움직여진다."(*omne quod movetur, ab alio movetur*)[97]

전체의 우주는 하나의 인과적 연관관계가 있다. 이것이 단테로 하여금 로마의 최고 시인 베르길리우스를 통해 지옥에서 연옥까지의 여행길에 동반자로 삼고, 최종적으로 베아트리체를 대리인으로 천국으로 올라가 구원으로 인도하는 일련의 연쇄사건을 일으킨다. 단테가 베르길리우스와 더불어 여행한 곳은 물질세계의 죄악상이 펼쳐져 있는 곳이다. 반면에 그녀와 더불어 여행하는 하늘은 가장 완전한 영역이다. 베아트리체는 사랑 그 자체이며 그녀와 더불어 여행한 "하늘"은 과학이며, "하늘들"은 과학들이다.[98] 하늘의 궁창(穹蒼)에는 10개의 하늘의 쟁반이 있다.

천체건축물을 형성하는 "하늘"을 고찰하기 위하여 천계의 7개의 궁창을 과학적으로 기술하는 도구가 있다. 이 도구는

---

97) Ibid, p.167.

98) Dante Alighieri. *Monarchia*. p.18.

우주의 질서와 과학의 위계를 보여주는 것으로 중세 스콜라 기초교육에 속한다. 문법, 변증법, 수사학의 세 가지 영역과 산수, 기하학, 천문학, 음악의 네 가지 영역을 합한 일곱 가지 자유교양 영역이 그것이다.

일곱 가지 자유교양의 범위를 넘어서는 여덟 번째 천구인 항성천(恒星天)은 물리학과 형이상학의 탐구영역에 속한다. 항성천은 가시범위 안에 들어오는 물리학의 탐구대상과 비가시범위의 형이상학의 탐구대상이다. 아홉 번째 천구는 부동(不動)의 원동자로부터 운동을 부여받는 원동천(原動天)이다. 우주 전체의 모든 천체운동은 원동천으로부터 나온다. 원동천이 정지하면 밤낮이 없고, 생명도 없다. 나아가 천체는 무질서에 빠지고, 다른 성운들의 운동은 무용지물(無用之物)이 된다.99)

원동천 위에 마지막 하나의 천구가 성자들의 하늘로서 엠피레오(Empyreum)이다. 정화천이라고 하는 이 영역은 신학이 담당하며, 이곳에 신의 존재와 존재계의 핵심으로서 부동의 원동자가 있다. 지성은 일곱 하늘을 지배하면서 시민생활에 참여하는 반면에, 신의 사랑은 그 자체로 우주적 에너지로 변형된다. 하늘은 항상 원운동을 하므로, 이 원운동에 의하여 세계가 지배된다. 정화천에 거주하는 지성은 이러한 원운동의 명상적인 활동기능을 갖는다.

---

99) Ibid, p.19.

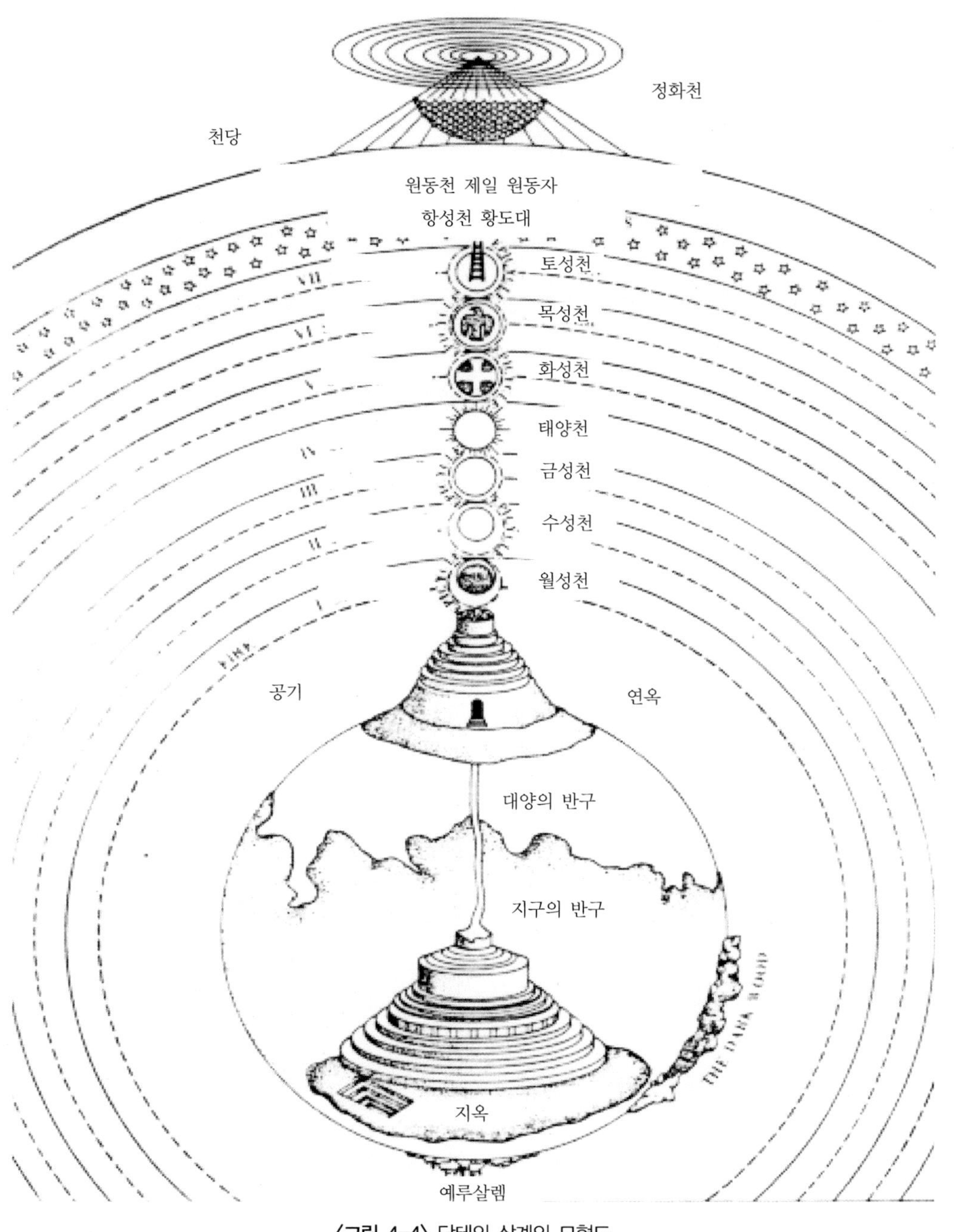

〈그림 4-4〉 단테의 삼계의 모형도

3. 반대천체의 구조

푀트너스(*W. Poettners*)에 따르면 단테의 천체구조는 지옥의 일정한 길이와 비율이 천당에서 행성의 길이와 간격에 대한 비율을 반영한다. 간단하게 말하자면 "신은 구이다(*Deus est sphaera*)".[100] 그러므로 천체는 구로 구성되었다. 신은 가장 완전한 구 형태에 임재하기 때문이다. 푀트너스의 테제를 따라가면, 단테는『신곡』에서 지옥을 실제로 지구의 반구 밑으로 배치해 놓았다. 지구는 북반부와 남반부로 나누어진다. 반이 나누어진 적도의 북반부 복판에 예루살렘이 있다. 예루살렘 반구 밑에 지옥이 있다면, 지옥의 구조에서 반대하늘을 보면 지구가 곧바로 지옥이다. 기하학적인 도형으로 인간은 강과 바다와 산이 덮인 지구의 표피에 살고 있기 때문에 지구의 표피의 부분이라는 유추에서 보면, 지옥과 연옥과 천당은 인간이 서 있는 높이와 깊이의 비례로 구성된다는 점을 주목할 수 있다.

우주의 상하의 구분은 우주의 중심과 변방의 구분과 같다. 우주의 아래에 치환된 지옥의 중심에 루시페르(*Lucifer*)가 앉아 있다. 루시페르는 라틴어에 '빛'을 의미하는 '*lux*'와 '나르다'를 의미하는 '*ferre*'가 합성된 단어로 "빛을 나르는 자"라는 의미이다. 그는 세 개의 얼굴을 하고, 여섯 개의 눈을 갖고 네 개의 날개를 갖고 있다. 기독교 전통에서 그는 천상에

---

100) http://www.seshat.ch/home/dantev.htm

서 신 다음의 둘째 서열에 해당되는 대천사장의 직분을 가졌
다. 그는 신에 반역하였기 때문에, 대천사 미카엘이 루치페르
의 반란을 막아 그를 천상에서 끌어내렸다. 이 불행한 천사
는 부동의 원동자가 있는 구천의 하늘에서, 항성, 토성, 목성,
화성, 태양, 금성, 수성, 끝으로 달을 통하여 지구의 남극으
로 떨어졌다. 그는 화가 나서 지구 중심의 심장부 속으로 뚫
고 들어갔기 때문에 남반구를 덮고 있던 땅은 무서워서 바다
속으로 숨어 북반구로 들어갔다. 정죄산은 루시페르가 뚫고
들어간 땅에 맞닿을까 두려워 땅 밑을 떠나 남반부에 나타나
공터를 만들었다는 것이다.101)

첫째 지옥에서 루시페르는 남극에서 지구 중심으로 뚫고
들어갔기 때문에 푸른 얼어붙은 바다얼음 위에 산다. 첫째
지옥은 부동의 원동자의 가장 외적인 아홉 번째 반대하늘을
형성한다. 단테는 물리적 우주의 가장 외피를 형성하는 첫째
지옥에 "나는 사랑밖에는, 아무것도 모르는 것을 안다."는 소
크라테스, 플라톤을 모아놓는다. 지옥문에 새긴 비명은, 지옥
은 "신의 전능, 최고의 지혜, 첫사랑으로부터 창조되었다"는
것이다.

둘째 지옥은 항성천의 여덟째 반대하늘을 형성한다. 겨울
만이 밤을 지배하는 극권(極圈)에 해당되는 이곳은 약간 기
울어진 지구의 북극 테두리에 걸쳐 있다. 이곳은 지옥의 궤
적에 트로이 전쟁의 도화선이 된 파리스와 헬레나가 머무는

---

101) 이 논문을 2005년 12월 2일 부산외대에서 발표할 때 김운찬 교수는 필자가 몰랐
   던 제4지옥의 상황과 지옥의 마왕 루시페르가 천당에서 지옥으로 떨어질 때의 그
   가 처한 위치변경관계를 잘 지적하였다.

〈그림 4-5〉 도미니끄 잉그레(*J. A. D. Ingres*) 1819년 작품.
지오바니에 의한 파울로와 프란체스카의 들킨 장면[102]

곳이다. 영화관도 텔레비전도 없는 시절에 밤하늘의 별들을
보았듯이, 이들은 오늘날 스크린의 스타, 곧 영화배우와 같
다. 셋째 지옥은 토성천의 우주적 구의 반대편 하늘을 형성
하며 기울어진 지구의 북반구에 있다. 넷째 지옥은 목성천의

---

102) 『신곡』 지옥 편 5장 두 번째 원환에 이르자 단테는 자신의 동시대 인물인 라벤나
의 프란체스카와 그의 연인 파울로를 만난다. 원래 라벤나의 구이도 가문은 앙숙
관계인 리미니의 구이도 다 폴렌타는 리미니 말테스타 가문과의 전쟁 대신 평화를
원하였기 때문에 자신의 딸 프란체스카와 리미니 가문의 상속자이자 장자인 지오
바니와 결혼을 약속하였다. 그러나 프란체스카가 불구인 지오바니와 결혼을 거부
할 것이라는 것을 알았기 때문에 그의 동생 파울로를 중재자로 등장시켰다. 결혼
식 날 밤에 속은 줄 안 프란체스카는 파울로와 비련에 빠진다.

반대편 하늘을 형성한다. 단테는 여기서 "파페 사탄, 파페 사탄 알렙페!"라고 외치며 자신을 토스카나로 유배시킨 보니파스 교황에 항소를 제기한다.[103]

다섯째 지옥은 화성천의 반대하늘이며 화성은 전쟁(戰爭)의 신이다. 여섯째 지옥은 천구의 네 번째에 해당되는 태양의 반대하늘이다. 창문 없는 감옥에도 태양 빛은 없다. 따스한 햇볕, 베아트리체는 희망의 표시로 시인으로 하여금 남극 산으로 등정할 것을 권하는 지옥여행을 추천한다. 일곱째 지옥은 금성의 반대하늘로서 금성은 사랑의 여신이다. 루치퍼의 반대하늘에서는 사랑이 없다. 그래서 단테는 루치퍼가 하늘로부터 지구로 떨어져 지구 속을 뚫고 침입해 들어 왔을 때, 지구가 사랑을 받아들일지 어쩔지를 두고, 신음하였고 탄식하였다는 곳이라고 알린다. 여덟째 지옥은 수성천의 반대하늘로 이 지옥의 벽은 아주 가파르고 황량하다. 여덟째 지옥을 말레볼제(*Malebolge*)라고도 부르는데 분화구로서 모두 열 개의 동굴이 있다.

단테는 이 말레볼제를 지나면서 기우뚱한 지구 혹은 지옥의 크기에 대한 측정법을 제시한다. 말레볼제의 최상의 범위는 22마일, 최하의 범위는 11마일로서 시적(*詩的*)인 1마일(*miglia*)의 길이는 32km이다. 곧 위는 704km, 아래는 352km의 길이에 해당된다. 아홉째 지옥은 달의 반대하늘로서 단테

---

103) 단테 알리기에리, 2005, 『신곡』, 한형곤 옮김, 서울: 서해문집, p.97. "파페 사탄, 파페 사탄, 알렙페"는 사탄을 부르기 위한 소리이기도 하고 성난 플루톤의 의미 없는 울부짖음이라고도 해석된다. 그러나 그네딩거(*F. Gnaedinger*)에 의한 퓌트너스의 해석에 따르면 이 소리는 교황 보니파스에 대한 탄원이다. 참조: http://www.seshat.ch/home/dantev.htm

와 베르길리우스는 이곳에서 발아래 비추어진 달을 본다. 곧 지옥의 분화구의 바닥에 얼어붙은 바다의 매끄러운 반사면에서 달이 비추인다. 희미한 달빛과 얼어붙은 바다가 서로 지나친다. 연옥을 둘러싸는 첫째 천구가 달로서 월천이다. 달을 둘러싸고 도는 둘째 하늘은 수성이다. 수성을 둘러싸고 도는 셋째 하늘은 금성이다. 넷째 하늘은 태양이고, 다섯째 하늘은 화성이고, 여섯째 하늘은 목성이고, 일곱째 하늘은 토성이다. 여덟째 하늘은 항성천이고, 아홉째 하늘은 원동천이고 원동천 위에 지고(至高)의 정화천이 있는데 이 권역(圈域)을 엠피리오라고 한다. 지구가 우주의 복판에 부동의 상태로 있고 그 주위로 정화천인 엠피레오에 가장 가까이 있는 하늘은 빨리 움직이고, 가장 멀리 있는 하늘은 지구 위를 천천히 움직인다.

〈그림 4-6〉 로댕의 『키스』104)

〈표 4-1〉 단테의 지옥의 구도

1지옥	원동천
2지옥	항성천
3지옥	토성천
4지옥	목성천
5지옥	화성천
6지옥	태양천
7지옥	금성천
8지옥	수성천
9지옥	월천

　　단테의 언어적 상상력에 힘을 보탠 푀트너스는 9개의 천체의 궤도의 면적을 1:2:3:4:5:6:7:8:9:10으로 제안하였다.[105] 그의 계산에 따르면 1우주의 마일은 60km이고 달 궤도의 반경은 7,117우주의 마일이다. 달은 동일하게 강한 태양 빛을 반사하므로 약한 빛을 발하고 있다. 비슷한 방식으로 태양은 보이지 않을지라도 더 큰 별들에 대하여 반사를 통하여 에너지를 상호 주고받으므로 에너지를 장전한다. 이들의 원래적인 힘은 부동의 원동자에서 온다.

　　"사랑이 태양과 다른 별들을 움직인다."라고 한 말의 정확한 의미는 부동의 원동자에서 사랑은 에너지 변환을 일으켜 운동이 생겨난다는 것을 의미한다. 부동의 원동자는 사랑의 화신이며, 사랑의 반경은 항상 π의 비율로 확산된다. 자연 가운데에 π비율로 이루어진 것에는 강이 있다. 사랑이 강물처럼 흐르듯이, 단테는 자신이 삶을 마감한 라벤나의 포(Po)[106]강을 프란체스카의 삶의 사랑과 죽음에 비유하였다. 따라서 부동의 원동자의 반대편의 하늘을 구성하는 곳이 첫 번째 지옥이다.

---

104) 로댕의 프란체스카와 파울로의 1889년 조각 작품으로 파리의 로댕 박물관에 있다. 두 사람은 중세 아더왕의 전설에서 랭슬롯과 쥬내브와의 사랑의 이야기를 읽던 중에 이런 상황이 일어났는데, 로댕은 이 조각에서 파올로의 손에 책이 들려 있게 묘사하였다. 두 연인은 실제 입술을 맞추지 않은 구도로 짜였는데, 이는 방해가 되었고 죽게 될 것을 암시하였다는 것이다. 라벤나 현지에서는 실제로 프란체스카가 남편으로부터 돌에 맞아 죽었다는 장소를 지목하기도 한다.

105) http://www.seshat.ch/home/dante.htm(검색일자: 2006년 2월 5일)

106) 포(Po)는 프랑스와 이탈이아 경계지대인 알프스의 포협곡에서 발원하는 이탈리아에서 가장 긴 652km 강이다. 2002년 기준으로 이탈리아 전체 인구의 $\frac{1}{3}$에 해당되는 1600만 명이 포강 평원에서 살고 있다. 라벤나는 포강의 강물을 아드리아 해안으로 흘려보내는 델타지역으로써 단테는 『신곡』의 지옥편 5장에서 라벤나의 두 가문의 비련의 사랑을 그렸다

단테가 구상한 천국과 지옥의 이원론은 "천상의 평화를 단
순한 사후세계로 보는데 그치지 않았다." 이는 일종의 빛과
어둠의 대비, 한 측면과 반대 측면이 서로 대립된 갈등의 대
극을 표현한다.

4. 사랑의 현상학

엠페도클레스는 사랑과 미움이 사물의 이산집합을 만든다
고 하였고, 플라톤은 에로스, 곧 결핍이 사랑의 본질이어서
인간은 항상 자신에게 결여된 다른 하나의 본질을 찾는다고
보았다. 단테는 두 인물 사이의 관계에 놓인 사랑의 개념을
하늘과 별을 움직이는 원리로까지 들어 올리므로 인간과 사
물 사이를 관통하는 원리를 확립하였다.

지구는 세계의 중심이지만, 동시에 신에게로부터 가장 먼
곳에 있다. 지구 중심에 숨겨진 지옥은 존재에서 가장 멀리
떨어진 장소이다. 그러므로 지구는 오염, 일탈의 장소이고,
인간의 버림받음과 보존의 장소이다. 지구에서는 그의 본질
과 우주에서의 위치에 따라 신의 능력과 신적인 의지가 순수
하고도 직접적인 표현으로 구신화되지 않는다. 지구는 우주
의 구원 프로그램에서 신에서 가능한 가장 멀리 떨어져 있기
때문이다. 그곳에는 자연의 법칙성이 세계 도처에 동질로 있
지 않다. 그렇기 때문에 그곳에서의 세계질서는 항상 모순에

부딪힌다. 그곳은 다만 천체운동에서만 명백한 명시적인 자연의 법칙성을 수행한다.

이러한 지구에서 단테는 어떻게 천당으로 올라갔는가? 단테는 지옥에서 연옥으로 그리고 천당에 이르는 여행을 위하여 천체물리학 이론과 사랑이라는 힘을 필요로 하였다. 케플러도 중력의 힘만으로 우주여행을 시도하는 구상을 하였을 때, 지구의 대기권을 벗어나서 겪는 어려움을 실토하는 달의 여행에 관한 소설까지 썼다. 지구의 동토의 핵, 루시퍼의 거주지에서 연옥의 산까지 물질적 세계를 횡단하여 좁고 작은 원환에 보다 더 넓은 더 큰 원환으로 향하여 더 빨리 회전하는 곳으로 도달하자면 엄청난 힘이 필요하다. 단테는 지옥의 최중심부로 들어갔다가 지옥의 가장 깊은 곳으로 알려진 주데카의 "무거운 것을 사방에서 끌어당기는 힘"을 벗어남으로 지옥을 빠져나온 것으로 되어 있다. 지구 중심에는 부정적인 에너지가 내재하는 곳으로 중력과 같이 강력한 흡입력이 있다. 하늘에 오르기 위하여 언필칭 이 힘을 이용한 것이다. 중력은 지옥과 연옥과 천당의 동심원적 원의 시나리오를 구성하여 중심의 핵으로 수렴되게 통일하는 힘이다. 중력을 물리적 법칙에 따라 이해하자면, 한 입자가 다른 입자와의 원칙적 인력작용이다. 시적이고 은유적으로 말하자면, 단테가 여행한 지옥, 연옥 그리고 천당으로 가는 길은 신적인 에너지의 흐름이 양극에서 음극으로 그리고 다시 양극으로 되돌아가는 전기 회로의 스위치를 닮아 있다. 아홉 번째 원환의 극점에 놓인 제일 원동자(*primum mobile*)에 도달하고, 그리고 이 아홉 번째 그리고 가장 큰 원환과 공간의 경계에서 신의 거주지인 정화천을 보는 것이 『신곡』의 마지막 목표이다.

단테는 베아트리체와 함께 천구자오선(天球子午線)과 황도대(黃道帶)를 절단하는 지점에 선다. 이곳에서 그들이 태양 천을 바라보며 빛의 윤무에 에워싸여 있을 때 홀연히 이들에게 나타난 아퀴나스가 "성령이 너무나도 충만하게 비치시어 산채로 하늘을 오를 수 있으니 감히 어느 누가 그의 소원을 뿌리칠 수 있겠는가?"하고 알린다. 베아트리체도 "자비로써 태양에 그대를 끌어올린 천사들의 태양께 감사하고 감사드리시오"라고 말한다. 단테는 어떻게 태양에 올라왔는지는 모르지만 왔다는 사실을 알고 있었다. 즉, 단테에 따르면 사랑은 삼위일체를 통일하는 힘이고, 지옥과 연옥과 천당을 관통하는 힘이다. 이러한 직관에 따르면 이 힘은 성부(聖父), 성자(聖子), 성령(聖靈), 혹은 지정의(知情意)의 삼위일체의 실체를 반영하고, 거기서 동심원의 천체영역에 수직적인 상응을 이끌어낸다.

태양과 별들을 움직이는 사랑의 힘은 정화천의 전단계의 하늘의 가장 가까운 곳까지 미친다. 비유적으로 말하자면 아래에서 위로, 땅에서 하늘, 곧 어두움에서 빛에로 올라가 상승하였다. 하늘의 영역에서는 전진운동은 거의 힘 안들이고 유유자적할 수 있다. 신에 가까이 접근하면 할수록 보다 높은 존재의 서열에 오르며 고도의 완전성에 도달한다.

단테는 지구를 중심으로 도는 아홉 개의 하늘에는 각각 천사들이 좌정하도록 배치하였다. 첫 하늘 월천에는 신께 서원을 이루어드리지 못한 구원받지 못한 불완전한 영혼들이 천천히 느리게 돈다. 둘째 하늘 수성천에서는 선한 영혼들이 있다. 셋째 하늘 금성천에서부터 신을 향한 영혼들은 빨리 움직이며 노래 부른다. 넷째 하늘 태양천에는 지혜로운 영혼들이 노래하고 춤추며, 다섯째 하늘 화성천에는 신앙의 싸움을 하는 영혼들이 나타난다. 여섯째 하늘 목성천에는 의로운 영혼들이 등장하고 일곱째 하늘 토성천에는 명상적 영혼들이 금 계단을 오르내리고, 여덟째 하늘 항성천에서는 그리스도의 사도들로부터 신학적인 질문에 답변하는 시험을 치른다. 아홉째 하늘 원동천에는 아득히 먼 곳에 한 점을 보는데, 그 점은 신을 상징하며 신은 그 점 뒤에 계신다.[107] 하늘과 모든 자연이 이 점에 달려 있다. 그 주위에 하늘을 움직이는 아홉 합창대가 신의 의지에 따라 돌고 있다. 단테가 베아트리체의 인도로 천당으로 오르는 길에서 아홉 단계의 하늘을 거쳐 도달한 마지막 하늘이 정화천이다. 단테가 올라간 정화천인 엠피리오는 부동의 상태에 있다. 엠피리오에 멀리 떨어진 하늘일수록 그들의 궤도를 빨리 돌고 가까이 올수록 천천히 돈다.

<표 4-2> 단테의 천국천사의 구도

천국	1하늘	2하늘	3하늘	4하늘	5하늘	6하늘	7하늘	1하늘	9하늘
별들	달	수성	금성	태양	화성	목성	토성	항성	원동
천사	대천사	권천사	능천사	덕천사	주천사	좌천사	지천사	치천사	신

---

107) 단테 알리기에리, 2005, 『신곡』, 한형곤 옮김, 서울: 서해문집, 지옥 34곡, p.338.

단테는 정화천에 이르러 흰 장미꽃을 이루는 복된 자들을
보며 삼위일체의 신비를 깨닫고 신을 관상하는 완전한 평화
에 이른다. 그곳은 우주의 가장 높은 곳으로 빛나는 천사와
성인들이 계단에 앉아있다. 단테는 성 베르나르드의 안내로
찬양이 울려 퍼지는 가운데 신의 얼굴을 뵙고 삼위일체의 교
리를 체득한다.

정화천의 구원의 시나리오에는 두 해석이 있다. 하나의 해
석에 따르면 포괄적인 우주의 원칙으로서 이 역할을 과학적
으로 설명할 수 있다고 하는 보는 입장과, 전통적으로 아퀴
나스 신학에 의하여 지지된 영역은 천문학적인 우주에 자연
적 타당성을 가질 수 없는 영적인 것이라는 차원의 입장이
있다. 이러한 두 입장이 엇갈리게 되는 것은 정화천의 구원
의 시나리오의 문제점이 곧 정화천의 물리적 우주에 운동이
없는 원인이 등장하기 때문이다.

이 문제는 중세의 기독교 우주관에서 인간이 차지하는 지
위의 문제 때문이다. 인간은 우주의 세계건축물의 한가운데
세계구조에 의존하는 모든 다른 피조물들보다 중요한 지위를
차지한다. 인간의 형체는 보잘것없이 작으나 그의 영혼의 힘
은 엄청나게 강하다. 그의 머리는 앞으로 나와 있고, 다리는
고정된 땅 위에 있으나, 그는 위로도 아래로도 움직일 수 있
으며, 그의 작품을 만들기에 손은 좌우 어느 쪽으로나 사용
할 수 있다. 인간의 몸이 심장의 크기를 넘어서듯이, 영혼의
힘은 육체의 힘보다 더 월등하다. 인간의 심장이 몸에 감추
어져 있듯이 육체는 영혼의 힘에 둘러싸여 있다. 영혼의 힘

은 지구의 전체궤도로 뻗쳐나가지만 무엇보다 전체의 우주는 하나의 인과적 연관관계가 있다. 외부에서 내부로 달려가는 세계의 방향은 구심력을 갖고 있고, 모든 자연의 과정에는 그의 최종원인이 있다. 그러한 운동은 천구의 가장 바깥에 있으며, 이는 탈우주론적이다.

오늘날 코페르니쿠스와 뉴턴의 과학혁명이 우주의 행성구조와 조직을 해명하는데 결정적인 단서를 제공하였지만, 칸트를 비롯한 철학자들은 인간의 지각의 인식론적 전향을 언급하였다. 인간의 주관적 인식이 세계해명의 열쇠를 쥐고 있다는 것이다. 칸트에 따르면 자연의 탐구는 인간이 사용하는 지각 개념과 지식의 범주에 대한 반성으로 도달한다. 자연의 인식가능성이 우리가 어떻게 자연을 볼 것인가를 결정한다. 개념과 범주는 우리의 눈과 귀로 받아들이는 감각인상의 무질서한 질료를 정돈한다. 무엇이 참으로 자연인지 물자체인지(*Ding an sich*)는 알 수 없지만, 인간 정신의 범주만이 우리에게 실제로 드러나는 것을 규정한다. 자연의 질서는 인간 존재의 조건이므로, 인간의 의식이 없이는 우주의 물리적 이론도 없다.

화이트헤드(*A. N. Whitehead*)가 지적한대로 "우리는 과학철학에서 우리가 자연에 적용하는 일반적 개념을 찾고 그리고 우리가 지각에서 의식하게 되는 것을 자연에 적용한다." 따라서 우주의 포괄적 모델은 자연의 질서와 이를 인식하는 인간과 같이 그의 존재론적 후견으로 보살펴야 한다. 근대의 천문학에서 음악이론을 도출한 케플러도 조화를 기하학적 형태를 구체적으로 보는 것과 감각적으로 지각할 수 있는 음향을 듣는 것으로 해석한다. 본다는 것은 존재한다는 것과 대립에 있고, 듣는다는 것은 되어간다는 것의 대립에 있다. 번개가 치고 나서 천둥이 들리는 것과 같은 이치에서이다.

케플러는 태양 주위의 각 행성이 각각의 음계를 지녀서 우주의 조화로운 운행은 엄연한 신의 창조의 영광을 드러내지만, 유독 지구만은 연민과 고뇌가 가득 찬 파(*fa*) 음을 낸다고 그랬던 것이다. 단테는 지구를 떠나 천당에 올라갔다. "사랑이 태양과 다른 별들을 움직인다면" 땅에 있든 하늘에 있든 단테의 원동천에서의 인간 영혼의 구원의 시나리오를 물리적으로 실현하는 길은 음악이었다. 피타고라스가 물리적 버전에서 음을 자연의 동일한 구조를 찾아 나선 이래로, 서양음악의 초기의 아이디어는 조화와 우주의 도덕적 질서를 반영하였다.

아리스토텔레스가 행성과 별들이 지구둘레 또는 동심원적인 구를 그리고 각각의 구는 조화로운 비율로 이루어진다고 했듯이, 음악은 하나의 조화로운 세계를 표현할 뿐만 아니라 신적인 기원을 갖는다. 음악은 객관적 실재를 구신화하고, 내재적 가치를 명시하며 듣는 자에게 최상의 질서에 따라 정식화된다. 음악이야말로 신적인 아름다움과 조화, 창조자의 뜻을 반영한다. 창조자는 천체운동에서 행성들이 불규칙적일지라도 가장 늦게 움직이는 한 행성을 가장 빠른 운동의 이념의 궤도에 조화롭게 순응시키게 한다. 케플러에 따르면 인간이 부르는 노래에는 어떤 유일한 소리라도 조화로운 음정을 만들기에 충분하다. 왜냐하면 정신과 정신이 우리의 기억에서 보존한 것, 그의 기록보존소는 성악의 장본인이기 때문이다. 정신이 일정한 정도에서 자신을 지각된 곡과 일치를 시키고 음향의 음정을 조화로운 비율과 비교하기 때문에, 이는 정신이 마치 다른 음의 조바꿈을 듣는 것과 같다.

단테는 사랑은 모든 원소를 끌어들이고 혼동의 반대작용을 일으킨다는 근원적인 힘을 믿었다. 그가 애초에 자신이 살아가던 지중해문명권의 천체이론을 위하여 내어놓은 결론은 "사랑이 태양과 다른 별들을 움직인다."는 것이었다면, 태양과 별들은 빛을 주고받는 관계를 형성하는데, 여기서 "다른 별들"에 "지구"조차 포함시킬 수 있다. 단테의 천문학의 인식구조는 코페르니쿠스 천문학의 혁명적 변혁에도 불구하고 갈릴레이 케플러 그리고 뉴턴으로 이어지는 과학적 인식론과 신학적 사변에 일련의 연계를 제공한다. 천동설과 지동설의 차이란 단테에서 첫째 하늘인 월천이 코페르니쿠스의 넷째 천체배열인 지구 둘레로 가까이 옮겨가고, 단테의 넷째 하늘인 태양이 코페르니쿠스의 첫째 하늘의 자리로 들어서면 사라지는 사랑의 현상학에 불과하였기 때문이다. 이는 마치 사랑의 에너지 $E=mc^2$과 같은 것이었다.

5. 요약

천동설과 지동설의 차이가 과학사에서 결정적으로 드러나게 된 것은 단적으로 천문학을 개혁하기 위하여 근대의 과학

개혁자들이 망원경이라는 도구를 필수적으로 사용하였기 때문이다. 실제로 망원경에 의한 천계의 관찰로 시작된 근대 천문학의 개혁은 먼저 아리스토텔레스가 추구한 절대적 상하 좌우를 해체하고 우주를 더 이상 위계적인 천구로 채워놓지 못하게 하였다. 천구들 사이에 존재하는 실질적 차이를 없앴고 우주를 더 이상 상이한 천구들 사이에서 분배 할 필요가 없게 되었다. 따라서 월하(月下) 계는 월상(月上)의 계와 더불어 동일한 법칙들에 의하여 지배되며, 우주는 도처의 동질의 성질에 대한 동일한 법칙들이 타당하게 적용되게 되었다. 천상의 운동에도 지상의 운동에도 동일한 만유인력법칙이 타당하게 적용된다.

근대의 뉴턴의 공간개념에는 신의 센소리움(*sensorium Dei*)이라는 노골적인 표현이 있다. 즉, 뉴턴의 고전역학은 신의 센소리움(*sensorium Dei*)에서 절대시간과 절대공간이라는 기초 개념으로 탄생하게 된 것이다.[108] 한마디로 뉴턴이 살던 17세기 영국이 중요하였고, 뉴턴이 살고 있는 공간이 중요하였고, 한마디로 인간이 사는 지구가 중요하였다. 다른 말로는 우리가 21세기를 한반도 주변의 바다와 대륙으로 연결된 지정학적 위치에 살아간다는 사실이 중요하다. 한반도를 중심으로 대서양에서 태평양으로 온 세계를 해석하는 것이 중요하다. 그러므로 한반도에서 생긴 사랑도 지중해 지역에서의 사랑만큼 소중한 일이다.

단테도 마찬가지로 자신이 태어난 대서양을 낀 피렌체에서

---

108) 배선복 옮김, 『라이프니츠와 클라크의 편지』, 철학과현실사, 2005. pp.51-52.

지중해를 에워싼 라벤나에서 죽기까지 그가 살고 죽은 지중해라는 공간을 떠나지 않았다. 그렇게 형성된 단테의 공간을 채웠던 사랑의 개념은 오늘날 열역학 에너지에 가깝게 해석될 수 있다. 실제로 맥스웰(*J. C. Maxwell*, 1831~1879)은 '대서양에 한 잔 컵의 물을 부으면, 그 잔만큼의 물을 지중해에서 얻지 못한다.'는 말로서 열역학 제2의 엔트로피 법칙을 정식화한 바 있었다. 자연계에는 에너지보존법칙이 지켜지기 위하여 물질계의 일정한 에너지는 무질서와 질서라는 두 축을 중심으로 부단하게 옮겨간다는 것이다. 자연과학의 모델은 행위와 제작, 생산과 재생산의 사회적 모델로 간주되지는 이미 오래다.

제1차 세계대전의 위기 앞에 처했을 때 지중해 공간을 사랑한 한 물리학자의 이야기가 있다. 오스트리아 비인 출신의 물리학자 볼츠만(*L. Boltsmann*, 1844~1906)이 그 장본인인데, 그는 소위 기체의 열평형에 대한 통계역학으로 엔트로피의 증가가 분자수준의 무질서의 증가에 해당된다는 점을 보여준 바 있었다. 볼츠만은 자신의 가스이론으로 원자론의 기본가설을 깨고, 따라서 현대양자론의 기초이론 형성에 결정적으로 기여하였다. 하지만 그는 어느 날 지중해의 최북단 트리에스트 해안으로 아내와 자녀를 포함한 가족이 여행을 떠났다. 가족들은 즐거이 두이노 해안에서 해수욕을 즐기고 있을 때 볼츠만은 자신의 고유한 이론의 반대자들과 이론 갈등에서 심각하게 고민을 하다가 어이없게도 그곳에서 목매어 자살을 한다. 그가 선택한 곳은 이미 베르길리우스가 다녀간

곳이기도 하고, 단테가 보고 듣고 노래한 곳이기도 하지만
릴케가 1912년에 시작하여 1922년에 완성한 『두이노의 비가』
라는 시집의 제목을 제공한 지중해연안의 작은 마을이었다.
단테는 1912년 두이노 성주의 손님으로 머물면서 시상(詩想)
을 붙잡으며 지중해 마을을 찾은 릴케는 이미 새롭게 등장하
는 20세기 초의 대서양의 세계를 온몸으로 체감한 시인이다.
이쯤 되고 보면 단테의 천체론은 오늘날에도 수많은 인류의
연인을 위하여 지중해를 위하여 "사랑은 태양과 다른 별들을
움직였다."는 주장이 타당하다. 우주의 과학적 중심이 태양으
로 이동하였다 하더라도, 사랑의 기하학을 증명하기 위하여,
단테의 천체론은 지중해를 중심으로 현대적으로 거듭나고 재
해석되기에 충분하다.[109]

---

109) [주제어: 단테의 우주론, 지구 중심, 태양 중심, $E=mc^2$, 천구]

〈그림 4-7〉 지중해의 북쪽 끝 아드리아 해안가에 있는 두이노 성(城)110)

---

110) 이곳은 필자도 2005년 11월의 신혼여행지로 방문하였다. 시인 릴케, 발레리, 소설가 마크 트웨인을 비롯하여 음악가 리스트, 슈트라우스, 정치가 오스트리아 황제들, 백작들 등 무수히 많은 사람들이 방문하였고, 오늘날도 많은 관광객이 다녀간 곳이다. 중세로부터 전해오는 전설에 따르면 백설 부인 비앙카를 기사가 성 아래로 밀어서 떨어져 죽게 하였는데, 그 외마디 소리가 절벽 바위에 스며들었다는 전설이 있다. 릴케는 마리에 폰 투른과 탁시스 호엔로에(*Marie von Thurn und Taxis Hohenlohe*) 백작부인의 손님으로 1912년에 방문하여 그의 첫 비가(悲歌)가 이곳에서 탄생한다.

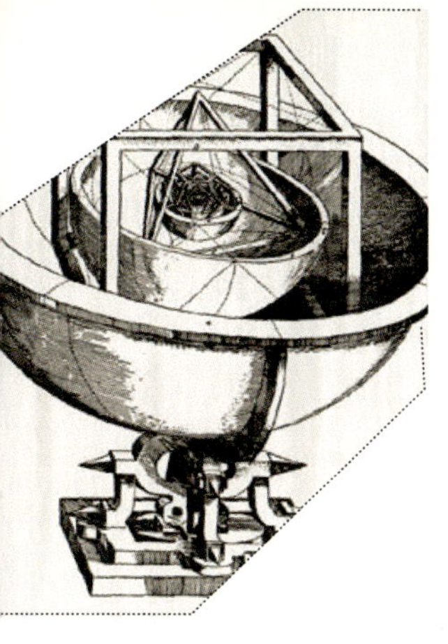

1. 개요

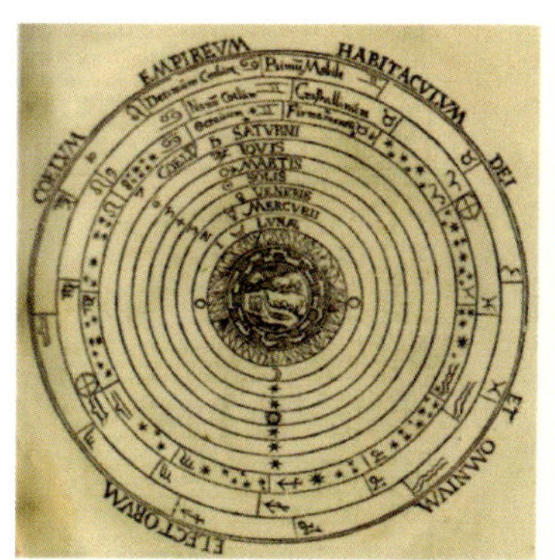

20. *Geozentrisches Weltbild* (Illustration zu Petrus Apianus, "Cosmographia", 1550), Salzburg, Universitätsbibliothek.

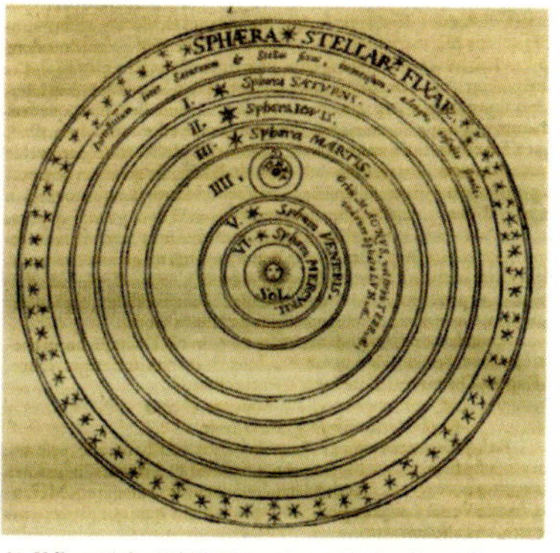

21. *Heliozentrisches Weltbild* (Illustration zu Nikolaus Kopernikus, „De libris revolutionum", 1621), Salzburg, Universitätsbibliothek.

〈그림 5-1〉

상기 두 그림은 각각 지구 중심 세계상과 태양 중심의 세계상을 도해한 것이다. 상단의 좌측의 그림은 1550년 아피아누스(*H. Apianus*)가 『우주지도, *Cosmographia*』에서 프톨레마이오스 지구 중심 세계상을 답습하여 재현한 것이다. 이 그림들의 원형 중심에는 지구와 태양의 위치를 두고 변화를 보이

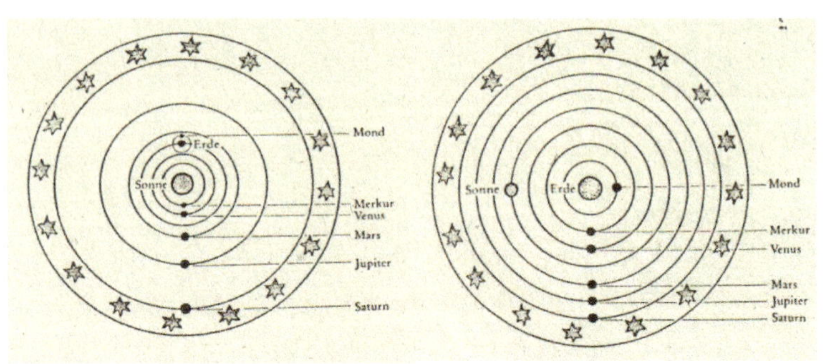

〈그림 5-2〉 상기 두 그림의 차이는 태양과 지구의 위치이동에 있다.

고 있다. 좌측의 전통적 지구 중심 모델에는 가장 외곽에는
신의 거주지(*Habitaculum Dei*), 정화천(*Coelum empyreum*), 그리고
선택된 만인(*Omnium electorum*)이라는 글자가 적혀 있다. 이곳
이 열 번째 환을 넘어선 천국이다. 열 번째 환은 항성천이다.
그 안으로 3칸에는 12개의 기호가 적혀 있고, 그 다음부터는
토성, 목성, 화성, 태양, 금성, 수성, 달, 그리고 태양으로 배
열하고 있다. 지구를 동심원으로 둘러싼 원은 열 번째 환은
상대적으로 움직이지 않는다. 좌측 그림은 지구 중심 세계상
을 도해한 것이다.

반면에 우측 그림은 코페르니쿠스 태양 중심 모델의 가장
외곽은 항성천구(*spera stellar fixae*)로 싸여 있다. 그리고 로마
문자로 I을 토성, II는 목성, III은 화성, IV는 지구와 그 둘레
로 달이 있고, V에는 금성, VI에는 수성 그리고 중앙에는 태
양이 배치되어 있다. 이는 코페르니쿠스의 태양 중심 세계상
을 1621년에 도해한 것이다.

코페르니쿠스 천문배열은 아리스토텔레스 프톨레마이오스

체계에서 태양의 위치를 지구의 위치로 바꾼 것(*switch*)에 불과하다. 태양은 종전의 지구의 위치가 차지하던 곳에서 다시금 부동의 중심에 놓이고, 지구는 태양이 있던 장소로 옮겨가서 태양주변으로 돈다. 단테의 천체배열의 구도와 코페르니쿠스 천체배열의 구도가 다른 것이 있다면, 단테의 달과 코페르니쿠스 태양이 서로 자리를 바꾼 것이다. 단테의 태양의 자리와 코페르니쿠스 천문배열의 지구는 위치교환을 하였지만, 천체에 대하여 근대과학이 중세과학에 대하여 달라진 점은 관점 이동이다. 달은 여전히 지구 주위로 돌고 있으며 지구를 둘러싼 하늘 위의 성운은 없어진 것이 아닌 단지 위치변경만이 일어났을 뿐이었다.

이 때문에 케플러는 프톨레마이오스나 코페르니쿠스가 처한 추론상황을 이렇게 요약하였다. 프톨레마이오스는 '지구는 중점에서 움직이지 않고 있기 때문에' 동일한 논리적 상태를 중재하는 근접전제로부터 별들이 뜨고 지는 결론을 도출할 수 없었다는 것이다. 반면에 코페르니쿠스는 '지구는 중점에서 원거리회전을 하기 때문에' 중재적 전제로부터 별들이 뜨고 지는 결론을 도출할 수 없었다.[111]

단테가 표방한 천체구조는 전형적 아리스토텔레스-프톨레마이오스의 세계로 근대의 브라헤의 천문학 체계에서도 그 기본적 틀을 유지하고 있다. 아리스토텔레스의 우주는 지구, 물, 공기, 불, 에테르라는 5가지 기본원소로 구성되어 있다.

---

111) J. Kepler, *Mysterium Cosmographicum*, 1597, in: ETH–Bibliothek Zurich, 제1장.

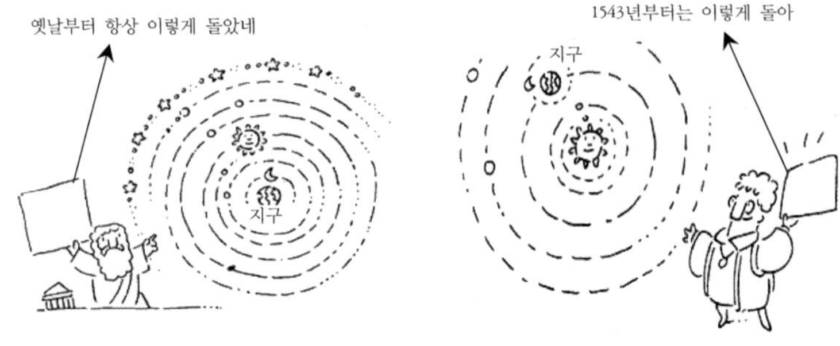

〈삽화 5-1〉

지구는 운동이 없는 자연적 장소로서 우주중심이며 지구에 가장 가까운 3개의 외접하는 구는 각각 물, 공기, 불을 포함한다. 이집트 천문학자 프톨레마이오스도 지구를 우주중심에 갖다 놓았다. 지구에 비해 천상의 별들은 파괴될 수 없는 실체인 에테르라 부르는 것으로 구성되어 있다. 천상의 별들은 영원하고 불변하며, 태양, 행성, 별들을 포함하는 모든 천체는 지구에 대하여 완전한 구로 회전한다. 태양과 행성은 아주 작은 원에서 회전하고, 그 원의 중심은 지구에 대하여 큰 원에서 회전한다. 프톨레마이오스는 행성운동의 천문학적 관찰의 조절을 통하여 지상의 모든 운동을 신적인 우주에 기인시키게 하기 위하여 천체궤도를 완전함과 미(美)의 원소로 구성되게 하였다.

2. 하늘을 쳐다본 과학이론

인간이 땅을 딛고 하늘을 쳐다보며 산다는 것은 언제나 동일한 놀라움을 선사한다. 블루멘베르크(*H. Blumenberg*)는 갈릴레이의 천체(*天體*)를 똑바로 쳐다보는 직관(*直觀*)의 자기인식(*自己認識*)이란 자명하게도 내적인 경험에 의한 것이 아니라, 오히려 상하(*上下*) 진폭으로 인간이 우주에서 처하는 위치를 조율하는 외부 세계의 관찰의 특성을 갖는다고 말한 바 있다. 말하자면 멀쩡하던 지구가 움직이는지 아닌지 여부에 운동의 주체가 누구이냐에 화두의 중심이 쏠린 것이다. 그러므로 코페르니쿠스 이후 하늘을 쳐다보므로 일어난 지구 중심이니 탈 중심이니 하는 논쟁의 핵심에는 "언어게임"이 중심에 있다. 종전에 유지되던 지구 중심의 위치와 태양 중심의 위치관계가 전도되었기 때문에, 이것은 주어와 대상 사이의 관찰세계에 엄청난 변화를 가져오는 놀랄만한 철학의 물음임에 분명하였다.

프톨레마이오스 반대 입장과 코페르니쿠스주의를 옹호하는

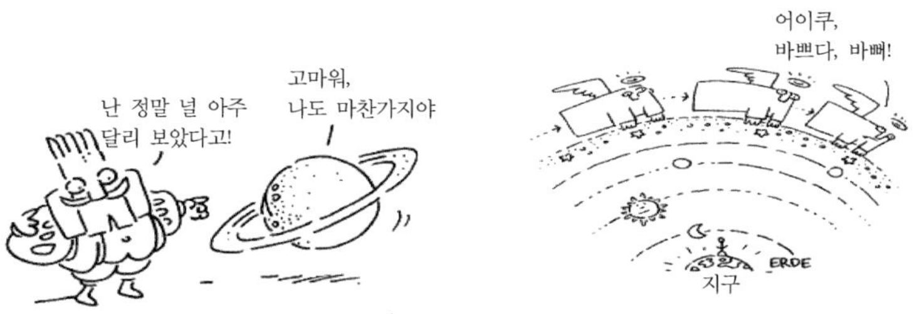

〈삽화 5-2〉

입장의 논쟁은 말 그대로 승리하는 자와 패배하는 자의 싸움이다. 갈릴레이는 중세 이래 관행적인 토론방법은 "교회가 가르치기를", "성경에 써져 있기를", "과학이 입증하였다", "아리스토텔레스", "아퀴나스"라고 갖다 붙일 때, 실험과 증명에 기초한 과학이론을 위하여 싸웠다. 갈릴레이는 1564년 이탈리아 피사에서 의류업종에 종사하는 음악이론가 빈센치오의 아들로 태어났다. 빈센치오는 수학적 지식과 관심에서 현의 긴장과 음정 사이에 대한 연관을 연구하였으며 나중에 갈릴레이의 천문학 이론 형성에도 영향을 미쳤다. 갈릴레이는 아버지의 희망에 따라 피사대학에서 의학과 수학을 공부하였다. 갈릴레이는 1588년에 피렌체 학술원에서 단테의 지옥의 크기와 직경에 관한 관심에서 자신의 선행자인 란디노(C. Landino)와 벨루텔로(A. Vellutello)의 「단테의 지옥의 측정법」에 대한 하나의 해명으로서 「단테의 지옥의 위상수학」이라는 제목의 글을 발표하였다.[112] 이것이 무거운 물체에 대한 고대의 문제를 해결하게 하였고, 물리적 하늘과 구원의 도덕적 질서의 하늘을 구분하지 않게 하는 과학연구의 길잡이가 되었다.

갈릴레이는 25세에 1589년에서 1592년까지 피사대학의 교수로 임명되었다. 정열적 과학의 안목으로 세계 전체의 거대한 물레방아에 귀 기울이는 발걸음을 딛게 된 갈릴레이는 유클리드 기하학과 희랍수학의 정수에 정통한 젊은 날의 귀기(鬼氣)로 전면적 우주의 관찰자로 부각한다. 그러나 갈릴레이

---

112) J. Hemleben. 1969. *Galilei*. Hamburg: Rowohlt. p.23.

는 1592년 당시 브르노가 가기를 원하였던 파두아 대학의 수학교수직을 얻는다. 갈릴레이는 이 대학에서 18년 동안 봉직하면서 진자의 운동, 자유 낙하의 실험, 온도계 등의 영역에서 새로운 과학이론을 제시하였다. 갈릴레이는 파두아에서 마리아 감바(M. Gamba)를 만나 3자녀를 낳았지만 결혼을 하지 않았다. 자유도시인 베네치아 공화국에 속한 이 대학에서 갈릴레이 연구의 결정적 전환을 가져오는 사건은 1608년 네덜란드의 리퍼세이(J. Lippershey)의 망원경의 발명이다. 갈릴레이는 다음해인 1609년 8월 25일 망원경을 제작하였고[113] 상업용 렌즈에서 실물의 4배로 확대할 수 있는 도구를 개발하여 렌즈를 닦는 일에서 기술을 연마까지 하면서 나중에는 33배로 확대할 수 있는 굴절망원경 개발에 성공한다. 갈릴레이는 이 망원경을 베네치아 입법자들과 해상무역을 위한 상인들에게 판매하였다.

갈릴레이가 볼록 대물렌즈를 오목렌즈에 묶어서 삼십 배나 강력한 성능을 갖는 망원경을 만들어 관측한 것은, '네 개의 알 수 없는 혹성들이 목성 주위를 돌고 있다.'는 목성 관측 결과이다. 갈릴레이는 1610년 1월 7일에 "그들의 미소(微小) 때문에 거의 눈에 보이지도 않는 3개의 항성"을 발견하였다는 것이다. 이는 1610년 3월 『별들의 전령, Sidereus Nuncius』에 자세하게 발표된다. 밤하늘의 관측에 따르면, 이들 별들은

---

113) 망원경(telescope)은 쎄시(F. Cesi) 왕자가 갈릴레이를 광학아카데미 멤버로 천거하기 위하여 마련한 연회석상에서 단어 의미가 각인된다. 텔레(Tele)는 '멀리'라는 뜻이고, 스코페인(skopein)은 '살펴본다'는 뜻이다. 반면에 현미경은 마이크로(micro)는 '작다'는 뜻인데, 여기서 현미경(microscope)의 의미가 나온다.

목성에 상대적 위치를 가지면서 마치 자신들이 행성으로 설명될 수 없는 방식으로 변화하였다. 1월 10일에 그들 중 한 개가 사라졌는데, 그것은 목성 뒤에 숨었던 것으로 보았다. 갈릴레이는 수일 이내에 이들은 목성 주위를 공전하고 있다고 결론을 내렸다. 그가 관찰한 것 중 1개는 1월 13일에 발견되었는데, 이 위성은 오늘날 이오(*Io*), 유럽(*Europe*), 캐니메데(*Canymede*), 그리고 칼리스토(*Callisto*)라고 부른다.[114]

갈릴레이는 1610년 8월에 자신의 목성관찰의 제일 불가독성으로서 37개의 수수께끼 같은 문자의 배열을 케플러에게 보냈다.

Smaismrmilmepoetaleumibunenugttauiras

케플러는 이 문구를 해석할 수 없었다. 이해 11월에 갈릴레이는 케플러와 루돌프 II 황제에게 다음과 같이 그 비밀을 풀었다.

Altissimum planetam tergeminum observavi
나는 가장 위에 있는 혹성을 삼 겹으로 보았다.

"이 늙은이는, 목성의 시종 같이, 그에게 가는 것을 도와주

---

114) 갈릴레이는 처음 이 4 별들을 미래 후견인으로 메디치가문의 코지모(*Cosimo II*) 2세이자 토스카나 대공과 코지모 2세의 3형제들을 위하여 명명하였는데, 훗날 천문학자는 이들을 다시 갈릴레이 위성이라 부르고 있다. 그의 관측결과는 클라비우스(*C. Clavius*)의 인정을 받아서 1611년 갈릴레이의 로마방문에는 영웅적 환대를 받았다고 전한다.

고 그리고 그의 모습으로부터 피하지 않는 두 명의 노예들을
데리고 나타난다.”

갈릴레이는 37개의 문자에 대하여, “이들 문자는 천문학에
서 생긴 최대논쟁거리로써 새로운 관측을 나타낸다”고 하였
다. 특별히 피타고라스와 코페르니쿠스는 세계상에 강력한
증명근거를 포함하였다는 것이다.

갈릴레이는 1610년에 토스카나 대공이자 자신의 이전의
제자인 미디치가의 코지모 2세가 자신을 궁정수학자로 임명
하자, 피사대학에서 강의의무를 면제받으며 전적으로 연구에
전념하게 된다. 파두아를 떠나 피렌체로 거주지를 옮기면서
두 딸들은 수도원에 보낸다. 그 중 장녀는 수녀로 갈릴레이
의 만년을 돌보았다. 네 살의 아들은 처음에는 결혼한 감마
에게 머물다가 곧바로 피렌체의 아버지 곁에서 살게 된다.

1610년 9월 12일 피렌체에서 한 갈릴레이는 태양에 가장
가까운 행성인 금성에 대하여 새로운 관측을 시작한다. 갈릴
레이는 12월 11일 케플러에게 그의 연구 결과를 통보한다.

Haec immatura a me jam frustra leguntur, o. y.
이 세련되지 못한 내용은 나로부터 곧 헛되이 읽혀지게 되
었다.

이 수수께끼에 대하여 케플러는 다음과 같이 해독하였다.

Macula rufa in Jove est [···].

목성에는 한 붉은 점이 있다.

갈릴레이는 다음과 같이 해명한다.

Cynthiae figuras aemulatur mater amorum.
사랑의 어머니는 달의 모양을 닮는다.

갈릴레이는 이와 같은 사랑의 비너스에 대한 시적인 표현
천문학적 해석을 곁들였다. 금성은 달과 같이 변하며, 태양의
위치에 따라 증가하고 감소하는 빛의 경과를 갖는다. 금성은
자신에게 빛이 없으면서 태양 주위를 돌듯이, 달의 경과를
모방한다.[115]

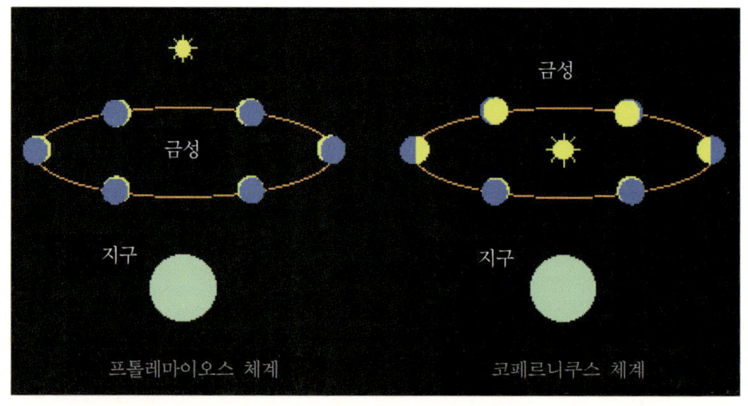

〈그림 5-3〉 금성의 일식현상에 대한 프톨레마이오스와 코페르니쿠스
체계의 차이

---

115) 프레게에서 유명한 언어철학적 분석대상이 되었던 금성은 우리나라 분석철학자들
도 자주 볼 수 있는 별이다. 사람들은 태양이 떠오를 때 이 별을 보면 '아침별'이
라고 부르고, 해가 지고 난 이후에 보면 이를 '저녁별'이라고 부르는 별이다. 이
별이 달과 같은 위상국면을 갖는 까닭은 지구와 태양 사이를 돌기 때문이다.

　　1610년 10월에서 12월에 금성의 빛의 위상에 대한 연구가 어느 정도 끝나서 1611년 3월 말에서 5월 말까지 로마여행을 하였다. 갈릴레이는 교황은 바울 5세(1552~1621) 발에 키스를 한 다음, 무릎 꿇지 않고 서서 말해도 좋다는 허락을 받아 알현하면서 교회로부터 코페르니쿠스 세계상을 인정받으려 하였다. 갈릴레이는 이해 4월에 열심히 별들의 하늘을 관측하였고 목성-달의 운행경과 시간을 성공적으로 측정하였고 아울러 태양의 흑점까지 발견하였다.

　　갈릴레이는 1613년 태양흑점에 관한 연구결과를 발표한다.

> "나는 태양의 물체에서 지각되어지는 몇몇의 어두운 면들의 관측을 언급하고자 한다. 태양 물체에 그들의 위치를 바꾸면서 태양이 스스로 돌고 있다는 것이거나 아마도 다른 별들이 그 주위로 돌고 있다는 것을 신빙성 있게 말해주는 것이다."

　　자기 축을 중심으로 돌고 있는 태양의 자전은 새로운 것이 아니지만 잉골슈타트의 천문학교수이고 예수회 인물인 샤이너(C. Scheiner)와 극심한 논쟁에 빠졌다. 양자의 발견의 우위 논쟁이 점입가경에 들어섰을 때, 케플러의 태양자전에 대한 예견을 입증하려고 하였던 독일 오스나부뤼크 천문학자 파브리키우스(D. Fabricius)와 그의 아들 요하네스에 의하여 논쟁이 종식되었다.

　　1624년 갈릴레이 친구 우르반 8세는 갈릴레이에게 코페르니쿠스 체계의 토론을 허용하였고, 갈릴레이는 1632년 피렌체에서 『두 세계의 대화』를 출간한다. 이 저작은 곧 금서목

록에 포함되었고 더 이상의 유통은 금지되었다. 1632년 7월에 리카르디(*Riccardi*)가 피렌체 종교재판관에게 『두 세계의 대화』의 파급을 막으라는 명령을 받았고, 교황은 9월에 갈릴레이를 소환하기에 이른다. 소환명령에 갈릴레이는 지루한 여행과 페스트 전염의 여파로 이해 겨울을 넘기면서 1633년 1월이 되어서야 공식적인 종교재판의 청문회에 참석할 수 있게 되었다.

3. 갈릴레이 소송과정

근대과학은 세계는 오직 운동만 있고, 이에 대한 목적이나 배후에 대한 질문을 던지지 않는다. 근대과학의 문제가 바로 여기 그들의 목적론을 제거한 데에 있었다. 하늘의 운동에 목적이 있는지 혹은 없는지는 심각한 질문이었다. 근대과학이 목적론과 결별하게 되는 중요한 수순이 로마교황청에서 진행된 갈릴레이 소송과정과 관련 있다. 갈릴레이 소송과정은 태양계의 내행성과 외행성의 관찰결과를 토대로 내린 자연해석 과정에서 형성되었는데, 결정적인 사건이 갈릴레이의 선언으로 막을 내린다. 갈릴레이는 자신의 지각과 생각에만 의존하는 자유로운 인식진행을 힘쓰는 인간이었다. 우르반 8세에 의하여 종교재판에 회부된 갈릴레이는 1633년 당시 갈릴레이의 나이는 70세 고령이었다. 1월 20일경 피렌체에서 출발하여 2월 13일경에 로마에 도착한 그는 로마의 피렌체의 사절단의 집에서 체류하였다. 그는 가택연금 형식으로 이곳에 머물면서 상타 마리아 소프라 미네로바 성당에서 종교재판의 청문회 답변준비를 하였다. 갈릴레이는 4월 30일에 자신의 저작에서 실수를 하였다고 고백하였고, 5월 10일에는 문서로 변호하면서 은총을 베풀 것을 간청한다.

갈릴레이는 고문의 위협까지 받아가며 교황까지 가세한 6월 16일에 시작된 마지막 심문을 거쳐, 1633년 6월 22일 전 대미문의 상타 마리아 소프라 미네르바 도미니칸 수도원 홀의 재판석에 들어선다. 그 자리는 33년 전 부르노가 서서 로마교황청으로 사형을 언도받아 무릎 꿇고 마른 장작더미 위에서 산화한 곳이다. 10명의 추기경들을 재판관으로 하는 이 재판에서 갈릴레이는 무릎을 꿇고 지금까지 주장해온 자신의 지동설을 위증하였다.

1633년 종교재판에 회부된 갈릴레이가 한 서약은 운동과 정지, 우주의 중심문제에 대하여 스스로 주장한 이론을 뒤엎어야 하는 반대맹서이다.

…ut omnino desrerem falsum opinionem, quae tenet Solem esse centrum mundi et immobilem, et terram non esse centrum ac moveri.

갈릴레이는 이 맹서로 불순종의 죄가 있다고 하였고 종신형을 선고받았지만 죽음은 면하게 된다. 갈릴레이는 다음날 6월 23일에 종교재판소 건물을 떠나 로마에 있는 토스카나 대공 트리니카 데 몽티의 저택에 가서, 6월 30일에 로마를

떠나 그의 거주지를 씨엔나로 가도 좋다는 교황 칙령을 받는
다. 6월 6일에서 9일에 이르는 기간은 갈릴레이의 판결문과
그의 맹세의 파기에 대한 진술의 복사물 전단이 이탈리아 전
역에 뿌려졌다고 한다.

무엇이 이 희대의 종교재판으로 이끌고 가게 하였는가? 이
것을 우리는 갈릴레이의 소송과정이라고 부른다. 갈릴레이는
교황청의 종교재판에서 지구는 태양주위로 돈다는 지동설을
주장하고, 자신의 학설을 부인하면서 보편논쟁을 희석(稀釋)
하고 과학과 삶을 희화화(戲畫化)하므로 목숨을 건졌다.[116]

종교재판소 재판관 벨라민 추기경은 부르노 화형 이전에
엥겔스부르그 감옥에 그를 찾아서 생명을 담보로 그의 교조
의 번복을 종용한 적도 있었다. 벨라민이 콜레기움 로마눔
(*Collegium Romanum*)에서 갈릴레이의 주장에 대한 소견서를
요구하였을 때 심사를 주도한 인물은 탁월한 천문학자이고
예수회 인물인 클라비우스(1537～1612)와 그리엔비르거(1561
～1636)였다.

갈릴레이는 1612년에서 1616년 사이에 코페르니쿠스주의
를 옹호하기 위한 투쟁으로 태양의 위치에 대한 논쟁에 휘말
렸다. 독실한 가톨릭 신앙인 갈릴레이의 근본입장은 자연과
학과 성경이 배치되지 않게 표명하는 것이었다. 피사의 대공
의 초대로 한 만찬장에서 발발한 논쟁은 제자 카스텔에 따르
면 여호수아 10장에 대한 해석이다. 이 구절은 태양이 하늘
에서 여호수아의 명령으로 정지한 사건이다.

---

116) J. Hemleben, *Galilei*, Reinbeck bei Hamburg, 1989, p.8.

"여호와께서 아모리 사람을 이스라엘 자손에게 붙이시던 날에 여호수아가 여호와께 고하였다. 이스라엘 목전에서 가로되 태양아 너는 기브온 위에 머무르라 달아 너도 아얄론 골짜기에 그리할지어다 하매 태양이 머물고 달이 그치기를 백성이 그 대적에게 원수 갚도록 하였느니라 야살의 책에 기록되기를 태양이 중천에 머물러서 거의 종일토록 속히 내려가지 아니하였다 하지 아니하였느냐. 여호와께서 사람의 목소리를 들으신 이 같은 날은 전에도 없었고 후에도 없었나니 이는 여호와께서 이스라엘을 위하여 싸우셨음이니라 여호수아가 온 이스라엘로 더불어 길갈 진으로 돌아왔더라."

코페르니쿠스 입장에서 보면 태양이 움직이지 않는 것이 맞다. 프톨레마이오스의 지구 중심에서 보자면 태양이 정지할 수 없다. 벨라민(*R. F. R. Bellarmine*)은 시편 19장의 인용으로 코페르니쿠스주의를 반대하였다.

"해에게는, 하나님께서 장막을 쳐 주시니, 해는 신방에서 나오는 신랑처럼 기뻐하고, 제 길을 달리는 용사처럼 즐거워한다. 하늘 이 끝에서 나와서 하늘 저 끝으로 돌아가니 그 뜨거움을 피할 자 없다."

이 구절은 천동설의 태양모델에는 적합하지만 코페르니쿠스 태양중심설에서는 맞지 않다. 시편 93장 1절, 역대지상 16장 30절, 시편 104장 5절 등은 당시 자연과학과 성경과의 논쟁에 불씨를 지피던 구절들이다.

벨라민은 1615년 코페르니쿠스 체계는 태양이 지구 둘레를 회전하지 않고, 지구가 태양주위를 회전한다는 물리적 증명 없이는 방어될 수 없다고 갈릴레이를 구석으로 몰았다. 갈릴레이는 지구 운동의 물리적 증명을 위하여 조수이론을 고려하였다. 『두 세계의 대화』의 「밀물과 썰물의 대화」편에 조수는 지구의 표면에 바다물이 쏠리고 밀리는 현상은 지구 축의 자전과 태양 주위의 공전 때문에 생긴다고 설명한다. 이 이론이 맞으면 하루에 한 번만 조수가 있어야 하지만, 베니스에서는 12시간 간격으로 조수는 두 번이나 일어나서 당대인들이 믿지 않았다. 갈릴레이는 진짜로 올바른 설명을 하는 것으로 케플러가 달이 조수를 야기한다는 주장을 '쓸데없는 허구'라고 비난하였다.

갈릴레이는 행성궤도는 완전한 구로 생각하고 있었기 때문에, 훨씬 더 정확한 이론을 제시한 케플러의 행성궤도의 타원형 설명을 거부하였다. 성서는 분명하게 지구는 움직이지 않는다고 기술되어 있다고 지적하고 과학적 사실과 성서의 화해는 신학자의 문제이나, 그들은 과학자의 연구를 방해하지 말아야 한다고 한다. 갈릴레이는 종교와 자연탐구의 경계 짓기와 신앙과 지식의 결합과 분리를 주장한다. 그러나 궁극적으로 갈릴레이는 성서와 코페르니쿠스가 양립할 수 있다고 논의하였는데, 이 입장은 갈릴레이로 하여금 논리적 오류추론으로 빠져들게 하였다.

당시 교회의 힘을 빌어서 갈릴레이에 반대하기 시작한 페리파테틱학파 사람들은 건·냉·습·온 네 가지 성질들의 개념규정과 고체와 액체의 관계규정의 문제에 직면하여서도 갈릴레이와 대립하고 있었다. 그들은 얼음은 물보다 무겁다고 간주하였다. 차가움은 견고함에서, 견고한 것은 액체보다 무겁기 때문이다. 갈릴레이는 얼음은 떠있는 물 위에서 녹을 때, 녹는 공간에서 작아진 부분을 연장된 혹은 묽어진 물로 보아야 한다고 하면서 이들 주장을 반박한다.

케플러도 1611년 렌즈와 렌즈체계의 작용방식에 대하여 논의하고 해체성능과 감김으로 선명도 조절에 관한 구성방식과 개선방안을 제시한다. 갈릴레이와 케플러의 토론에 가담한 콜롬보

〈삽화 5-3〉

(*L. delle Colombe*)는 갈릴레이가 지각을 하나의 광학적 기만에 전거를 두고 있어야 할 것이라며 반박했다. 즉, 토성은 항성천에 가장 가까운 행성으로 천체에 합당한 완전한 형식인 구형을 가질 것이라는 것이다. 콜롬보는 결코 망원경으로 들여다보지 않은 자이지만, 고리를 갖는 토성의 형태는 구형형태를 가진다는 의미에서 자기 권리를 주장하였다. 갈릴레이는 다음과 같이 반박하였다.

> "무엇보다 그가 말한 것을 나는 이해할 수 없다. 그러나 나는, 만약 어느 누군가 그 자신이 결코 보지 못했던 사물들에서, 그들을 수천 번이나 보았던 자를 반박하려 한다면, 거기에 몇몇의 삼면이 속한 줄 안다."

1618년 30년 전쟁이 발발하자 3개의 혜성이 나타났다가 짧은 시간에 사라졌지만, 마지막 하나는 오랜 시간 밤하늘에서 볼 수 있었던 적이 있었다. 이 자연 현상은 중세 유럽인에게 경계 없는 두려움과 놀라움으로 다가왔다. 오랜 시간 밤하늘에서 볼 수 있는 자연은 이해 불가능한 가독 대상이 되자, 천동설과 지동설의 논쟁이 더욱 불붙게 되었다. 하지만 여러모로 갈릴레이에게 불리하게 돌아가고 있었다. 예수회 콜레기움 로마눔의 그라씨(O. Grassi)는 1619년 "1618년 3 혜성에 대한 천문학 논쟁"이라는 논문을 익명으로 출간하면서, 혜성은 지구로부터 고정된 거리에서 큰 원을 그리는 단면을 따라 움직였던 불꽃같은 물체라고 결론을 지었다. 혜성은 달보다 천천히 천체를 움직였기 때문에 달보다 빨랐어야 하였다는 것이다. 그라씨 논증은 갈릴레이가 쓰고 제자가 발표한 "혜성에 대한 논문"에서 비판을 받았다. 이 논쟁은 나중에 콜레기움 로마눔의 그라씨와 연대를 갖는 예수회 학자들의 미움을 샀고 갈릴레이 과정에 불리한 결과를 낳았다. 갈릴레이는 1615년 11월에서 1616년 6월까지의 로마여행에서 벨라민 추기경을 우군으로 끌어들이지 못한다. 갈릴레이 소송과정의 결과는 명약관화하였다.

2월 19일 교황의 명령으로 소집된 11명의 신학자들은 다음의 명제들의 타당 여부를 검증한다.

"태양이 세계의 중심이다. 지구는 움직이지 않는다. 지구는 세계의 중심이 아니고 움직이지 않는 것이 아니다."

〈그림 5-4〉 크리티아노 반티(*Cristiano Banti*)의 1857년
작품으로 토론 중인 갈릴레이

　1616년 2월 23일 24일 11명의 신학자들의 결론판정은 '갈릴레이의 주장은 말도 안 된다'는 것이었다. 드디어 1616년 교회는 갈릴레이에게 코페르니쿠스 주장을 유지하거나 옹호하지 말 것을 명령한다.

　이후 베라민 추기경은 교황 바울 5세의 위임을 받아 1623년 2월 25일 갈릴레이의 로마여행에 '코페르니쿠스 오류로부터 거리를 두고 처신할 것'을 절실하게 경고하였다. 명예와 존경이 함께 하는 과학의 학설인정과정에 위험이 뒤따랐다.

　태양흑점의 발견과 태양중심설 그리고 교황청 신학자들의 정반대 입장, 신의 전능에 관한 논쟁의 부분에서 그의 능력과 숙련으로 무엇을 할 수 있는가? 이 질문은 오늘날 진화론과 빅뱅의 과학이론에서도 여전히 진지하게 되풀이 되는 종교와 과학사이의 논쟁이다.

4. 그래도 도나?

갈릴레이는 1633년 10명의 추기경들로 이루어진 종교재판관들로부터 종신형 선고를 받았지만, 1643/45년의 스페인 유화에서 "그래도 돈다(*Eppur si muove*)"라고 중얼거렸다는 이야기로 유명하다.[117] 이 꾸며낸 이야기가 갈릴레이가 마치 과학적 진리를 위한 비장한 최후의 진술로 비추어져 마치 과학의 진리가 궁극적으로 종교의 진리에 배후를 치는 순교적 진리의 희생양인 것처럼 비치게 만든다. 하지만 이러한 진술의 명제 논리적 진리 값은 오늘날 논리와 사고의 관점에서 보자면 거의 제로 수준에 가깝다. 물론 "지구는 돈다."는 여전히 논리적 명제에 해당되는 진술이다.

현대논리학에서 진리관념을 정식화한 타르스키에 따른다면, "지구는 돈다."와 "비가 온다."는 진술은 구조적인 차이가 없다. "비가 온다."는 진술은, 만약 이 진술의 발화가 현실의 외적인 상황의 상태와 부합할 때, 참이 될 수 있다는 것이다. 유일한 차이는 전자는 항상 참이지만 후자는 우연적으로 참이 되는 것뿐이다. 비가 오는지 안 오는지는 대상 언

---

117) 참조: http://de.wikipedia.org/wiki/Galileo_Galilei. J. Hemleben, *Galilei*, Hamburg, 1989, p.132.

어적으로 파악되는 반면에, 사태에 일치되는지 어쩐지는 메타 언어적 진술을 통하여 확보될 때 형식화된 진리관념에 도달할 수 있다. 즉 "비가 온다."는 진술은, "만약 오직 만약 'p'가 참이면, p는 참이다."로 정식화될 수 있다. 명제논리학의 언어이론의 발전에 비추어보면, "지구가 돈다."는 진술은 "비가 온다."는 진술에 비하여 구조적으로 진일보할 것으로 간주될 것은 하나도 없다. x가 돈다고 하였을 때, 그것이 도는지 아닌지는 그것을 돌게 할 것인지 아닌지를 알게 하는 진리와 검증조건에 의존한다. 이것은 x대신 '팽이가 돈다.'고 하였을 때, 'x를 돌리면, x는 돈다.'는 조건진술의 참된 문장 만들기와 등가가 된다. '(   )이 돌면, (   )는 돈다'는, '(   )을 떨어뜨리면, (   )는 떨어진다.'와 구조적으로 같다. 이것은 갈릴레이의 자유 낙하 실험 이전과 실험 이후의 지식이동 패러다임의 차이에 기인한다.

자유로이 떨어지는 혹은 던진 돌의 현상은 그러한 대상의 사유에 의한 반성작용에서는 항상 같다. 갈릴레이 이전의 아리스토텔레스 물리학은 떨어지는 돌은 자연에 합당한 그 자체로서의 낙하운동을 한다고 기술한다. 이에 반해 던진 돌은 자연에 외부로부터 강압적으로 강요된 힘으로 인하여 거스르는 운동을 한다. 그러한 외적인 힘은 내적으로 촉진하는 힘에 반해 양적으로 움직여진 대상작용의 크기에서 파악될 수 없다. 그래서 자연에 거스르는 외적인 강요에 양적으로 타당한 힘은 물체의 무게와 속도와 비례관계에 놓여 있다.

〈삽화 5-4〉

　　여기서 아리스토텔레스의 물리학은, 실험적 선행목표를 갖고 측정하고 자연적 과정으로부터 분리된 실험으로 얻는 근대과학의 모델과는 달리, 전적으로 체험과학에 속한다. 아리스토텔레스의 물리학에서 관찰 작용은 연역과정에서 정의로부터 귀결되는 것을 나타내는 것을 의미한다. 아리스토텔레스의 법칙이 자연에 합당한 자유 낙하나 자유로운 등귀의 운동으로 양도되었을 때, 갈릴레이는 이를 반박하기 시작하면서 얻어낸 결론이 "그래도 (　)는 돈다."였고, 그 빈자리에 지구가 들어있다는 이야기를 꾸며낸다면, 이것은 갈릴레이 물리학의 명예를 지켜주는 것은 아니다.

　　아리스토텔레스의 운동은 힘의 작용으로 나오는 것이 아니라, 자연에 합당한 잠재적 성향이 진짜 현실작용으로 가져오는 것이다. 그러므로 사물의 변화는 그 사물이 지니는 현실화를 의미한다. 이 점에서 자유 낙하하는 돌은, 본질상 그 자체로 운동의 근원을 정지 상태에서 갖고, 운동으로 현실화될 때 목표로 향하는 운동이 된다. 지상의 4원소는 자연적 운동 성향에 합당하게 목적론적으로 파악되어있다. 이들은 제한된 코스모스에서 일정한 자연적 장소에 배정되어 있으므로, 무

거운 원소의 목표지점은 세계 중심이 된다. 곧 자유낙하하는
물체의 지구 중심이 거기에 놓여 있어야 한다. 돌은 떨어질
것인가 혹은 떨어져야 하는가?

아리스토텔레스 물리학은 '돌이 떨어질 것이다.'에서 낙하
원인을 그 돌에서 찾아야 하고, 그들의 자연은 낙하 운동의
현실적 원천이다.[118] 이를 계승한 중세적 힘의 운동인 임페
투스 이론은 하나의 '전이될 수 있는 힘'이 물체의 운동자에
게 비물체적 운동 원인을 주어서 맡기든가, 그것을 움직이는
물체로 옮겨놓든가를 문제 삼았다.

갈릴레이는 자연적 운동과 강압적 운동의 구분을 통하여,
자유 낙하하는 물체의 낙하가속을 하나의 외적인 힘의 작용
으로 인식될 수 있는 것이 아니라, 지구질량을 향한 최종성
향에서 파악하였다. 이 점에서 그는 유전자형(*Genotype*)을 따
르지 않고 현행(*Phenotype*)을 따랐다.[119] 그럼에도 불구하고,
갈릴레이는 움직였던 지구의 현상과 움직이지 않고 가만있었
던 지구의 현상과의 일치를 사이(間)에서 잘못된 논거를 갖
고 지구자전 사실과 코페르니쿠스 이론과의 일치를 주장하였
다. 갈릴레이가 지구자전에 대한 직접증거를 제지하지 못하
는 한에서, 그와 그가 지지하는 코페르니쿠스체계의 방어는

---

118) J. Leisen, *Will der Stein fallen, oder muss der Stein fallen? Das Sehweisen
 ueber den fallenden Koerper in der Geschichte der Naturwissenschaften*,
 in: leisen.studienseminar-koblenz.de/uploads2

119) 현행은 유전학에서 실제 관찰된 유기체의 형태, 발전, 행위 등의 속성을 지칭하고,
 유전자형은 표현되지 않았을지라도 충분한 유기체의 유전정보를 갖춘 유형이다.
 유기체의 물리적 속성은 직접적으로 생존과 재생산을 결정하고, 물리적 속성의 유
 전은 내재하는 종의 이차적 귀결로서만 나타나게 된다. 참고:
 http://en.wikipedia.org/wiki/Genotype-phenotype_distinction

유지될 수 없는 논증으로 남았고, 해결되기까지 케플러를 기다려야 하였다.

5. 우주의 신비

케플러는 1571년 11월 27일 슈투트가르트 서쪽으로 30킬로미터 떨어진 독일의 남부 슈트트가르트 근처의 바일 데어 슈타트(*Weil der Stadt*)에서 그의 계산에 따라 "224일 9시간 53분"인 7개월 만에 세상에 태어났다. 1630년 레겐스부르크에서 죽은 그의 묘비명은 "나는 하늘을 측정했고, 지금 지구의 그림자를 잴 것이다. 나의 영혼은 하늘로부터 왔을지라도, 내 몸의 그림자는 여기에 놓여 있다."라는 글을 남겼다.

요하네스 케플러는 『우주의 비밀, *Mysterium Cosmographicum*』[120]의 출간으로 결혼과 가정을 이끈 그라츠 시절(1594~1600), 당대 최고의 천문학자 브라헤와 만남으로 그의 행성타원궤도의 제1, 2법칙을 정식화한 1609년 『새로운 천문학, *Astronomia*

---

120) 케플러의 1596년 『우주의 비밀』은 1543년 이래의 코페르니쿠스 태양 중심설에 지지를 학문적으로 선언한 명저이다. 그 후 케플러는 이 저작에서 출발하여 행성의 타원궤도에 관한 1법칙과 2법칙과 행성궤도의 공전주기의 면적은 그의 태양궤도로부터의 장반경의 세제곱에 비례한다는 3법칙에 이르기까지 17세기 과학의 기초개념의 초석을 확립하였다. 이 저작의 원제는 『다섯 기하학적 다면체에 의하여 증명된 천체의 수, 크기, 주기운동의 참되고 본래적인 원인들과 천구의 놀랄 만한 비율에 대한 우주의 비밀을 포함하는 우주론의 긴급전령, *Prodromus Dissertationum Cosmographicum continens Mysterium Cosmographicum de admirabili Proportione Orbium Coelestium deque Casis Coelorum numeri, maginitudinis, motuumque periodicorum genuinis et propriis, demonstratum per quinque regularia corpora Geometrica*』으로서 케플러는 1621년에 재판에서 여러 군데의 주석 작업을 통하여 책 내용을 완성하였다.

Nova』을 집필한 프라하 시절(1600~1612)과 두 번째 결혼과 더불어 1619년 그의 제3법칙을 정식화한『우주의 조화; *Harmonice Mundi*』와 『코페르니쿠스 천문학 개요, *Epitome astronomia Copernicanae*』를 집필한 린쯔시절(1612~1630)로 그의 생애를 특징지을 수 있다. 케플러는 천문학자, 수학자, 점성술사로서 17세기 과학혁명의 핵심인물이었다. 그의 할아버지는 고향 도시의 시장을 지냈고, 아버지는 케플러가 5살 때 가정을 떠나 용병으로 살았다. 어머니의 보살핌으로 자란 케플러는 6살 나이로 1577년의 대혜성을 관찰하는데, "이를 바라보게 높은 자리로 어머니가 데려다주었던" 사건은 그를 천문학자로 성장하는 데 기억할 만한 사건이 되었다. 9살에는 1580년의 달의 월식인 천문학 이벤트를 관찰하였다.

케플러는 레온베르크의 라틴어학교에서 글 읽기와 글쓰기를 배운 다음 개신교 신학을 전공하기 위하여 튜빙엔 대학에 입학하였다. 대학에서는 철학, 신학, 수학, 천문학 등을 공부하였고 메스틸린의 지도로 프톨레마이오스와 코페르니쿠스 행성체계를 공부하였다. 그 시기에 그는 코페르니쿠스 학설을 따르고 있었는데, 한 학생과 논쟁에서 신학적 전망에서 태양 중심주의를 이론적으로 방어하였다고 한다. 그에게 태양은 우주의 움직이는 힘의 원칙적 원천이었다. 코페르니쿠스체계의 신학적 함축은 물리적인 것과 영적인 것의 연결에 있다. 우주 자체는 신의 이미지이고, 태양은 아버지에 상응하고 성운층은 아들에 해당되고, 사이에 끼어든 공간은 성령에 상응한다. 이러한 신학적 접근은 목회자가 되려고 하였던 케

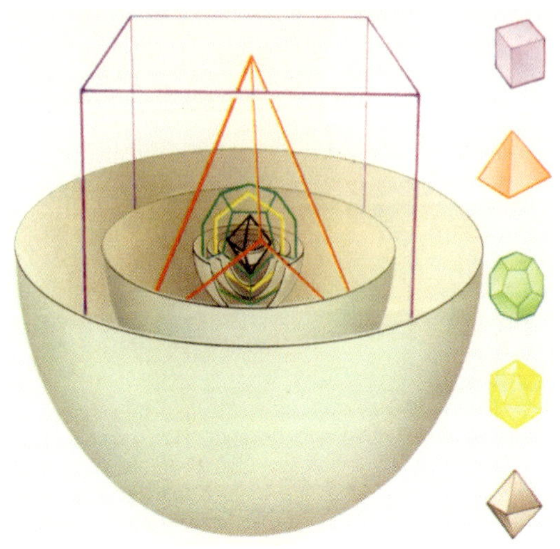

〈그림 5-5〉 케플러 천구

플러의 성향을 드러낸다.

케플러는 1594년 4월에 23세 나이로 그라츠 학교의 수학과 천문학 교수직을 수락한다. 케플러는 1595년 7월 19일 그라츠강의실에서 가르치다가 우연하게 큰 원 안에 사각형이 들어 있고, 사각형 안에 다시 원이 있고, 원 안에 삼각형이 있고, 다시 삼각형 안에 작은 원이 들어 있는 도형을 작도하였다. 이것은 우주의 행성체계에 대한 기하학적 모형인데, 케플러는 이러한 생각을 적어 스승 메스틸린교수에게 편지로 보냈다.

케플러는 여기에 우주의 기하학적 기초가 있다고 추론하였다. 케플러는 5개의 플라톤 다면체가 구의 궤도에 의하여 내접하고(*inscribe*) 외접하고(*circumscribe*) 있음을 깨달았다. 하나의 구 안에 이들 체가 포개지고, 각각 상자 안에 들어가면 서로 안에서 6개의 면체를 만들 수 있다. 이들이 6개로 행성으로 알려진, 수성(*Mercury*), 금성(*Venus*), 지구(*Earth*), 목성(*Mars*), 화성(*Jupiter*), 토성(*Saturn*)이다. 이를 배열하면 8면체(*octahedron*), 20면체(*icosahedron*), 12면체(*dodecahedron*), 정4면체(*tetrahedron*), 정6면체(*cube*)가 나온다.

천문학적으로 정확한 관측의 한계 내에서 태양을 중심으로 행성들이 돈다고 가정할 때에, 이들 구체들은 각 행성이 움직이는 궤도의 상대적 크기에 상응하는 간격에 위치한다. 케플러는 각 행성의 궤도주기와 크기를 정하는 수학적 공식을 발견하였다.

케플러는 플라톤 물체모델을 도입하여 코페르니쿠스 태양 중심 천문학체계를 첫 번째로 공공의 차원에서 방어한『우주의 비밀』을 1596년에 출간한다. 케플러의 이 저작은 매스틸린의 지지로 튀빙겐 대학 상임위원회로부터 출간을 허락받는다. 대학상임위원회는 성서 주석을 제거하고 케플러 자신의 새로운 아이디어로 코페르니쿠스 체계를 보다 이해하기 쉽게 기술할 것을 요구한다. 케플러는『우주의 비밀』사본을 탁월한 천문학자들에게 보내기 시작하였다.『우주의 비밀』은 천문학자로서의 그의 명성을 확고하게 하면서 동시에 좋은 결혼조건을 갖추게 만들었다. 케플러는 23세 미망인 바바라 뮐러를 소개받아 결혼하려고 하였다. 뮐러는 성공적인 방앗간 집 딸이면서 남편의 재산상속인이기도 하였다. 그녀의 아버지는 케플러의 신분이 귀족 등급에 있었음에도 불구하고 결혼을 반대하다가, 케플러의『우주의 비밀』출간 이후에 관대

해졌다. 케플러는 1597년 4월 27일에 뮐러와 결혼하였다.

케플러는 『우주의 비밀』을 보낸 천문학자들로부터 소견을 듣고 싶었다. 코페르니쿠스로부터 취한 데이터가 부정확하였기 때문이었다. 이 때문에 케플러는 풍부하고 정확한 자료를 소지한 프라하의 브라헤의 초대를 받는다. 1600년 1월 1일 케플러는 종교적인 이유에서 그라츠에서의 삶이 위협받고 있음을 느끼면서, 1600년 2월 4일에 브라헤와 프라하에서 만났다. 그리고 브라헤의 조수 프란츠 텡나겔(F. Tengnagel)과 롱고몬타누스(C. S. Longomontanus)도 만난다. 케플러는 프라하에서 50킬로미터 정도 떨어진 마을에서 2달 동안 머물면서 브라헤의 화성 관측 자료를 분석하였다. 케플러는 『우주의 비밀』 이론의 검증계획을 위하여 화성 데이터에 기초하여 작업하면 약 2년간을 필요로 한다는 점을 인식하였다. 그래서 요하네스 제세니우스(J. Jessenius)의 도움으로 브라헤와 더 많은 시간을 같이 보내며 일하려고 하였지만, 4월 6일에 프라하를 떠났다.

케플러는 가톨릭 개종을 거부한 이후에 1600년 8월 2일 그라츠를 떠난다. 여러 달 후인 1601년에 프라하에 가서 브라헤의 지지를 받아 행성관찰을 분석한다. 브라헤는 그에게 협동연구자로서 위원회에 11월부터 새로운 프로젝트에 일하게 할 것을 황제에게 제안한다. 하지만 1601년 10월 24일 브라헤는 뜻밖의 죽음을 당한다. 극적인 사건으로 케플러는 브라헤의 미출간 저작을 완성하라는 책임을 떠맡으며 브라헤의 궁정수학자 직위를 승계받았다. 다음 11년은 그의 인생의 가장 생산적인 시기가 되었다. 당대 최고의 천문학자 브라헤와 만남은 케플러로 하여금 1609년 『새로운 천문학』에서 행성타원궤도의 제1, 2법칙을 정식화하게 이끌었다.

케플러는 수학, 음악, 물리세계 사이의 수적 관계의 조화에 관심을 기울인다. 지구가 영혼을 소지한다고 상정하므로, 나중에 어떻게 태양이 행성운동을 야기하는지를 설명하기를 일깨웠다. 케플러는 프라하에 머물면서 점성술에 가까운 루돌프 2세 황제의 자문에 응하여 특별한 신적 이벤트로 미래를 예측하는 루돌프판을 제작하는 일에 착수하였다. 케플러는 별들보다 상식에 가까운 조언을 하였고 황제는 이에 관심을 가졌다. 프라하의 공식적 종교는 가톨릭이지만 케플러는 루터파 신앙을 유지하였다. 케플러는 궁정에서 다른 학자들과 교제한다. 케플러는 1602년에 이미 행성은 동일한 시간 내에 같은 거리를 동일하게 돌아다닌다고 진술하였다. 이것이 행성운동의 2법칙이다. 1603년 광학이론에 관심을 집중하여 1604년 『천문학의 광학적 측면, *Astronomiae Pars Optica*』을 1604년에 출간한다. 케플러는 평면, 굴곡거울로 반사된 빛의 강도 연구에서 빛의 강도를 지배하는 역제곱법칙을 기술한다. 여기서 정식화한 핀홀 카메라 원칙은 천체운동의 크기와 세차운동과 같은 광학의 천문학적 함축을 말한다.

케플러는 윌리엄 길버트의 1600년 『자기에 대하여, *De Magnete*』에 자극을 받아 마그네틱 이론에서 태양은 지구의 마그네틱 영혼이라는 유비추론을 한다. 종교적 관점에서, 태양은 우주의 태양체계에 움직이는 힘의 원천이다. 케플러는 태양에 의하여 회전하는 힘은 거리에 따라 약해지고, 떨어지느냐 가까워지느냐에 따라 행성운동을 빠르게 하거나 늦게 하거나 하는 점에 주목한다. 이 상정이 천문학적 질서를 회복할 수 있는 수학적 관계를 낳고 있었다. 그 때문에 케플러는 지구와 화성의 근일점과 원일점의 측정에서 행성의 운동 비율은 태양으로부터 떨어진 거리에 역비례한다는 공식을 도출한다.

1610년 첫 달에 갈릴레이는 망원경으로 발견한 목성주변의 4개의 위성을 발견하고 케플러에게 자문을 구하던 시기에, 1611년 케플러는 달 여행내용을 담은 『꿈, *Somnium*』이라는 저작을 집필한다. 이 이야기에 실제 텍스트보다 긴 223개의 주석을 단다. 이 사이 1611년 갈릴레이가 떠난 파도바 대학 수학교수 자리에 케플러를 부르는 소명이 왔다. 케플러는 이를 불응하고 오스트리아 린츠에 자리를 얻으려고 여행한다. 이 사이에 아내 뮐러는 병들었고, 케플러가 돌아오자마자 죽는다. 케플러는 린츠에서 1612년에서 1630년까지 교육도 담당하면서 자유로운 사상에 몰두하면서 두 번째 결혼과 제3법칙을 정식화한 『우주의 조화』와 『코페르니쿠스 천문학 개요』를 집필한다.

1613년 10월 30일에 케플러는 42세에 첫 번째 결혼보다 행복하였다는 24세 수잔나 로이팅거(*S. Reuttinger*)를 만나 결혼한다. 그러던 중 1617년 어머니가 마녀로 기소당하여 1620년 7월초 14개월간 감옥에서 지낸다. 케플러가 법정공방에서 변호한 덕에 그녀는 1621년 10월에 풀려난다. 케플러는 『우주의 조화』에서 창조자는 기하학적으로 전 세계 모델을 꾸몄다고 확신하고 있었다. 자연세계의 비율은 조화에서 나오는데, 음악 역시 천문학적 점성술적 전망에서 나온다. 조화의 중심으로서 우주의 음악(*musica universalis*)은 피타고라스, 프톨레마이오스의 천구음악에 따른 것이다. 케플러는 우주의 조화의 분석을 음악, 기상학, 점성술로 확장한다. 우주의 조화는 천체의 영혼에 의하여 만들어진 음정에서 나오고, 이 음정은 인간영혼 사이의 상호작용에 의거한다. 태양으로부터 행성운동에서 행성괘도의 속도와 거리 관계를 연구한 끝에, 두 행성 사이에 태양 중심의 공전주기의 면적의 비율은 그들의 장축의 반지름의 입체비율과 같다는 3법칙을 도출한다.

1623년에 케플러는 루돌프 테이블을 완성하나 1627년까지 출간하지 않는다. 1625년 가톨릭 반개혁운동으로 1626년에 린쯔가 포위되자 케플러는 울름으로 가는데 여기서 자비로 루돌프 테이블의 출간을 준비한다. 1627년 케플러는 발렌슈타인 장군의 고문으로 위임받아 출판관련 일을 시켜서 할 수 있었다. 하지만 1603년에 발렌슈타인의 명령권을 상실하자 린츠에서 울름으로 그리고 레겐스부르크로 여행을 떠난다. 케플러는 레겐스부르크에 도착하자 병이 들어 1630년 11월 15일 죽고, 거기서 묻힌다.

케플러 법칙은 즉각 수용되지 않았다. 갈릴레이도 데카르트도 완전히 케플러의 『신천문학』을 무시하였으며 많은 천문학자는 물리학을 천문학에 도입하는 것을 문제시하였다. 그러나 케플러 사후 1630년과 1650년 사이에 행성운동의 타원궤도 천문학이 받아들인다. 알폰소 보렐리(*A. Borelli*)와 후크(*R. Hooke*)는 케플러가 요청한 거의 영적인 동인을 갖는 종으로서 인력의 힘에 데카르트의 나태한 힘을 조직적으로 정리하면서, 이것이 뉴턴의 수학의 원칙에 직접적 연결을 가져온다.

<그림 5-6> 케플러 10유로 은화

뉴턴은 중력의 힘에 기초한 이론에서 케플러의 행성 운동의 원칙을 도출함으로써 만유인력법칙을 보편법칙으로 정립하였다. 이것이 17세기 과학혁명의 완성을 가져온다. 케플러의 10유로 은화가 2002년 9월 10일에 주조되었는데, 이 동전의 앞면에 『우주의 신비』의 모델이 담겨 있다.

6. 요약

근대인은 누군가 집을 지으면, 자연이 집을 식물처럼 자라게 하는 것처럼, 자연현상의 관찰에 힘겨운 이론 설치를 찾았다. '예술은 자연의 모방이다'라는 아리스토텔레스의 말처럼, 근대인은 진정으로 자연이 무엇을 하는지 오직 그것만 하려 하였다. 근대 이래로 오늘에 이르기까지 자연과학만이 유일한 학문으로 남지 않고 근대철학이 탄생한 소이(*所以*)가 여기에 있다.

데카르트에 따르면, 우리가 태양을 보면 하나의 작은 원판처럼 지구로부터 약 200피트 떨어진 것으로 보인다. 우리는 마치 그것이 실재인 것처럼 여기고 있다. 우리 몸의 양태의 한 관념의 적절한 레벨에서 이 태양을 해석한다면, 그 차체로 고찰된 관념은 거짓이 아니다. 그러나 관념은 점진적으로 보다 더 적절하고도 정확한 우리 몸의 양태의 원인을 드러내게 할 수 있다. 나는 내 몸이 다른 몸들과 있고, 이 몸이 다른 몸들로부터 다양하게 견딜만하거나 견딜 수 없이 영향을 받을 수 있다는 것을 지각한다. 즉, 나는 쾌락과 고통으로 내가 견딜 수 있는 것과 견딜 수 없는 것을 측정한다. 나는 고통과 쾌·불쾌를 떠나서라도 내 안에서 배고픔, 목마름, 다른 욕망과 경건과 비탄, 성냄과 다른 열정에 대한 일정한 신체적 경향성을 받아들인다. 감각-지각은 우리의 몸에 대해서나 혹은 외적인 물체들에 대한 완전하고도 정합성 있는 지식을 제공받지 못하며, 혼동된 경험의 관념은 우리의 몸과 다른 사물 사이의 상호교섭을 대표하지 못한다.

데카르트가 갈릴레이의 소송과정을 지켜보며 1634년 거의 완성단계에 온 『세계론』 출간을 그 대안으로 근대철학의 탄생에 전념한 이유가 여기에 있다. 데카르트는 순수지성을 상상과 봄의 가용(可用)에 가두어둠으로, 이 구분에서 우리의 외부세계에 대한 관념과 지시를 얻었다. 내가 삼각형을 상상하면, 그것은 삼면으로 싸인 형태이므로 이해할 뿐만 아니라, 동시에 삼선을 정신의 눈으로 봄을 의미한다. 그것은 상상과

순수지성의 차이로 말미암은 것이다.[121]

프레게(*G. Frege*)에 의하면 누군가 망원경으로 달을 관찰하면, 관찰대상으로 달은 누군가의 '봄'과는 엄연하게 구분되어야 한다. 이 이유는 누군가의 관념 내지 표상성 때문이다. 관찰자는 망원경의 내부의 대물글라스로 투사된 달을 실재그림처럼 본다. 그렇기 때문에, 관측대상은 눈의 망막의 상으로 중재된 대상이다. 망원경 안의 그림은 동시적으로 장소에 의존하며, 여러 사람들이 들여다 '볼' 수 있다. 이것은 객관적이다.[122] 관찰자에게 달은 표상이나 직관으로 비교되나, 관측의 지시대상으로서 망원경의 그림은 장소에 의존한다. 따라서 '봄'의 시간적 공간의 객관적의존성은 자연과학 이론 설비의 조건이 되었다.

자연과학이 구성하는 세계는 명쾌한 언명과 살아 있는 것의 모순의 자리에서 인간이 소거되는 곳이다. 인식주관과 인식대상은 닫혀 있지 않은 무한한 우주와 열린 세계에서 뚜렷한 차이로 나타난다. 사유하는 자신의 본질, 정신의 본질에서 그의 현존하는 상상을 지성의 능력으로 구분하는 것은 필요하지 않다. 영혼은 이 원인은 다시 다른 원인에 의하여, 그렇게 무한하게 나아가는 원인으로부터 규정에서 이것이나 혹은 저것을 원하게 규정되어 있다.

---

121) 참고: G. W. Leibniz, *Neue Abhandlungen über den menschlichen Verstand*, Übersetzt, eingeleitet u. erläutert v. E. Cassirer, Hamburg, 1971. Zweites Buch, Kapitel XXII, § 11. 222–223:

122) G. Frege, "Sinn und Bedeutung", in: *Kleine Schriften*, hrsg. v. I. Angelelli, Hildesheim, 1967, pp.146–148.

‘인간’의 보통성은 그의 술어 속성의 단순성에서 온다. 단지 특정한 종적인 의지를 구현하는 자아로서 뿐만이 아닌, 그는 자신이 무엇이었던가에 대한 기억으로 칭찬과 벌을 아는 인격적 동일성을 갖는다. 라이프니츠는 데카르트의 ‘나’에 대하여 새로이 태어나 사람이 의식할 수 있는 것의 결과작용과 관련하여, 자신이 절멸되고 그리고 동일한 순간에 인간이 창조되어야 한다면 갑자기 중국의 왕이 못될 이유도 없다고 한다.[123]

라이프니츠는 모든 자연활동은 ‘작용원인’과 ‘작용결과’로 본다. 전자는 능력이 현실로 양도되는 힘이고, 후자는 능력을 수행함으로 주어 안에 단순관념을 낳는 실체의 지위에 해당된다. 인간이 세상에 태어나면 그는 양친에서 나와야 한다는 것이나 혹은 영양섭취를 하여야 한다는 점을 미루어보면, 분명히 그의 능력은 외부로부터 온다. 정신은 그의 의지를 먼 곳에 두고, 지금 정신에게 알려져 있고, 지각되고 감각되어진 이유를 대상에 두면, 그 대상의 상태는 정신의 외부에 있다. 능력을 수행하는 행위로서 주어 안에서 하나의 새 관념이나 실체를 산출하며 ‘고난’받는 영혼은 근원적인 혹은 도출된 완성체를 지향한다.

정신의 가용과 영혼의 자유의 전제 없이는 코페르니쿠스 천문체계의 역학적 기능이나, 관측 가능한 별들의 위치의 엄밀한 예견에 대한 능력이나, 세계의 형태와 그들의 실재적 좌우동형도 설명할 수가 없다. 세계는 정신의 가용 대상으로

---

123) G. W. Leibniz, *Discours de Metaphysique*, § 35.

좁혀질 때, 외적 사물들은 지성으로 준비되고, 영혼은 그들 간의 자유를 열어준다. 고난과 행동원칙을 갖는 영혼은 외부 세계를 인식한다. 땅 위의 인간은 유한우주에서 몸만 남는 것이 아니라, 무한우주로 자신의 정신을 뻗쳐나간다. 정신이 갖는 힘에 비하면 '물방울'에 비추인 무지개 색깔의 기하학적 아름다운 성질이나 혹은 조화로운 자연의 보편자들 조차도 그다지 대단한 것이 아니다. 이 점이 영원한 우주의 무한 침묵에 대하여 파스칼을 두려움으로 몰고 갔고, 그에 조금 앞선 후기 중세의 루터를 신앙적으로 불안하게 만든 요인이다. 루터는 "하나님은 그가 창조하지 않은 많은 것(*multa*)도 창조하실 수 있다."[124]는 오컴의 공식을, 하나님의 전능을 모든 것(*omnia*)에로 확장할 것이 아니라, 현실적으로 나타나는 모든 능력으로 제한하게 만들었다.[125] 이것이 사유 주체인 나에게 많은 것들에 대한 하나님의 조절된 능력으로 오게 하였다. 보통 인간으로서 나는 모든 것에 대한 하나님의 절대능력은 파악할 수 없다. 하나님의 절대능력에 대한 모든 것과 많은 것의 차이에 대한 루터방식의 구분에서, 데카르트는 자신과 신 존재를 명석과 판명의 인식영역에만 제한하였다.

라이프니츠의 지각은 데카르트의 명석판명한 지각에 비하여 더욱 깊은 심층의식영역에 관여하였고, 이는 20세기에 프

---

124) H. Blumenberg, p.86, 각주 61: *Deus multa potest facere quae non vult facere.*

125) Ibid. 87, 각주 65: 루터는 하나님이 할 수 있는 모든 전능(*omnipotentia*)은 그가 할 수 있는 많은 만능(*multa*)이 아니라, 성서가 그것을 전능이라 부르는 대로, 하나님이 모든 것에서 모든 것을(*omnia*) 능력대로 창조하는 현실이라고 한다.

로이드에 의하여 무의식으로 재발견되었다. 단테의 사랑이 움직이는 태양과 뭇별들에서 갈릴레이의 움직이는 지구까지, 지구위에 살아가는 인간문명이동과 문명편중현상은 감추어진 무의식의 심층영역에서 필수적으로 수반되어야 하였다.

제6장 문명이동 편중현상

1. 개요

세계에서 글씨를 쓰고 읽고 생각하는 것을 말하는 프로젝트는 보이지 않는 것의 보편적인 가시화이다. 그렇기 때문에, 1660년 런던에 <왕립학회>가 설립되었을 때, <왕립학회>는 '단어'의 의미는 중요하지 않았다는(*nullius in verba*) 점을 명기하고 있었다. 이는 가까이 있는 것이나 멀리 있는 것도 도구적으로 강화된 눈의 도구의 힘으로 세계를 직접적으로 해명하는 방법이 중요하다는 것을 의미한다. 망원경과 현미경으로 멀리 있는 것을 가깝게 가져오고 가까이 있는 것을 확대하는 작업은, 현실의 직관적인 명증성을 해명하는 것이다. 이 자연과정은 무릇 점진적인 봄으로 문명(文明)의 개화(開化)와 같다. 갈릴레이는 망원경을 이용하여 달무리, 태양흑점 관찰 등으로 보았던 것을 볼 수 있는 것과 계산될 수 있는 것의 일치와 합일을 가져왔다. 그런데 지상에서 고찰하는 대상은 가까이 가면 올바로 관찰할 수 있지만, 천체에 망원경을 갖다 댄다는 것의 의미는 제대로 보았는지를 검증할 길이 없다. 세계에서의 직관과 현실구성의 문제에서, 서양근대의 자연과학은 아벨라드 보편자의 인식론적 패권주의 유산을 계승하였다.[126]

갈릴레이도 피렌체에서의 가택연금의 마지막 해에 "그가 이전에 관찰하였던 공간의 크기는 그 자신의 고유한 신체의 크기"로 환원하였다. 교황에게 헌정한 그의 저작에서 지구에서 가장 멀리 떨어진 각도(*in hoc remotissimo angulo terrae*)에서 자신의 삶의 표준장소라고 한 코페르니쿠스의 맥락도 태양과 별들의 관찰대상과 직관 사이에 이러한 이론 상황을 반영한다. 블루멘베르크는 베이컨이 탈레스가 우물에 빠지기 위하여 밤하늘의 별들을 관찰하는 이론을 직접 착안(着眼)하였고 직관이 과학에서 무용지물이 되었음을 논평한다.[127] 우물에 빠짐과 동시에 탈레스는 우물에 비친 거울에서 별들의 그림자에서 만족하였다. 거기서 직접체험과 안전한 이론구성을 위하여, 우물에 빠지는 것이 좋았다. 이로써 직관이 제외되는 관찰의 표준장소가 생겨나야 한다는 근대적 광학 경험의 전형을 보여주었다. 더 이상 볼 필요가 없다는 직관의 상실은 모든 이론의 결과가 되었고, 과학은 직관의 포기를 전제하였다. 직관작용은 관찰의 최종적 자기 충족성의 텅 비움을 현실화하고, 방법적 관찰의 요소로서 도구화되었다. 갈릴레이는 하늘을 관찰하는 것은 동식물이나 무지한 자들의 눈앞에

---

126) Ibid., p.203. 미텔슈트라스는 이 점에서 권리로서 "근대과학은 유명론에서 그들의 철학적 정당화를 추구하였다."고 지적하고 있다.

127) H. Blumenberg, *Die Genesis der kopernikanischen Welt*, Frankfurt am Main, 1975.

놓여있건만 이 모든 것 뒤에는 깊은 비밀과 탁월한 놀라운 생각이 숨겨 있다고 간주한다. 이것은 동식물의 장소이동과 운동의 문제로 근대문명의 지각 깊이와 동서 문명이동의 과정과 깊은 연관을 맺는다.

14세기 후반부터 특히 북부 이탈리아로부터 시작되는 초기인문주의 운동의 불꽃에는 자연과학과 인문과학이 한배를 타고 있었다. 이 시기부터 본격적으로 자연과학적 경제학적 저작활동이 늘어나면서 파리와 옥스퍼드 중심의 학문 활동은 점차적으로 다른 지역, 예를 들어, 독일의 쾰른, 북부 이탈리아의 파도바, 볼로냐, 피렌체 등으로 확산되게 되었다.

중세보편논쟁은 르네상스 시기와 근대에 이르러 보편자와 개별자의 문제, 지구 중심의 천동설과 태양 중심의 지동설의 패러다임 이동에서 상대주의와 문명이동 편중현상을 가져왔다. 3기 지중해 철학은 동양과 서양의 문명이 독립적인 근거에서 출발하면서도 상호 간의 교류와 문명 편중을 정당화하는 시기였다. 2기 지중해 철학 시기에 해당되는 철학자, 과학자들로서 아르키메데스, 프톨레마이오스, 에라스토테네스 등은 르네상스시기에 잊어버린 1,000년간의 고전희랍과 로마 문명의 원형적인 과학지식 부활에 각각 정기능과 역기능으로 탈지중해 세계관을 열어나가는 데 영향을 미쳤다. 프톨레마이오스는 아리스토텔레스와 더불어 1,000년 이상을 유지하여 왔던 천동설의 대표적 이론가로서 탈 지중해 세계관의 등장을 억제(抑制)하였다. 아르키메데스와 아리스토파네스 과학자들은 근대 르네상스의 과학자들의 창조적 영감을 일깨우므로 탈 지중해 세계를 향한 과학의 진보를 촉진(促進)하였다.

기원전 3세기경 시칠리아 출신 아르키메데스는 근대 천문학의 태양 중심 세계관의 등장에 선구적인 역할을 하였다. 아르키메데스의 저작은 헤르바겐(*J. Herwagen*)에 의하여 1544년 바젤에서 출간되며, 갈릴레이에게 영감을 주어 1586년 공기와 수중에 무게를 갖는 금속의 유체 균형의 발견으로 이끌었다. 갈릴레이는 유체의 평형법칙에 따라 물은 중력 중심으로 구형을 취하게 된다는 점을 주목하여 지구는 구체라는 천문학 이론에 접근할 수 있었다. 아르키메데스는 자신의 유체는 자기 자신에게 중력 성향을 지니지 않아, 모든 사물에서 구형을 도출하기 위하여 한 점을 향하여 떨어지는 존재를 상정하였기 때문에 "나에게 한 장소를 달라. 그러면 내가 지구를 움직이겠다."는 유명한 말을 남겼다. 이 명언은 태양 중심설의 르네상스 지식인들에게 깊은 인상을 던져 주었다.[128]

아르키메데스에 반해 이집트에서 태어나 알렉산드리아에서 죽은 프톨레마이오스의 천동설 이론은 코페르니쿠스에 의하여 정면으로 도전을 받게 되었다. 프톨레마이오스는 아리스토텔레스에 이어 우주의 중심에 지구를 두고 그 주위로 48 배열로 나누어진 천구와 1,022개의 항성을 갖춘 천문체계를 완성하였다. 물리적 원소로서 흙, 물, 공기, 불로 구성된 유한한 우주의 궁극적 경계에는 천상의 구의 일부인 우주의 운

---

128) 참고: http://en.wikipedia.org/wiki/Archimedes. 그는 당시 그리스 식민지인 시칠리아에서 로마가 카르타고를 정복하기 위하여 벌인 제2차 포네키아 전쟁이 나던 해에 로마군이 자신의 연구실에 들이닥치는 와중에서도 수학적 도형을 생각하면서, 죽기 직전에 "내 원을 건드리지 말라!"라는 유명한 말을 남겼다고 한다.

동이 없고 제일 원동자이고 제일원인인 신에 의하여 일주(一週)운동이 일어난다. 프톨레마이오스 천문학 체계는 지구에 가장 가까이 외접하는 3개의 구를 물, 공기, 불을 각각 포함하면서 지상의 물체에 가장 가까운 달 아래(月下)에 두었고 그 외에 태양, 행성, 별들을 포함하는 월상(月上)의 천체는 지구에 대하여 완전한 구로 회전하게 하였다. 프톨레마이오스 천동설 천문학 체계는 지구 주변의 달, 수성, 금성, 태양, 목성, 화성, 천왕성이라는 7개 행성들은 모든 원의 중심인 지구 둘레를 황도대를 경로로 공전하게 하였다. 이는 지구 중심의 천체괘도의 모든 행성의 균일한 원운동의 천문학적 관찰을 조정하기 위한 사변적 이론이었다.

코페르니쿠스(N. Copernicus, 1473~1543)는 1473년 2월 19일에 폴란드의 피스툴라 강이 위치하는 토룬의 코페르니쿠스 거리에서 태어난다. 10살 무렵에 상인으로 존경받던 아버지가 죽으면서 주교가 된 외삼촌 루카스(Lucas, 1447~1512)) 집에서 성장한다. 1491년 크라카우 대학에 입학하였고 1496년 지중해 지역인 이탈리아 볼로냐 대학에 유학하면서 새로운 천문학 이론에 도전하였다.[129] 코페르니쿠스가 귀국하여 태양 중심 이론을 구체화한 시기는 1508년과 1514년 사이이다. 특히 행성의 위치를 정하는 문제에 관심을 가졌던 1513년 외삼촌이 주교로 있는 교회에서 원외 실험실 건축계획을 갖고 일하면서 행성관측과 연구를 통하여 태양 중심 이론을 가시화하였다. 1530년경에는 이미 바티칸 교양 있는 식자들

---

129) 참고: J. Kirchhoff, *Kopernikus*, Reinbeck bei Hamburg, 1996.

사이에 새로운 코페르니쿠스 이론의 유통을 학수고대하는 분위기가 성숙되어 있었다. 그러한 분위기에서 코페르니쿠스는 1530년에 편집된 레기오몬타누스(*Regiomontanus*, 1436-1476)의 『모든 종류의 삼각형에 대하여(*De triangulis omnimodis*)』를 보고나서 자신의 삼각법에 관한 연구를 확정하려던 생각을 굳힌다. 결국 1543년 5월 24일 코페르니쿠스는 침대에서 죽어가면서 태양중심설을 담은 『천체의 회전에 관하여, *De revolutionibus orbium coelestium*』 저작을 완성하였다. 코페르니쿠스 이후에 그의 학설이 학문적으로 정설로 자리 잡기까지는 케플러를 기다려야 하였다. 먼저 코페르니쿠스의 제자 레티쿠스는 이 저작의 복사본을 가쎄에게 보냈고 가쎄는 바젤에서 출간된 『천체의 회전에 관하여』의 2판 서문을 썼다. 그후 거의 반세기를 지나고서야 케플러는 1596년에 출간한 『우주의 비밀』의 제1판에서 이 책을 부록으로 출간하면서, 코페르니쿠스 태양중심설을 공식적으로 지지한다. 케플러는 이 책에서 처음으로 태양이 우주의 중심이고 동시에 행성이 태양 주변으로 타원궤도로 운행한다는 사실을 밝혀냄으로서 태양 중심 가설이 과학정설로 자리 잡을 수 있게 하는데 결정적인 기여를 하였다.[130]

제3기 지중해 철학의 전환기에도 유한한 우주에서 무한우주로 나아가기 위한 전통과 개혁이라는 신구의 양면은 엄연하게도 공존하고 있었다. 코페르니쿠스는 별들은 고정되어

---

130) J. Kepler, *Harmonies of the World, Book Five*, Edited, with commentary by S. Hawking, printed in the United States, 2002, p.ix.

있고 불변하고 행성들은 완전한 원 궤도에서 움직인다는 전통적 생각에도 불구하고, 태양을 우주론의 중심에 배치함으로써 태양 중심 세계관의 기수가 되었다. 케플러도 태양이 우주의 중심이고 태양은 우주 중심에서 정지하고 지구가 그 둘레로 회전하고 행성이 타원괘도로 돈다는 새로운 개념을 도입하였음에도 불구하고, 천체운행의 조화로운 수학적 모델을 우주의 신비로 간주하였다. 뉴턴도 만유인력의 법칙을 통하여 태양 중심의 행성모델을 수학적으로 도출하였고 자신은 가설을 세우지 않는다고 하였음에도 불구하고, 절대공간과 절대시간이라는 형이상학적 독단을 상정하였다.

　제3기 지중해 철학이 문명이동 편중현상으로 기울어지게 되는 결정적 계기는, 코페르니쿠스가 1543년 태양을 우주의 중심으로 밀어 넣었고 지구를 태양 주변으로 돌게 만들었던 지구와 태양의 자리와의 위치교환(*switch*) 제안에서 비롯된다. 그는 천체의 일주운동을 설명하기 위하여 지구를 스스로의 자전축으로 회전하게 만들었고, 행성의 위치를 계산하기 위하여, 희랍과 이슬람 선행자들이 하던 것과 같이 탁월한 기하학적 도식을 사용하였다. 역사가들은 여전히 그의 무슨 자료가 그의 관념에 공헌하였는지를 결정하기를 노력하였지만, 코페르니쿠스는 옛 이론을 답습할 것을 요구하면서 보다 정확하고도 새로운 관찰을 하지 않았다. 보았으면서도 알지 못했고, 알면서도 보지 않았던 태양 중심 가설이 등장하면서, 여러 가지 관찰된 현상들에 더 많은 조절의 필요성이 등장하였다. 코페르니쿠스가 1543년 자신의 저작을 교황 바울 3세에게 헌정한 것도 천문관측과 미래의 부활절의 날짜를 계산하는 문제 때문이었다. 코페르니쿠스 체계에서는 지구 자전은 별들의 환의 자전이라기보다는 오히려 별들의 관찰된 운동을 야기하였다. 그렇기 때문에 반짝반짝 거리는 환은 낡고 진부하였다. 코페르니쿠스 태양 중심 세계관의 등장이후 지중해 지역 인물들로서 예수회 중국선교사들은 동아시아 세계로 진출하여 지중해 철학의 토양에서 동서 문명을 가교하여 인류의 새로운 사유지평을 열어간 것은 제3기 지중해 철학에서 야기된 문명 편중현상에 따른 문화형이상학적 귀결이었다. 포르투갈의 코임브라학파와 이탈리아 로마의 로마눔 콜레기움에서 우수한 교육을 받은 그들은 지중해 세계와 동아시아 세계를 연결한 가교역할을 하였다.

이들의 활동이 16세기에서 17세기까지 100년 정도의 기간에 성숙될 무렵 라이프니츠는 막 바로 완성되고 있던 뉴턴역학으로 유럽 중심적 세계를 지양하고 동아시아 세계를 포섭하는 유기체적 세계관을 창안하였다. 라이프니츠의 유기체적 세계관의 설계 역시 2년에 걸친 남유럽과 지중해 지역을 탐방하면서 생겨났다.[131] 다문화철학적 관점에서 보자면, 동아시아 세계와 유럽 세계를 연결하는 사유지반을 쌓기 위한 대화의 지리적 공간은 지중해 지역이었고, 그곳에서 동서 문명 이동의 이론적 지반이 탄생하였다.

---

131) 배선복, 『라이프니츠의 삶과 철학세계』, 철학과현실사, 2007, pp.91-102.

2. 아테네 학당의 재해석

〈그림 6-1〉 번호 매긴 라파엘로 아테네 학당 등장인물

　라파엘로의 〈아테네 학당〉은 1,000년 가량 잠들어 있던 고전희랍정신을 르네상스시기에 회화적으로 새롭게 일깨운 작품이다. 이 그림의 중앙의 플라톤과 아리스토텔레스의 모습에서 보편자와 개별자의 논쟁으로 보는 것이 이 작품의 고전적인 해석방법이다. 그러나 최근의 캐임(F. Keim)[132]은 우측에 서 있는 인물의 위치가 중앙의 플라톤과 아리스토텔레스 위치보다 높게 그려진 점과 라파엘로 당대의 작품분석을 통하여 이 작품의 등장인물과 성격을 새롭게 해석하였다.

　고전적으로 보면 1번은 스토아학파의 창시자 제논, 2번은 에피쿠르스, 3번은 만타의 백작으로 페데리코 2세, 4번은 보에치우스, 아낙시만드로스 혹은 엠페도클레스로 본다. 5번은

---

132) F. Keim, "Giorgionismus" in Raffael Sanzios, "La scuola di Atene", 1508–10, Fresko in der Stanza della Segnatura des Vatikan, Universiäat Ulm, 2005, Copyright © by F. Keim 2005, p.4.

아베로이스, 6번은 피타고라스, 7번은 알키비아데스, 8번은 크네노폰이거나 안티스테네스, 9번은 히파티아 혹은 다른 인물, 10번은 크세노폰, 11번은 파르메니데스나 유클리드, 12번은 소크라테스, 13번은 헤라클레토스, 14번 플라톤은 『티마이오스』 책을 들고 있고, 15번 아리스토텔레스는 『니코마코스 윤리학』 책을 들고 있다. 16번은 디오게네스, 17번은 플로티노스, 18번은 유클리드나 아르키메데스, 19번은 차라투스트라, 20번은 프톨레마이오스, 21번은 라파엘로로 알려져 있다.

중앙의 핵심 인물로서 14번 플라톤은 손가락으로 하늘을 가리키고, 15번 아리스토텔레스는 아래로 가리키는 점도 거의 흔들리지 않는 해석이다. 이 구도의 좌측으로 12번 소크라테스가 있고, 2번 제논, 5번은 아베로이스, 6번은 피타고라스, 11번 파르메니데스, 12번은 헤라클레토스, 16번은 디오게네스는 거의 흔들리지 않은 명단이다.

그런데 캐임에 따르면, 플로티노스로 알려져 왔던 좌측의 17번은 사모아 출신의 아리스타코스(*Aristarchus, B.C.* 310~230)이다. 그 옆에 푸른 옷을 입고 지팡이를 들고 있는 자는 클레안테스(*Kleanthes, B.C.* 275~232)이다. 아리스타코스의 혁명적인 태양 중심 주장을 '무신론적'으로 간주하여 꾸짖는 모습으로 서 있다. 그리고 아리스타코스는 손가락으로 아래의 천구를 가리키고 있다. 아리스타코스 앞에 18번은 유클리드가 아니라 아리스타코스의 제자 아르키메데스이다. 꾸부정한 등의 모습은 한편으로는 스승에 대한 존경을 표시한 것이고 다른 한편으로는 시라큐스로 로마병정이 들이닥칠 때, "내 원을 건드리지 말라(*Noli trubare circulos meso*)!"라고 외치며 당하게 될 자신의 죽음을 암시하고 있다는 것이다.

캐임의 추측은 라파엘로의 아테네 학당과 거의 동시에 그려지는 작품으로 베네치아 출신의 화가 지오르지오네(*Giorgione, 1477~1510*)가 그린 "3명의 철학자"에 등장하는 앉아 있는 피타고라스와 서 있는 아베로이스와 아리스타코스 때문이다.

아리스타코스는 달의 직경의 3배에 해당되는 그림을 그린 자신의 저작을 양손에 붙잡고 약간은 자신의 옷으로 감추고

〈그림 6-2〉 지오르지오네가 그린 "3명의 철학자"

있다.[133] 달의 일식을 약 0.72cm로 놓으면 지구의 직경은 2.07cm이다. 라파엘로 역시 당시 오직 감추어진 주장으로만 알려진 코페르니쿠스의 태양 중심 테제의 민감성에 대하여 거의 외투에 감추고 있는 모습으로 아리스타코스를 포착하였다. 아리스타코스가 가리키는 천구는 피타고라스주의자 필롤라우스(*Philolaus, B.C. 470~385*)가 들고 있다. 그는 오늘날 9 · 11 테러의 주범으로 꼽히는 사우디아라비아의 이슬람 근본주의 주인 빈 라덴과 모습이 흡사하다. 그는 태양 중심 이론을 대변하지는 않지만, 지구와 태양과 행성은 불을 중심으로 돈다는 입장을 표방하므로 천동설에서 태양중심설의 이행단계에 서 있다.

〈그림 6-3〉

프톨레마이오스와 코페르니쿠스는 얼굴을 맞대고 팽팽하게 대립하고 있다. 반면에 느슨한 태도로 균형을 맞추어 천구를 돌리고 있는 필롤라우스는 지구의 가동성을 암시하는 상징적 제스처로 프톨레마이오스를 다그치고 있다. 그리고 뒤이어 확신에 가득 찬 코페르니쿠스에게로 얼굴을 돌린다. 이에 프톨레마이오스는 천구를 두 손으로 꽉 붙잡고, 필롤라우스와 코페르니쿠스에 대하여 지구의 부동성(*不動*

〈그림 6-4〉

---

133) Ibid., p.12.

性)을 주장하고 있다.[134]

코페르니쿠스는 아테네 학당의 철학자의 무대의 가장 우측
에 서서 자신의 세계상에 대한 올바름의 확신 가운데 웃고
있다. 라파엘로는 코페르니쿠스 옆에 서서 자신은 그의 세계
상에 서 있음을 알리고 있다. 제아무리 황금빛 위용의 의상
으로 빛나게 서 있는 프톨레마이오스일지라도 더 이상 자신
의 지구중심설을 유지할 수 없고 등을 돌린 채 과거로 묻힌
다. 이미 확실한 신념으로 라파엘로와 코페르니쿠스는 나란
히 근대의 문지방을 넘어선다.

피타고라스 그룹에서 피타고라스는
거의 앉아 있는 모습으로 있고 그에게
가장 가까이 있는 노란 머리의 여성은
나중에 피타고라스 사후에 피타고라스
학파를 이끌었던 테아노로 추정한다.
피타고라스 바짝 뒤에 시중을 드는 인
물은 잘목시스(*Zalmoxis*)이고 그 위에
훔치듯이 보는 인물은 베끼는 사람으
로서 아퀴타스(*Archytas*)로 지목된다.

〈그림 6-5〉

피타고라스 그룹에 바짝 고개를 돌
리며 그들의 작품과 피타고라스에게
고개를 돌리며 적고 있는 자는 헤라
클레토스이다. 그는 왼쪽 무릎으로
서서 적으면서 변증법에 열중하면서

〈그림 6-6〉

---

134) Ibid., p.6.

피타고라스를 향한 친화성을 보인다. 그의 뒤편에 곧장 소크라테스가 배치되어 있다.

반면에 데모크리토스는 턱을 괴고 피타고라스에 대하여 대조적으로 앉아 있다. 그는 장화를 신고 아테네로 여행 이래 소크라테스로부터 인정받지 못했다. 플라톤도 그를 언급한 적 없었고 심지어는 그의 저작을 태워버리게 할 정도로 눈 밖에 난 철학자였다. 그러나 피타고라스학파 인물들은 그를 최상의 정상급 철학자로 평가하였다. 데모크리토스 역시 소크라테스와 플라톤을 철저히 경계하였다. 라파엘로는 순수하게 영적으로 강하고 매력적으로 그를 구성하였다.

〈그림 6-7〉

라파엘로의 <아테네 학당>에서 중요한 사실의 하나는 아리스타코스가 플라톤과 아리스토텔레스와 그의 제자들보다 더 높이 위치하고 있다는 점이다. 이들에 비하여 아리스타코스는 사유에서나 정신적으로 더 높이 있음을 시사한다. 아리스타코스는 그의 시선은 대각선의 좌측 하단의 피타고라스학파를 향하여 있지만, 그의 손가락은 아래의 제자들을 향하고 있다. 지금까지 가정하였던 라파엘로의 <아테네 학당>의 중심은 플라톤과 아리스토텔레스가 불변으로 자리 잡고 있었다.

그러나 아리스타코스와 피타고라스 그룹 그리고 코페르니쿠스를 축으로 잇는 구도는 가히 두 번째 중심이라고 할만하다.[135]

3. 편중실험

인간의 신체를 살펴보면 저마다의 독특한 형태를 가지지만 다양한 감각적 각인을 갖는다. 개별자는 낱낱의 감각적 인식을 소지하는 자기 자신의 신체에 전혀 정보를 주지 못한다. 자기로부터 분할되어 나아간 지성의 활동에 대하여서 개별자는 자기 자신의 영혼의 각성을 필요로 한다. 인간의 몸은 땅에 있지만 영혼은 하늘의 그림자를 잰다면, 여기에는 완벽한 비례에 있지 않으면 편중현상이 일어난다. 케플러의 말처럼, 인간영혼은 하늘에서 왔지만 몸은 땅에 있기 때문이다. 천동설에서 지동설로 문명이동 과정에 지중해 지역의 일정 문화적 총량이 동아시아 문화로 흡수되는 동서 문명이동의 수평적 비가역 완충현상이 일어났다. 쿤이 이미 예견한 대로 과학이론에는 상대적인 패러다임 이동만 있었을 뿐 절대적인 입장은 없다. 코페르니쿠스 태양중심설과 갈릴레이 지동설이 뜬 시점에 종전의 우주에서 더 이상의 확실한 점은 존재하지 않는다. 여기에 문명의 편중현상은 명약관화한 사실이 된다.

지중해 철학자의 길을 이어간 갈릴레이는 그의 지동설로

---

135) Ibid., p.9.

코페르니쿠스 태양 중심 세계관으로 기울이는 새로운 물리현상을 실험하는 활동을 시작하였다. 그의 유명한 자유낙하 사유실험이 그것이다. 임의의 동질의 두 물체의 이들 하강속도는 질량에 독립적임을 증명하기 위한 것이었다. 무거운 물체는 가벼운 물체보다 빨리 떨어진다는 아리스토텔레스의 가르침은, 실제로는 일어나지 않았던 사고실험이다. 갈릴레이 제자 비비아니(*V. Viviani*, 1622-1703)는 같은 재질이나 다른 질량의 공을 피사의 사탑에서 떨어뜨렸다고 전했지만, 갈릴레이는 경사진 평면에 공을 굴려서 동일한 것의 자유 낙하 현상을 증명하였다. 단 한 번의 두 개의 상이한 물체를 일정한 높이에서 떨어뜨리는 실험으로 종전의 아리스토텔레스 물리학의 근본가설을 뒤엎었고, 무게를 갖는 물체의 편중현상을 실험하였다. 한때 단테의 지옥의 위상수학에 관한 연구를 깊이 한 갈릴레이는 코페르니쿠스 이후에 최초로 태양 중심설에 입각하여 천동설에서 태양 주위를 돈다는 독자적인 지동설을 주장하였다. 지동설에 근거하여 여러 사유실험을 하였지만, 실험들은 빈번하게 그릇된 가정에서 출발하였다. 갈릴레이는 행성궤도는 완전한 구로 생각하던 프톨레마이오스 생각을 쫓으면서도 케플러의 행성궤도의 타원형 운동의 설명을 거부하였고, 케플러의 달이 조수를 야기한다는 주장을 "쓸데없는 허구"라고까지 비난하였다.[136) 그럼에도 불구하고 빛의 속도, 진자의 운동 그리고 자유 낙하의 사유실험을 통하여 오늘날 실험물리학의 선구적 모범이 되었고, 동서 문명의 지

---

136) 참고: J. Hemleben, *Galilei*, Reinbeck bei Hamburg, 1989.

식이동모델의 선구적 이론가로서, 지중해 세계를 가장 빛나게 한 인물이 되었다.

첫째 갈릴레이는 빛의 속도를 측정하기 위하여 두 관찰자를 참석시켜 각자 셔터를 갖는 램프를 들고 일정한 거리에서 서로를 보는 실험을 하였다. 첫 번째 관찰자가 그의 램프를 킬 때 두 번째 관찰자는 그 빛을 보면서 동시에 그의 연등셔터를 킨다. 첫 번째 관찰자가 그의 셔터를 키는 시간과 두 번째 관찰자의 램프에서 빛을 보는 시간은 두 관찰자 사이로 빛이 지나갔다는 것을 지시한다. 갈릴레이는 1마일보다 덜 떨어진 거리에서 이를 실험하였지만 빛이 동시에 나타났는지 아닌지를 결정할 수 없었다 한다. 둘째로 갈릴레이는 피사 대성당의 황금 샹들리에 진자의 관측으로 피사의 대성당에서 진자가 항상 동일한 거리와 동일한 시간에 움직이는 것이 그의 폭과 무관하게 움직인다는 점을 주목하여 진자의 운동법칙을 발견하였다. 이 이론은 시계를 조절하고, 동서 문명사에 시계모델을 제공하기에 충분하였다. 셋째로 갈릴레이는 그의 마지막 제자 비비아니에 따라 같은 종류의 무게의 공을 피사의 사탑에서 떨어뜨림으로 자유 낙하 실험을 하였다. 갈릴레이가 한 것은 이들의 하강속도는 질량에 독립적임을 증명하기 위하여 경사진 평면에 공을 굴려서 동일한 결과를 얻은 사유실험이었다. 갈릴레이는 이 실험을 통하여 무거운 물체는 가벼운 물체보다 빨리 떨어진다는 아리스토텔레스 이론을 뒤엎으므로 뉴턴의 만유인력의 기초를 이끌었고, 동서 문명의 역사에 보편적 지식의 기반을 제공하였다. 갈릴레이의 자유 낙하 사유모델은 근대과학세계를 열어가는 최초의 사유실험이기도 하지만 지중해문명과 동아시아문명의 교섭과 문명이동 편중현상을 이론적으로 뒷받침한 문명실험이기도 하였다. 코페르니쿠스의 태양중심설은 더 이상 중국의 천하의 중심이 아니라는 사실인식과 더불어 수평적 문명이동성에 편중현상이 요구하는 결과를 가져왔다.

라이프니츠는 코페르니쿠스의 태양 중심가석과 갈릴레이의 자유낙하 실험에 대한 반성적 사유의 결과로 1689년 『형이상학론』 §17에서 동서 문명세계를 연결하는 문명이동모델을 제시하였다.[137] 갈릴레이의 자유 낙하 사유실험은 높은 데에서 낮은 데로 내려오는 운동을 대상으로 삼고 있어서 이는 철저하게 데카르트 방식의 정역학에서나 타당하다. 하지만, 동역학의 세계에서는 성립하지 않는다. 라이프니츠는 자연에서의 힘의 통일을 자유 낙하 방식에서는 성립하지 않으므로, 우물을 기르려면 두레를 우물 아래로 내리고, 동시에 들어 올려야 하듯이 힘의 보존을 위한 도르래 모델을 창안한다.[138] 1파운드 무게의 A를 24피트의 C D로 올리기 위하여 4파운드 B는 6피트의 E F 높이를 확보하여야 한다. 라이프니츠는 여기서 우주에는 동일한 에너지가 존재한다는 에너지 보존법칙으로 유기체적 세계관을 정식화하였고, 훗날 예수회 중국선교사 라우레아티(*G. Laureati*)에게 보내는 서한에서 동서 문명도 도르래 모델처럼 서로가 필연적으로 오가는 빛의 교환을

---

137) Ibid.
138) Ibid.

한다는 "상호문명의 빛의 동등한 교섭(*commercia inquam doctrinae et mutuae lucis*)"이라는 문화철학적 유비추론을 제안하였다.[139]

갈릴레이가 로마교황청으로부터 자신의 지구중심설로 소송에 휘말리고 그 소송과정이 끝날 무렵 파리를 중심으로 새로운 유럽철학이 탄생하였다. 그 중심인물이 데카르트였고 그의 합리론을 완성한 인물이 라이프니츠이다. 데카르트는 코페르니쿠스의 태양중심설과 갈릴레이의 지동설을 마음속으로 수용하면서 좀 더 깊숙한 내면의 정신세계에서 진리를 찾는 회의의 방법으로 과학과 철학을 함께 할 수 있는 사유의 길을 걸어 나갔다. 데카르트는 회의를 통하여, 자신은 생각하는 본질이지만, 생각 이후에도 자신이 존재한다는 사실을 진리로 받아들인다는, 소위 '나는 생각한다. 고로 나는 존재한다.'라는 '코기토 에르고 줌(*cogito ergo sum*)'의 명제를 철학의 원리로 세웠다. 데카르트는 아우구스티누스가 제시한 내면의 진리를 찾기 위한 방안으로 '내가 생각한다.'는 선험적 원리를 찾아내었고, 안셀무스가 제시한 존재론적 신 증명 방식을 수용하면서 '내가 존재한다.'는 '코기토 에르고 줌'의 원리를 확립하였다. 데카르트는 스스로 스콜라 철학에 빚진 바 없다고 하였지만 정작 그의 핵심사상은 지중해 지역의 두 명의 철학자 아우구스티누스와 안셀무스의 사유 전통과 방법론에 의존하고 있다. 그가 이 두 명의 철학자와 다른 것은 코페르니쿠스 이래의 새로운 우주론의 바탕에서 천상에서나

---

139) *Leibniz an Giovanni Laureati, Rom, 12. November 1689*, in: *Leibniz korrespondiert mit China. Der Briefwechsel mit den Jesuitenmissionaren (1689–1714)*, Hrsg. von R. Widmaier, Frankfurt am Main, 1990, p.11.

월하의 세계에서나 모두 동일한 역학의 원리를 적용하여 현존하는 세계를 역학적으로 해석하므로 몸과 마음 그리고 정신과 물질 사이의 편중원리를 제시한 데에 있다. 데카르트는 사유와 존재의 영역 사이에 역학적 세계 모델을 세워서 생각하여 도달하는 곳이면 어느 곳에서라도 직접적으로 존재의 영역으로 연결되는 연장적 실체를 도입한다. 데카르트는 『성찰』 5권에서 '명석 판명한 관념'을 전제하고 '나'는 명석판명한 필연적 존재를 지각하는데, 이것이 신의 관념에 포함되어 있다고 말한다.[140] 이로써 데카르트 '나'의 사유의 완전함은 우주의 완전함과 일치한다는 테제로 이어진다.

데카르트는 『철학의 원리』 1권 14절에서 "내가 생각한다."를 "신이 존재한다."로까지 끌어올리고, 『철학의 원리』 2권 2절에서 "내가 존재한다."를 "지구는 돈다."에 상응하는 역학적 모델을 고안한다. 물체의 본질과 공간의 본질을 이루는 것은 동일한 사유의 연장이고 "내가 존재한다."와 "지구는 돈다."의 양자의 본질은 개별자의 종류의 본질에서 구분되지 않는다. 데카르트는 자신이 세운 철학의 원리로 중세 이래의 보편자의 문제를 물리적 실재의 문제로 환원시켰다. 데카르트는 신 존재의 존재론적 논증에서 비롯되는 이러한 가동의 사실을 돌의 논증을 통하여 제시한다. '내가 돌을 생각하지만 나는 돌이 아

---

140) R. Descartes, *Meditationes de prima philosophia*, Hrsg. von L. Gaebe, durchgesehen von H. G. Zekl, Hamburg 1977, Meditatio V, pp.122-123. "quod clare et distincte intelligo; ac proinde magna differentia est inter eiusmodi falsas positiones et ideas veras mihi ingenitas, quarum prima et praecipua est idea Dei."

니며, 생각한 돌은 움직이지 않는다. 내가 상상하는 돌은 부서지든 없어지든 내 생각 속에 있다. 내가 그 돌의 이미지를 지성에서 간직하고 있기 때문이다. 어떤 대상을 개념적으로 생각하고 존재하는 대상을 생각하더라도, 이 두 대상들의 사유와 연장은 본질적으로 같다. 두 개의 대상을 생각한 뒤의 관념은 나에게 불변이다. 어떤 본질적인 사물의 질도 생각하고 있는 동안에 사유의 외부의 대상에 부과되지 않기 때문이다.

갈릴레이는 "지구는 태양 주위로 돈다."로 외부세계의 물리적 실재를 논증하였다면, 데카르트는 "나는 생각한다."로 외부세계의 생각된 물리적 실재에서 사유존재를 증명하였다. 하지만, 사유대상으로서의 생각된 존재가 이미 가동성을 지니기 때문에, 그의 역학은 필연적으로 장소이동 문제를 해결하여야 하였다. 데카르트의 코기토 에르고 줌의 사유모델에서 동서 문명이동의 위상 지리학적 편중근거가 제시되기 시작한 것은 라이프니츠의 동역학체계가 등장하면서부터이다.[141] 라이프니츠는 데카르트의 정역학과 뉴턴의 고전역학체계에 동역학체계로 도전하였다. 라이프니츠의 동역학체계는 데카르트 이후 400년간의 근대유럽철학과 과학의 발전에 전혀 새로운 귀결을 가져왔다.

데카르트에 의하여 시작된 사유와 연장, 정신과 물질, 마음과 몸, 영혼과 육체 등으로 이분되는 이원론의 세계는 16세기 이래 17세기 초에 이르는 과정에 영국의 경험론과 대

---

141) G. W. Leibniz, *Discours de Métaphysique*, Uebersetzt und mit Vorwort und Anmerkungen hrsg. von H. Herring, Hamburg, 1985, pp.46–47, 96–97.

륙의 합리론으로 갈라진다. 반면에, 당시 비유럽 지역에서는 기존의 스콜라 철학, 특히 토미즘을 중심으로 철학을 전파하며 계승되어간 예수회의 철학운동이 있었다. 그 중심에 있는 마테오리치는 1600년에 중국 베이징에 도착하여, 그곳에서 죽기까지 토미즘과 기독교를 중국에 전파하였고, 중국의 전통사상체계를 자신의 선교방식에 수용하여 소위 보유론이라는 선교이론체계를 확립하였다. 대부분 예수회 중국선교사들이 100년 가까운 선교활동을 통하여 서양과 동양이 서로를 알기 시작하던 때, 라이프니츠는 동역학체계로 본격적으로 이들의 철학을 인정하고 동서비교철학의 차원으로 발전하기 위한 도상에서 비유럽철학운동의 흐름을 수용한다. 이를 기억할만한 기념비적인 사건이, 1689년 여름 라이프니츠와 예수회 중국선교사이자 중국 청의 흠천감의 그리말디와의 로마에서의 만남에서 일어난다.[142] 지중해 세계와 동아시아 세계를 연결하는 사건이 로마에서의 이들의 만남과 그 이후의 서신교환과 교류에서 비롯된다는 것은 결코 우연이 아니다. 동서 문명이동의 도르래 이론 모델은 이 두 사람이 만난 1689년 여름부터 생겨났다.

4. 문화 상호 길라잡이

1450년 쿠자누스는 "바보의 자의식"에서 자연은 가능성의

---

142) 배선복, 『라이프니츠의 삶과 철학세계』, 철학과현실사, 2007, p.99.

총체개념이고, 정신은 이미 존재하는 것의 전체와 관련한 인식능력이라고 규정하였다. 쿠자누스는 우주의 모든 사물에 대하여 그 대상의 의미를 자기 것으로 만드는 개념화의 작업에서 자연을 두 가지 의미로 파악한다. 하나는 대상을 산출하는 주체로서 '산출하는 자연'과 산출되어진 대상 자체의 총체개념으로서 '날라진 자연'이다. 이 양자는 정신의 가르침에 의하여 인간의 인식과정으로 들어온다. 자연은 그냥 막연히 보는 것이 아니라 구체적인 곳에서 임의적으로 반복되어지고 반복될 수 있는 것을 넘어설 때, 무한한 우주 전체에서 존재가능성으로 다가온다. 유한한 우주 전체에서 반복으로서의 개별자는 더 이상 보편자의 해석을 받아들이지 못한다. 세계의 이해가능성(*mundus intelligibilis*)이란 개별자가 존재계의 판명한 실재가 되는것을 의미한다. 정신은 사유 밖에서는 아무것도 생각되어지지 않는다. 더 이상 부를 수 없는 이름, 역시 알 수 없는 이름이다. 그런 점에서 사유가 진행되기 위한 최초인식의 관문은, 어떤 것의 관념의 사생(寫生)의 사상(寫像)이다. 이것이 코페르니쿠스 이래의 인간 정신의 선험성에 대한 입문(入門)을 낳았고. 개별자가 존재계에서 판명한 인식론적 지위를 획득하는 길이 되었다.

사닥다리는 지상에서 높은 곳에 올라가서 필요로 하는 사물을 인지하는 수단이다. 인간이 알기 위하여 노력하는 궁금한 것은 이러한 인식수단이 있기 때문에 가능하다. 이런 사물의 참된 형식은 형상의 세계에 우리의 존재를 넘어서 위치한다. 망원경은 먼 곳을 보기 위해 필요하고, 현미경은 육안으로 잘 보이지 않는 미세한 사물을 찾아내는데 필요하다. 자연계에는 이러한 인식의 도구가 이미 생명체의 유기적 구조 자체에 자리 잡고 있다. 그런데 인간만이 유독 자신이 구비하고 있는 이목구비(*耳目口鼻*)를 떠나서 인식의 도구를 취한다. 이것은 인간만의 독특하게 도구를 사용하는 특성과 그 자신이 본성상 취약한 능력에 기인하기 때문이다.

서양 철학사에서 이러한 인간의 인식의 사닥다리를 처음 만든 철학자는 플라톤이다. 플라톤은 인간이 처하고 있는 근본적인 상황은 정신이 몸에 구속되는 것처럼, 인간의 감성과 이성을 마치 동굴에 갇힌 죄수에 비유한다. 죄수는 자신이 갇힌 동굴 안에서는 바깥세상의 참된 실상을 못보고 지낸다. 그러므로 지하 동굴의 감옥에서 빠져나오기 위한 인식의 사닥다리가 곧 지례의 사랑으로서 철학이다.

플라톤 철학은 감성과 지성의 세계의 이 두 층계를 네 단계로 오르내리는 인식의 사닥다리를 제공하였다. 가장 먼저 두 층계에 대하여 접하는 테제는 감각 즉 인식이다. 존재의 위계에 맨 밑에 속해 있는 세계는 근본적으로 감각적 인식에 속한다. 그런데 플라톤은 감각이 곧장 인식이 될 수 없다고 생각한다. 감각적 인식은 단지 현상으로 그렇게 보일 뿐 실재는 다르다는 것이다. 그러면 감각 배후에는 더 많은 혹은 더 적은 알만한 것이 있다. 플라톤은 감각 즉 인식의 테제를 반박하여 감각과 지성으로 두 층계를 나누어 만들었다. 아주 자명한 감각의 껍질에는 오랜 경험의 축적이 스며들어 있다. 해바라기의 씨앗의 비율에 숨어있는 수적 비율이나, 벌꿀의

밀랍의 밀방의 격자비율은 근대인들이 믿었던 자연 안에 스며있는 보편수학의 신적질서 때문이다.

우리의 인식 대상은 가시적이고 감각적 영역과 비감각적이고 고등한 지적 영역에 관여한다. 전자는 가변적이고 끊임없는 변형과 생성에 예속되어, 지식 자체가 거주할 곳이 아니다. 후자는 영원불변하고 참된 실재의 선의 이데아가 있는 예지적 세계에 속해 있다. 참된 의미에서 지식은 거기에 속한다. 플라톤은 여기서 하나의 다이아 그램을 펼쳐 보인다. 가시적 세계는 지적 세계보다 더 열등한 실재와 진리의 등급을 갖는다. 이것은 A + B: C + D라는 인식의 비례단계요, 정신의 개명 단계이다. A 단계는 인식의 가장 열등한 단계가 곧 에이카시아(*eikasia*)라고 부른다. 어원적으로는 아이콘(*eikon＝image*)이며 이것은 표상(*representation*), 비교(*comparison*), 혹은 비슷함의 억측에 속한 세계이다. 이것은 감각적인 현상들을 취하는 정신의 밝아 있지 아니한 상태를 의미한다. 예를 들자면 아침잠을 깨어 일어나면, 처음부터 맑지 않고 흐릿하게 의식하며 있는 상태에 있는 것과 같다. 동굴에 비유에서 이미지의 이미지만을 보고 있는 감옥의 죄수들을 떠올리면, 이 인식단계에서 취하여야 할 철학적 대응은 어떠한 것인지를 알 수 있다. 그 다음의 B의 단계는 가시적이고, 만질 수 있는 상식의 신념의 대상의 영역이다. 이는 실질적인 상황으로 마치 어느 정도 아침에 일어나서 눈을 비비고 정신을 차리면서 주변의 사물을 인식하고 세수하고 몸단장하는 단계와 같다. C는 지적인 조건의 가장 열등한 단계이다. 하지만 종전의 단계와는 질적인 차이가 있다. 이 단계는 수학이 담당하는 데 수학은 대상들의 불완전한 시사로서 모델을 사용하고, 그리고 순수사유의 진리들에 도달하기 위하여 가시적인 다이아 그램을 사용한다. 참된 신념은 행동에 대한 충분한 안내를 수학적으로 나타낼 수 있어야 한다. 수학의 각 분지가 탐문되지 아니한 상정들, 요청, 공리, 정의에서 출발할 때, 마음의 상태는 디아노이아에 처한다. 디아노이아는 사유로서 오성의 등급이다. 디아노이아는 완전한 등급의 지식에 도달하기 위해 전제에서 결론까지 선언적 사유 혹은 추론을 사용한다. 반면에 노에시스인 지성은 계속 비전에 대한 직접적 작용이다. 이것이 대상들에 대한 직접적 직관이나 혹은 포착을 의미한다. D는 최고의 방법인 변증법의 영역에 속한다. 이 방법은 철학적 담론의 기술을 의미한다. 탐문과 답변에 의하고 이 방법이 수행되고, 수정할 것을 찾거나 혹은 수용자로부터 어떤 형식의 설명(*logos*)을 받으려 나아간다. 이것이 전제로부터 결론으로 연역하여 들어가는(*deducing*) 것이다.

중세에는 단테가 이러한 인식의 사닥다리를 만들었다. 단테는 인간과 사회와 국가에서 일어나는 모든 세상만사에는 기독교의 세계관이 반영된다고 본다. 그래서 천당과 지옥과 연옥을 만들어 인간이 지상에서 행한 운명의 업보를 이 세 가지의 세계에 떨어뜨려 배당하였다. 단테의 『신곡』의 이야기는 13세기 자신이 태어난 북부 이태리의 토스카나 일대의 자신의 삶의 내용과 주변의 인물과 사회와 국가 그리고 정치를 그대로 담아서 표현한 것이다. 단테는 자신의 중세의 세계관을 표현하는데 비록 종교적 세계가 뒤에 깔려 있지만 믿음과 지식을 하나로 일치하려는 점에서 철학을 중요한 수단으로 생각한다. 단테에서 믿음과 사랑은 지상에서 천상으로 이어지는 인식의 사닥다리이다. 단테는 "사랑은 천체를 움직인다."는 명제를 『신곡』의 결론으로 삼고 있다.

근대에는 갈릴레이가 지상과 천상을 이어주는 이 사닥다리에 망원경을 갖다 놓았다. 망원경은 자신이 바라보는 곳으로부터 가장 멀리 떨어진 곳이라도 가까이 있는 것처럼 볼 수 있게 만드는 수단이다. 유럽에서는 일찍부터 네덜란드에서 광학이 발달하여 상업과 해상활동 및 과학 활동에 망원경을 이용하고 있었다. 코페르니쿠스가 개혁하기 시작한 태양 중심의 세계관은 지구가 더 이상 세계의 중심이 아니라는 점에서 진정하게 인간이 지상에 처하고 있는 우주에서의 위치에 대한 비상한 관심을 일으켰다. 가장 먼 곳에 놓인 지구에서의 각도로서 삶의 장소는 이제 그의 중심성을 상실한다. 갈릴레이는 단테의 천당과 지옥의 인식의 사닥다리를 해체하였다.

현상학의 창시자 후설의 비판에 따르면, 갈릴레이는 자연인식에서 과학의 지위와 요구를 취하여서 과학을 기술로 전락하게 만들었다. 직관은 뒷전에 밀쳐두고 이론적인 입장 대신에 기능적인 기술적 지성의 봉사가 지배하게 되었다. 현상의 직관은 포기되었으며, 생활세계의 직관에서 모든 이론적 과정의 감각적 토대는 추상적 과정에서 묻혀서 잊혀져갔다. 따라서 세계는 보편적 귀결로 수행된 추상에서 추상적인 보편적 본질로 환원되었다.

현대는 프레게가 이 사닥다리를 통한 인식대상과 인식과정을 기호화하므로 사유의 객관성을 확보하였다. 인간 사유는 외계 사물의 대상에 대하여 단어, 즉 개념으로 대응한다. 하나의 문장을 만들어 보이기 위하여 주어와 술어 그리고 계사에 의한 일반적 논리형식에는 언제나 개념이 먼저 우리에게 주어져 있어야 한다. 그러자면 주어개념이 관계하는 사물은 구체적이고 지시가능대상이어야 한다. 가령 달이나, 비너스 같은 천문학의 관찰의 대상은 언제라도 지시가능대상이다. 그러므로 이러한 대상을 담을 수 있는 빈자리가 있는 문장형식이 있어야 한다. 프레게는 주어가 직접 관계하는 사물의 대상에 빈자리를 만드는 기능을 술어개념이 담당한다고 보았다. 그러나 술어의 빈자리는 하나의 일반문장의 형식으로 채워지기 위하여서는, 항상 대상에 대한 불만을 가지고 있다. 비트겐슈타인은 이러한 지시대상이 의미론적으로 만족될 수 있으리라는 인식론적 환상을 깨고 술어의 빈자리로 연결하는 사다리를 걷어찼다. 비트겐슈타인의 생각에 따르면 우리가 생각하는 문장의 의미는 그림이다. 사물의 대상은 속성상 아주 단순하다. 하지만 이 대상을 문장으로 옮겨놓으려 할 때, 대상의 사실에 대한 곡해가 일어난다.

중세는 플라톤 이후 감각과 지성의 인식과정의 사이를 어둠에 서치라이트를 비추어 나가는 아우구스티누스 같은 광명설(光明說)이 있었지만, 근대는 이 두 층계의 차이를 완전히 걷어내었다. 이 차이가 불필요할 뿐 아니라 두 세계는 본질적으로 하나의 세계에 속한다. 모든 물질형태에서 일어나는 운동에도 주어는 없으며, 오직 보편적 자연법만이 양자 영역을 통일적으로 지배한다. 현대의 많은 인식론자들은 감각에서 지각으로 가는 인식의 사닥다리는 완곡하게 무의미한 영역으로 추락하고 말 것이라는 경고를 하였다. 형이상학적으로 더 이상 들어갈 배후세계에 대한 환상은 없기 때문에 보이는 그대로가 실존이며 본질이다. 20세기 초의 이러한 인식론적 진단은 인간정신과 문명의 위기의식과 철학의 자기반성을 초래하였다.

후설은 유럽정신의 위기를 르네상스 이래의 약 300여 년간의 유럽 인간성에서 그 뿌리를 찾았다. 자명하다고 생각하면서 출발한 인식론적 지각구조에서의 현상은 자연에게 그들의 참된 현실, 혹은 참된 모습을 돌려주지 못하였다. 데카르트에 따르면 근거로부터 직접적이고 확정적 인식에 기인하는 철학적 인식은 절대적으로 정초된 것이었다. 데카르트가 안주하던 인식거점은 벗으면 드러나는 얼굴이지만, 감춘다고 알지 못할 것이라고 믿은 복면논증이었다. 자연과 자연과학을 이루어나간 서유럽문명의 위기가 유럽인의 인간성에 있다는 후설의 지적은, 최소한 데카르트의 복면논증에서 이미 그 진면목이 은폐되어 있었다. 그러한 철학적 사유의 원형은 플라톤으로 돌아간다.

플라톤의 수많은 죄인들이 갇힌 어둡고 캄캄한 동굴에 철학적으로 선분의 비유를 적용하였다. 죄인들은 인식의 사닥다리를 통하여 밝은 세계를 볼 수 있다. 철학은 이 죄인이 같은 동굴에 놓여 있는 죄인들을 보다 밝은 현실의 세계로 인도하여 구원하려고 한다. 어두운 가상의 세계를 참된 현실로 여기고 살아간다면, 이것만큼 어리석은 일은 없다. 어두운 세계와 태양이 비치는 밝은 세계는 마치 감성과 이성의 차이처럼 대별될 때, 상호문화철학의 문에서는 동굴로 들어가는 입구와 동굴에서 다시 나오는 출구가 하나로 통일되고 있다. 하나의 동일한 문이지만 들어가는 문과 나오는 문은 다르다. 죄인이 동굴 안에 있을 때와 동굴 밖을 나갔다고 돌아왔을 때가 다르다. 마음 같아서는 동굴 안에 있던 모든 동료들의 몸의 구속의 문제를 해결할 것 같았는데 뜻과 같이 되지 않는다. 몸과 마음은 하나도 둘도 아니다. 이는 불일이불이(不一而不二)이다. 동서는 하나도 아니고 둘도 아니다. 하지마 상호문화성을 통하여 하나가 둘이 되고, 둘이 하나가 되는 길라잡이를 필요로 한다.

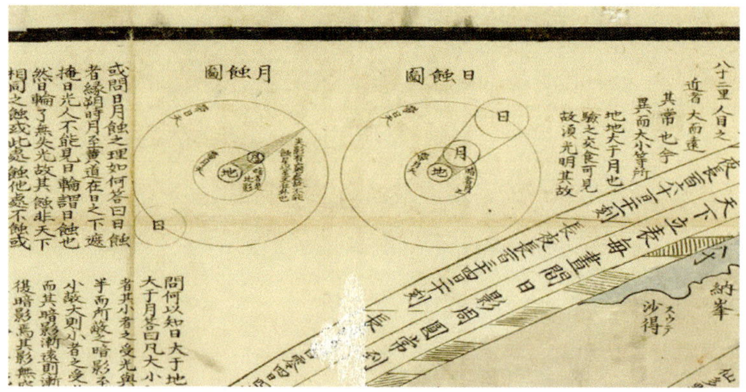

〈그림 6–8〉 마테오리치의 1604년 『곤여만국전도』의 상단의
일식과 월식 장면을 도해한 부분143)

---

143) 이 지도에는 여전히 지구(地)가 달(月)과 태양(日)의 중심에 자리 잡고 있다. 하지만 이 그림을 바로잡기 위해 서구에서는 격렬한 이론논쟁을 거쳐야 했다.

5. 위치이동

플라톤 동굴의 비유의 메타포에 따르면, 동굴의 그림자는 주어진 견해와 거짓신념이고 빛은 참된 현실이다. 라이프니츠의 지각이론에 따르면,[144] 지성으로부터 곡해된 동굴 안의 불빛에도, 철학자와 동굴의 동료들 사이에도 물인(*物人*), 물물(*物物*) 규정이 있다. 운동이 일어나는 것은 물물규정에 따라야 한다. 뉴턴 입장에서 보자면, 데카르트가 규정한 정신과 물질의 영역에서도 동굴 안팎의 철학자가 서 있는 곳이나, 철학자가 앉아 있는 의자에도 지구와 달 사이에서 일어나는 중력이 작용한다. 하지만 라이프니츠의 입장에서는, 만물은 공간에 충만하여, 이웃 물체와의 접촉(*接觸*)과 영향으로 수수(*收受*)작용을 하며, 이웃 물체에 대한 가지(*可知*)와 감지(*感知*), 상호소통과 확장, 과거와 현재와 미래의 가독성(*可讀性*)으로 무한한 주름이 접혀 있다.[145]

'코기토'의 사유의 영역은 동굴 밖의 이성적인 것에 속하며, '줌'은 존재의 영역으로서 동굴 안의 감성계에 속한다. 동굴 안의 감각의 질곡에 놓인 죄수들을 구출하기 위하여 동굴 밖의 이성의 영역에 속한 철학자가 다시 동굴로 내려가야 하면, '코기토'에서 '줌'으로 도출되는 사유의 길은 현상구제

---

144) G. W. 라이프니츠, 『모나드론 외』, 책세상, 2007, pp.34-36. § 7, 모나드는 창문이 없기 때문에 만물이 들락날락할 수 없고, 실체나 우유는 모나드 외부에서 내부로 들어갈 수 없지만, § 8, 모나드가 서로 구분되는 질을 지니므로, 완전하게 채워진 공간에서 일지라도, § 14, 통일에서 다양성을 포괄하며 표상되는 상태에 이르는데 이것을 일컬어 지각이라 부른다.

145) Ibid., § 61.

의 원칙이다. 존재의 영역에서 사유의 영역으로 나가자면, 곧
동굴 안에서 밖으로 나가자면, 역학적 기계론의 과제로서 운
동을 설명하여야 한다.

사유와 연장 양자를 실체로 간주하는 데카르트는 사유에서
존재를 정복하는 사유의 역사를 선택하였다. 데카르트는 생
각하고 사유가 도달하는 곳이면 어디에서나 직접적 존재영역
이 열리고 연결되기 때문에 사유와 존재의 영역을 역학적으
로 결합하고 작동시키기 위하여 삼차원의 공간 좌표계를 도
입한다. 방안에서 사색하고 있다가 파리가 움직이는 모습을
발견하였다는 데카르트의 기하학적 관념으로서 좌표계 도입
은 공간의 신비성을 제거하고 구체성과 국지성을 확보하는
기하학의 도구였다. 예를 들자면, 사유가 가능한 존재와 존재
가능한 연장이 있기 때문에, 사유와 연장은 지구에서 달나라
에까지 확장된다. 데카르트는 파리 움직임을 관찰하기 위한
인간이 인식하는 사유를 외부세계에 기계적, 역학적으로 연
결시킴으로써 어두운 동굴의 상황을 획기적으로 개선하는데
기여하였다.

스피노자에 따르면 사유와 연장이 독립된 것이 아니라 사
유가 곧 실체이고, 이 실체는 하나의 유일한 개별자인 신이
다. 따라서 신 즉 자연(*Deus sive Natura*)이다. 동굴의 비유에
서 사슬에서 풀려나온 죄수나 사슬에 묶여 있는 죄수들이나
하나의 동일한 근원인 신의 본질에서 지성적으로 존재의 위
계에 따라 정해진 존재의 양태에 불과하다. 정신이나 물질은
동일한 근원인 신에서 나오기 때문이다. 그러므로 사유하는

정신적 실체와 사유된 연장적 실체는 둘이 아니라 하나의 근원인 신으로 돌아간다.

라이프니츠는 양자의 조화를 찾았다. 하나의 스침, 만남, 충돌 등으로 표시되는 믿음의 장에는 일정한 현상이 존재한다. 여기에 충족이유율을 제안한다. 현대양자역학의 선구적 파동이론을 제안한 슈뢰딩거도, 어떤 시간과 어떤 장소에서 일어나는 모든 파동을 안다면, 미래 시간의 공간에 있는 모든 점의 파동을 계산할 수 있다는 결정론을 제안하였다. 라이프니츠에 따르면, 사물과 사람, 사람과 사람, 사람과 사물 그리고 사물과 사물에도 접촉과 충격과 만남이 있으며 여기에는 일정한 소통법칙이 작용한다. 두 물체의 소통(*communicatio motus*)에는 한 운동하는 물체 A가 다른 정지하는 물체 B를 치면, A는 부분적으로나 전체적으로 자신의 운동에너지를 B에 넘겨주는데, 이때 A와 B 사이에 일어나는 소통에서 A는 전달자이고 B는 전송자이다. 여기에 A와 B는 그 자체로서 기하학적 연장으로만 존재하는 것이 아니라 그 자신에 내재적인 활동적인 힘(*vis actio*)안에 있다. 운동은 속성이 아니라 인인, 물물, 인물, 물인의 주변관계에서 일어나며, 물물규정에서 운동은 물을 치는 힘으로 유인되며 장소를 변경한다. 운동이 물 안에 있는 것이 아니라 그를 둘러싸는 상황에 의존하며, 시간과 공간은 사물들 상호간의 계기적 질서와 공존질서 이외에 다름이 아니다.

라이프니츠는 '생각한다'와 '존재한다'는 두 영역을 구분한 데카르트나 양자를 동일한 근원으로 되돌린 스피노자나 문제의 핵심은 조화로서 정신과 물질을 매개하는 물질적 원자가 아니라 정신적 본질인 모나드를 역학적으로 파악하는데 있다고 본다. 이 점에서 라이프니츠의 모나드개념은 물질을 최소 단위로 보는 원자론적 세계관보다 오늘날 양자론의 체계에 가깝게 접근한다. 모나드개념에 따르면, 동굴의 비유에서 사유한다는 정신적 본질에서나 존재한다는 물질적 본질에서나, 모든 지각은 현상 내지 환상에 불과하다. 시간이나 공간이라는 것도 지각의 양태에 불과하다. 그러나 감각적 현실을 직시하여 지각하거나 이성적 현실에 접근하여도 모나드의 지각대상은 의식의 등급으로만 차이를 나타낼 따름이다. 이러한 지각을 만들어가는 동인의 힘이 모나드이다. 라이프니츠는 이성적 존재자, 이성의 능력이 있는 존재와 그렇지 않은 존재자 사이에 사실 확정의 문제에서 철학적 해결방안을 지각을 만들어가는 동인의 힘을 모나드주름에서 찾았다. 동굴의 비유에서 철학자가 동굴 밖으로 탈출하고 다시 돌아와서 옛 동료 죄수들을 구원하기 위하여 동굴 밖으로 끌어내는 역학적 수단으로 엘리베이터 모델에도 이미 모나드의 주름이 존재한다.

엘리베이터는 원래 내려가고 끌어올리는 작업을 하기 위하여 필요한 수단으로 장소이동을 지각 가능하게 한다. 리프팅에는 운동의 동인은 한 장소에 고정되어 머물고 있는 것이 아니라 장소이동을 통하여 에너지를 죽게 만들지 않고 활성화시키는 힘이 있어야 유지된다. 이런 힘은 유기체적 역학모델에 잘 통용된다. 아인슈타인 이래 어느 쪽에서도 공간상에서 완전하고 완벽한 지점은 존재하지 않기 때문에, 공간에

한 장소에서 다른 장소로 급격하게 이동하는 수단으로서, 무게중심을 유지하고 있으면 올리는 쪽은 올라가는 쪽만큼 힘을 필요로 하는 것이고, 올려가려는 힘은 올려주려는 힘만큼의 힘을 필요로 한다. 라이프니츠의 도르래 모델은 가장 조화로운 무위의 유위(*agendo nihil agere*)의 원칙이다.[146]

---

146) 『라이프니츠와 클라크의 편지』, 배선복 편역, 철학과현실사, 2005, p.37. 라이프니츠의 동역학 모델은 뉴턴의 고전모델에 비교하여 뒤지지 않는 거의 반박할 여지가 없이 정설에 이르렀다. 아인슈타인의 상대성물리학, 20세기 초 양자역학과 불확정성 원리 등의 등장으로 고전역학이 붕괴되면서 라이프니츠의 모델이 오히려 더 현대적이고 포괄적 의미를 지니고 있다는 논의는 더욱 신빙성을 띠게 되었다.

제7장 문명의 고원지대

1. 개요

20세기 초 후설은 유럽과학의 위기는 근대초기부터 발생한 유럽인간 몸통의 위기로 진단하였다. 이때 '유럽'은 지리학적 경계를 한정하는 지리적 대륙을 나타내고 있는 것이 아니다. 희랍철학을 원조로 삼는 의무적 상속자로서 '하나의 정신적 삶의 통일'을 의미한다. 후설의 현상학이 국제철학운동으로 확산되었다는 점을 고려하면, 유럽의 정신적 전통과 수평적 합일은 아메리카 대륙 전체에서나 아시아 국가에서 유럽에 유학하였던 현상학자들이나 아프리카 출신의 현상학자들 사이에 있음직한 철학적 연대때문에 가능하였다. 상호문화철학적으로 보자면, 지역적 사유 전통을 도외시하는 고유사유와 외래사유의 접목은 외피의 눈가림에 불과하다. 르네상스의 코페르니쿠스 그리고 갈릴레이까지를 거치는 200여 년간의 문명이동 편중의 초기현상에서 이미 새로운 정신의 여명을 찾아 나선 암중모색에 유럽과학의 위기가 일어났

다. 당시에 유럽 전 대륙에는 종교개혁과 과학혁명이 일어났
으며, 유럽 외부 지역에서는 스콜라 변방철학의 발전과 다양
한 문명 간의 실용적 접속이 생겨났다. 종교와 과학 사이의
대표적인 사건으로는 갈릴레이와 로마 교황청과의 갈등이 일
어났을 때, 스페인과 포르투갈의 코임부라학파는 선교와 탐
험정신의 확장으로 비유럽 지역과의 접속을 가져왔다. 자연,
인간 그리고 정신의 소종래(所從來)로서 제3기 지중해 철학
은 르네상스 문명 편중현상의 가독성(可讀性) 문제에서 역사
형이상학적 고원지대로 방향을 돌리게 한다.

고대 희랍 플라톤에서 그 연원을 갖는 서양철학은 지중해
철학의 발전단계와 맥락을 같이 하며 전개되어 왔지만, 시대
적 양상에서 지속적 전통 단절의 위기를 전통 안에서 찾으려
하였을 때 그 찬란함이 무뎌졌다. 플라톤, 아리스토텔레스에
서 시작된 제1기 지중해 철학은 알렉산더 대왕의 3개 대륙
의 통일 이후 알렉산드리아를 중심으로 세계화되었으나 로마
제국의 발전으로 제2기 지중해 철학의 역사로 이어졌다. 고
대 희랍과 로마제국의 문명은 동질의 연속이기 때문에 제1기
와 2기를 구분하는 근본적인 차이는 없다. 그러나 로마제국
의 멸망으로 보에치우스를 마지막으로 서유럽의 플라톤, 아
리스토텔레스 철학의 교양문명은 서유럽에서 자취를 감춘다.

한반도의 고대 신라문명은 중앙아시아에서 유럽으로 진출
한 기마민족 세력에 의한 원인으로 이 시기의 세계 문명과
교섭하는 계기를 갖게 된다. 로마제국의 멸망 이후 서유럽
철학은 중세라는 암흑기에 접어들지만, 한반도에서는 14-5세

기에 이르기까지 불교 사유체계를 구축하고 있었다. 서유럽에서는 11세기 안셀무스에 의한 존재론적 사유법의 등장으로 유럽인의 자긍심이 살아나는 스콜라철학 운동이 일어났다. 중세 스콜라 철학은 안셀무스 이후 기독교인의 자의식으로 존재론적 사유법과 더불어 우주론적 사유법이 등장하였다. 이 사유법으로 보편논쟁이 활발하게 전개되어 유럽전역의 지식이동과 보편적 사유법을 가져왔다. 중세를 통틀어 중앙아시아의 몽고족은 중국의 중원을 장악하므로 원나라를 세우고 유럽공략에 나서므로 동서 문명사의 두 번째 만남을 가져왔다. 제2기 지중해 사유의 완성으로서 중세에는 지속적인 동서 문명의 교류가 일어나지 못하였다. 서로마제국의 몰락 이후 고대 희랍 문명의 정수를 이어간 비잔틴문명은 아랍문명으로 흡수되고 확산되므로, 13~14세기 이후로 서유럽 세계로 전수되었다. 서양의 르네상스는 곧 고대 희랍문명 정신의 재생 및 부활을 의미하는데, 16세기 코페르니쿠스의 태양중심설의 등장으로 정점에 도달한다. 르네상스 이후 예수회선교사들이 주축이 되어 그들이 동아시아 문명사회에 진입하여 뿌려놓은 문명의 씨앗은 동서양의 3번째 만남을 가져왔다.

　동서 문명세계는 3차례에 걸친 문명교섭 과정을 거쳤지만 2차례까지는 무위로 그쳤으나 3차례에 와서 진정한 만남을 이루었다. 첫 번째는 기원후 4세기를 전후하여 만리장성 이북의 흉노족이 유럽에 진출하므로 게르만민족을 자극하여 게르만민족 대이동을 야기하므로 서로마제국이 몰락하는 원인을 제공한 때이고, 두 번째는 중앙아시아에서 중원을 제패한

13세기의 몽고의 칭기즈칸 후예들이 서유럽을 침공하여 지중해 세계를 자극하므로 동서 문명교류가 일어난 시기이다. 첫 번째와 두 번째의 동서 문명 접촉에는 지리적 경계에 살고 있는 인간과 문화의 진정한 교류가 일어나지 않았지만, 세 번째 만남에는 동서양의 인적, 물적 교류 및 지식이동이 발생하면서 점진적으로 동서가 하나로 만나는 문명이동이 이루어졌다.

16세기부터 17세기에 이르는 동서 문명 이동상황의 절정은 대륙에서 명나라에서 청나라로 왕조변혁을 겪던 시기에, 파리의 루이 14세가 프랑스 학술원의 왕립수학자들을 청나라에 파송하였을 때이다. 라이프니츠는 1689년 여름 이탈리아 로마에서 당시 중국의 흠천감 수장의 지위를 이어가던 예수회 중국선교사 그리말디를 만나면서, 문명이동은 위에서 아래로 내려온다는 갈릴레이의 자유 낙하모델을 반박하고, 위에서 내려온 만큼 동일한 힘으로 아래에서 위로 올라가는 구조로서 리프팅 하는 도르래 문명이동모델을 고안하였다. 라이프니츠는 지중해문명에서 동아시아문명에로의 문명 이동과정을 정확하고도 객관적으로 내다보고 동서양이 상호 소통하는 문명 이동의 패러다임을 제시하였다.

르네상스에 보편논쟁의 승리는 유명론으로 돌아갔고, 근대 과학혁명의 원동력은 천동설에서 태양중심설과 지동설에 의한 세계관 반전으로 생겨난다. 르네상스의 문명 편중현상은 다방면에 걸쳐서 동서 문명 간의 지식이동을 가져왔고, 특히 지중해 세계와 한반도 사이에는 초생달 모양의 역사형이상학적 고원지대의 문화형이상학적 문명의 띠가 존재하였다.

이는 세계철학을 향한 상호문화 철학적 연대의 활동조건이
된다.

2. 도르래 문화철학

자신의 삶의 고유한 문화 현실과 사유의 문제에서 출발하
여, 낯설은 사유를 낯익은 자기 사유로 동화하고 문명이동과
전파를 위하여 생겨난 철학은 단순한 기술로 설명하는 이야
기(*story*)나, 과거를 알리고 전달이나 계승하려는 역사(*history*)
와도 다르다.

서로 다른 문명권의 사람들이 접촉하면서 소통하였던 인문
지식 배경에는 서로 다른 고전지식과 번역의 역사가 있어야
한다. 낯설은 문자로 화석화되어 있는 고전지식에 생각의 길
을 열어가며 새로운 사유가능성에 도전한 이 철학은 다름 아
닌 라이프니츠와 예수회 중국선교사들의 대화에 의하여 형성
되었다.

동서비교철학이며 상호문화철학의 효시를 이루는 이 철학
의 흐름은 16~17세기의 새로운 근대철학과 마테오리치 이
래 중국과 유럽을 넘나들며 토미즘의 한 갈래의 스콜라 철학
이 동양의 정신세계와 삼중주로 조우한 화음의 결과이다.

16세기 내지 17세기에 중국에서 활동한 지중해 지역 출신

의 예수회 선교사들은 근대 국제법의 창시자로 여겨지는 비토리아(*de F. Vitoria*)에 의해 아퀴나스의 텍스트를 새롭게 취급하여 시대 상황에 적용하는 방법을 제공받았다. 이들은 천문학에서 스페인과 포르투갈의 코임부라학파의 지식을 주요 원천으로 하면서, 티코 브라헤의 시스템을 운용하며 학습하였다. 엄격한 스콜라 교육과 학습을 거친 이들은 인도에서 인도양 해안의 진주를 양식하여 자금을 마련하여 선교의 전진기지를 확보한 다음 황색 마포를 두른 승려의 복장으로 중국선교로 들어갔다. 대부분 이들은 아프리카 남단의 희망봉을 돌고 인도양을 거쳐 인도지나반도를 통하여 중국으로 들어오는 루트를 이용하였다.

라이프니츠는 1689년 여름 로마에서 그리말디(*C. F. Grimaldi*, 中國名: 閔明我, 1638~1712)를 만남으로 그리말디 이외에 1689년에서 1715년까지 여러 예수회 선교사들과 서신교환을 하였으며 그 내용은 16~17세기의 신학, 철학, 역사, 선교, 천문, 수학, 음악, 미술, 건축, 과학기술, 인문지리학 등 다양한 간학제적 분야의 최신 지식경향을 반영하고 있다. 라이프니츠의 그리말디와의 만남은 그의 전임자인 페르비스트(*F. Verbiest*, 中國名: 南懷仁, 1623~1688)와 그의 전임자인 조선의 소현세자를 만난 유럽인의 흠천감의 초대수장 아담 샬(*A. Schall*, 中國名: 湯若望, 1591~1666)의 학문적 계보로 거슬러 올라간다.

아담 샬은 소현세자 이후에도 조선인 역관과의 만남으로 한국과 인연을 맺는데, 1644년 약 90일간을 아담 샬과 교류

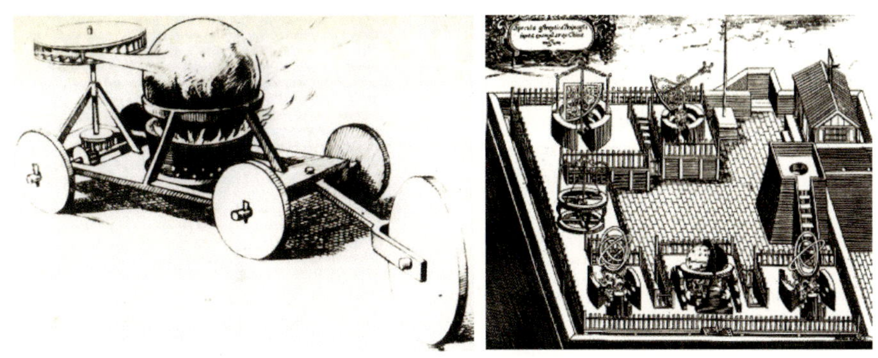

<그림 7-1> 1672년 청의 황실에 시연된 페르비스트의 스팀엔진

하였던 소현세자에 대하여 마티니는 "조선왕이 순치제를 만나고 예수회 신부들과 친교를 맺었다."라고 기록하였다.

소현세자는 아담 샬이 명하고 이천경이 제작한 흰 대리석으로 된 310kg의 평면해시계를 선물로 받고, "우리나라에 있는 것은 수백 년 동안 하늘의 움직임과 맞지 않아서 헛된 것"이라 하므로, 정확한 천문지식에 근거한 시간측정의 중요성을 지적한다. 17세기 소현세자가 북경에서 아담 샬로부터 받은 시계와 동양의 전통기술이 접목된 작품인 신법지평일구(新法地平日晷)에 대하여 소중한 가치를 갖는다고 평가하고, 17세기 동서 문물의 교류를 고찰함에 한양에서 북경을 오가며 활동한 정두언, 박제가, 홍대용 등의 인물 들이 서양문물을 수용한 것이 중요하였다면, 전달을 한 쪽이나 전달받은 쪽이나 어느 쪽을 막론하고 이러한 문물에 대한 쌍방 간의 문화적 배경지식과 문화상호성에 대한 연구가 필요하다.

라이프니츠가 그리말디와 첫 대화를 주고받은 1689년은

정치적으로 예수회 신부들이 통역 및 제반 사안으로 강희황
제를 도와서 중국과 러시아 간의 국경을 확정하는 네르친스
크 조약이 체결되던 해였다. 이 조약을 계기로 1712년 백두
산정계비(*白頭山定界碑*)가 세워지면서 조선과 중국의 국경
이 정해지게 된다. 전쟁이 없이 국가 간의 경계가 정해지는
일은 매우 희귀한 경우이지만, 이 경계 짓기는 역사적, 문화
적 그리고 과학적 사건으로 기억될 만하다.

라이프니츠는 뉴턴이 갈릴레이의 지동설과 행성운동궤도
에 대한 케플러의 근본가설을 토대로 태양 중심 천문학의 코
페르니쿠스 혁명을 수학적으로 증명한 1687년『프린키피아,
Principia』출간을 높이 평가하였다. 하지만 뉴턴이 지향하는
역학적 세계관에 대한 비판의 각을 세우며 동서양이 함께 나
가는 세계를 꿈꾸었다. 실제로 라이프니츠가 그리말디를 로
마에서 만났을 때, 중국은 케플러와 그의 능력과 관련한 조
언이 절실하게 필요하였다. 1634년에서 1645년까지 왕조변
혁 가운데 진행된 중국의 태음력에서 태양력의 전환개혁은
문화적 차이로 매듭이 지어지지 않았고 지식이동이 절실한
형편이었다. 라이프니츠는 테렌츠(*J. Terrenz*, *中國名: 鄧玉函*,
1576~1630)가 케플러의 조언을 구한 점에 대하여 언급한다.
중국에서 선교활동과 천문학을 보급하고 있던 테렌츠가
1623년 자신의 친구 크루츠(*A. Curtz*)에게 보낸 서신을 케플
러가 4년이 지난 1627년에 읽고서 중국역법의 개선에 관한
테렌츠의 질문을 조언한 적이 있다.

〈그림 7-2〉 1588년 라멜리(*A. Ramelli*)의 끌어올리는 기계와
1627년 슈렉의 번역본

　라이프니츠는 유럽의 중국선교의 역사가 70여 년이 지난 시기에 케플러 저작을 통하여 이 사실을 그리말디에게 회고하게 하면서 언급하고 있다. 17세기 중국에서 중국의 천문개혁에 참여하며 갈릴레이의 지동설을 감추고 활약하던 예수회 선교사들의 천문학의 수준은　천동설을 유지한 브라헤(*T. Brahe*, 1546~1601)의 수준에 머무르고 있었다. 라이프니츠는 유럽에서 수학의 진보, 과학 활동 등을 전하면서, 이러한 수준으로 발전하면 동서격차가 줄어들 것이라고 진단한다. 상이한 문화전통이 서로 겹치면서 생겨난 서양학 자료는 구체적으로 지도, 시계, 서양역법 등에 대한 중요한 토론을 하고 있으며, 그때 분류된 학문의 체계는 근대유럽의 학문의 토대에 있고 그때 전송된 지식의 오리엔테이션은 오늘날에도

타당하다.

라이프니츠는 서신교환에서 한국 지도를 오랫동안 갖고 있다가 잃어버린 적이 있다고 술회한 적도 있다. 여러 차례 한국의 지리적 위치에 대하여 언급하여 만주어, 중국어, 일본어에 대비되는 한국어의 고유성에 대하여 관심을 표명한다. 아시아를 넘는 베링해협과 북아메리카 쪽 기후와 지리에 대한 관심도 표명한다. 데카르트, 칸트, 헤겔, 하이데거 등에 이르기까지 한국과 동양철학에 대하여 이렇게 따뜻한 배려로 지리적 관심을 보인 서양 철학자는 라이프니츠 이외에는 거의 없다.

라이프니츠가 근대유럽의 변방철학이 동아시아 정신세계에 접목하던 예수회선교사들과 나눈 서신교환의 주제는 결코 남의 이야기가 아닌 결국 우리 이야기이다. 서양선교사는 유럽과 중국을 오가며 문화교류를 하였고, 조선은 중국을 통하여 서양학문을 접하였기 때문에 서양과 간접적 우회적으로 연결되었다.

17세기 마테오리치의 세계지도를 보기 전까지는 한반도에서 인정하는 우주는 하늘은 둥글며 땅은 사방으로 펴진 세계의 중심이 중국(*中國*)이었다. 그러나 마테오리치 세계지도와 마티니의 중국지도를 들여다본 다음부터 이러한 생각이 여지없이 무너지고 말았을 때 그 충격은 중국이나 한국도 마찬가지였다. 17세기 중국의 역사와 지리연구에 가장 공헌을 많이 한 마티니는 『신중국지도』에서 위도는 일치하나 경도와는 일치하지 않는 경도상의 독법으로 지도를 제작하였다. 하나는 북경을, 다른 하나는 서유럽에 본초자오선을 사용한 지도

로 중국이 세계의 중심(*中心*)이라는 중국인의 견해를 존중하
였기 때문이다.

　별들을 관찰하므로 위도를 결정하는 마티니의 방법은 갈릴
레이가 망원경으로 금성 둘레의 4개의 위성의 운동을 관찰하
므로 위도를 계산하는 방법에서 왔을 수도 있다.[147] 로마의
로마눔 대학에서 키르허에서 수학을 배웠던 마티니가 갈릴레
이의 제안을 알고 중국지도제작에 관여하였을 가능성도 높
다. 키르허는 합스부르크 황실의 케플러 후임으로 가려다가
로마눔 대학에서 활동하였던 정황을 보면 중국 흠천감의 학
문적 수준과 마티니의 천문학 지식은 정상급으로 보아도 될
것이다. 라이프니츠는 16～17세기 키르허를 아리스토텔레스
에 버금가는 학자로 평가하였을 만큼 키르허는 뛰어난 지식
인이었고 당대 중국 관련 최고의 연구자였다. 마테오리치 역
시 1630년 갈릴레이의 종교회의에 지동설을 옹호한 클라비
우스의 로마눔 대학에서 클라비우스의 제자였고 아담 샬 역
시 클라비우스를 19세에 만났던 것으로 알려진다.

　문명과 문명이 만나는 표면(*表面*)구조 해석에는 상호문화
철학적으로 접근되어야 할 뿐만 아니라 서로가 서로에 대하
여 우호적으로 말하는 대화가 있어야 한다. 실제로 유럽은
17세기 이후 18세기에 동양에 대한 신비주의 열풍으로 계몽
과 더불어 낭만주의 시대를 맞이하였고, 우리나라에서는 전
통유학 사상이 서학과 서교에 대하여 친화적인 방향으로 다

---

147) 갈릴레이의 『두 세계의 대화』는 판매금지가 되었지만 그 사본은 1638년에 네덜
　　란드 라이덴으로 밀반출되어서 출간되었다.

가갔다. 이러한 문명의 만남의 이면(裏面)에는 인물과 인물이 소통하고 교류한 과학 문화적 접근과 해석방법의 연구도 필요하다. 라이프니츠가 그리말디에게 던졌던 이야기는 우리가 어디에 살고, 어떤 언어를 사용하고, 천문학과 수학의 진보는 어떻고, 의학 수준은 어떠하며, 인삼차는 어떻게 재배하는지 등 너무나도 우리 사정의 정곡을 찌르고 들어온다. 여기서 조선의 사신과 서양선교사와의 접촉 및 서학(西學)의 교류에 관한 연구에 한문 자료만이 중요한 것이 아니라, 서학동향의 자료도 국학(國學) 자료와 동급으로 대우하여야 한다. 서양선교사들은 지도제작기술을 익혀 실지로 중국여행을 통하여 만든 지도제작 자료를 갖고 유럽의 암스테르담 등지의 네덜란드의 출판업자를 만나 출간하였다. 어떻게 유라시아 지역 지도가 만들어졌고 국경 통과, 각국 언어의 학습, 여행비 조달 등이 이루어졌는지에 대한 배경지식이 설명되어야 한다. 외국문물이 자국문물의 거울이 되고 있다는 사실에 비추어본다면, 근대 400년 이래의 우리나라에 들어온 서양문물은 거의 전통에 흡수되었다고 할 수 있다.

20세기 초반에 카시러나 퍼스의 인문학적, 문화철학적 해석학과 20세기 후반에 등장한 상호문화철학의 접근 방법은 심도 높은 동서문화상호철학의 개념을 창출하는 데 도움이 된다. 라이프니츠는 학문적 인식의 단계에서 동서양의 동등한 상호 빛의 소통(*Commercia inquam doctrinae et mutuae lucis*)의 원칙을 천명하였다. 서양이 지구상의 땅을 식민화하고 16~17세기에 동양세계로 접근한 진로를 추적하는 연구는, 세계와 소통하는 해외 한국학 진흥에도 기여하고 지구상 도처에서 필요로 하는 상호문화철학적 사유역량을 키우게 한다.

3. 상호문화 지각깊이

16~17세기 중국과 유럽을 왕래하며 과학기술문명 전파와 선교활동을 하였던 서양선교사들은 근대의 변방철학으로서 토미즘에 입각한 기독교철학을 배경으로 비록 유럽에서 태어났지만 중국에도 묻힌 인물(人物)도 많다. 이들은 토미즘체계 안에서, 말하자면 동양의 전통사회의 사유유형들, 성리학, 불교, 도교에 접근하였다. 중국은 오직 이들의 "과학기술"에만 관심을 가졌고, 자국의 문물을 유용하고 개혁하는 데에만 몰두하였다. 조선으로서는 중화사상에서 벗어나 서학의 과학적 합리주의에서 신문물에 대한 개안을 얻는다. 이에 대한 연구방법론이 상호문화철학의 관점(*inter-cultural viewpoint*)이다.

20세기 후반에 생겨난 상호문화철학이란 지구상에 존재하는 다양한 문화와 사유 전통을 존중하고 특정 문화권의 철학사상이 다른 문화권의 사상에 절대 우위를 거부하는 현대철학의 한 방법론적 태도 내지 입장이다. 문화는 윤리적으로 민족의 동질성과 통일성으로 외부에 배타적이기 때문에, 뷀쉬(*W. Welsch*)는 상호문화성 대신 탈 문화성(*Transkulturalitaet*)을 말하기도 한다. 상호문화적 세계의 출입문에서는 항상 모방과 비판이 뒤따르며 언제나 정면 대결상황에서 일어나는 현상의 총체개념으로서 문화를 만난다. 상호문화현상은 매체성을 전제한다. 카시러는 문화철학의 입장을 문화관찰자에서 찾았다. 상호문화관찰자의 문화세계에는 모든 가능한 정신세계와 이에 연관된 자연과학도 속한다. 상호문화관찰자는 세계와 문화를 서로 극으로 호환되게 한다. 상호문화과학적으로 인(人)은 내부의 나와 외부의 대상의 물(物)과 서로 극으로 소통하기 때문이다. 바깥 외부대상의 어떤 것(*es*)은 다른 나(*alter ego*)로 너의 변주이다. 그러므로 상호문화현실규정에서 자기를 앞세우지 않는 대상성의 우위는 무차별의 객관성을 낳는다. 소박한 의미에서 인은 내외(內外)로 상호 소통되지만, 그렇다고 자연과학의 해석에서 인을 물로 환원시키는 것을 따라가지 않는다. 인과 물 *사이*(間)는 '물리학적으로 절대로 환원될 수 없고, 오직 자연과학방법의 한계개념으로서만 간주될 뿐'이기 때문이다.

카시러에 따르면, 인간은 상징적 동물(*animal symbolicum*)로서 '상징적 수임(*symbolische Praegnanz*)' 존재이다. 메를로 퐁티가 '감성의 육화'라고 부른, 상징적 수임은 언어, 신화, 종교, 기술, 과학을 포함하는 감성현실이다. 상징적 수임은 또한 문화현실을 심는 원동력이다. 인간은 의미요구와 진리요구를 하기 때문이다. 문화현실을 만들기 위하여 인간은 a) 몸의 조직, b) 상징적 활동성과 상호활동성을 매체로 삼는다. 인간은 상징적 매체로 몸으로 의미요구를 만든다. 인간은 몸으로 자신을 이해가능하게 만드는 진리요구를 수임한다. 문화는 수

임된 인간의 진리요구를 수평적으로 확산한다. 인간의 상징적 활동의 매체성이 문화를 수임하는지는 그의 고유한 시간성 연관에 있다. 몸의 시간성과 문화의 시간성에 상호활동성의 의미가 형성되며, 인간은 자신이 만든 혹은 남긴 작품세계를 a) 문화과학과 b) 자연과학에 귀속시킨다. 전자는 인격적으로 나를 파악할 낱낱의 행위로서 인간의 매체행위를 규정하고, 후자는 탈 인격적(*a-personal*) 상호작용 영역을 발전시켜 나간다.

카시러의 상호문화철학적 관점에서 근대문화와 과학을 해석하면, 근대인은 별을 바라보면서 보는 시선과 보인 시선 방향 사이의 거리를 결정하고 상이한 각에 따라 대상을 보게(*viewing*) 할 광학이론과 광학도구를 발전시켰다. 천동설에서 태양 중심설에로의 체계이동에서, 문화관찰자는 관찰된 대상의 명백한 위치변경에서 위치변경에 따르는 이론을 필요로 하였다. 예수회선교사들은 지구상의 대양을 항해하고 사막을 횡단하고 문명의 오지를 탐험하면서도 종전의 아리스토텔레스의 장소이동이론이 아닌 르네상스 이래의 새로운 천문이론을 따르는 문화관찰자의 의식범위에 속해 있었다. 라이프니츠가 예수회 중국선교사들과 대화를 시작할 때 그 지식배경이 잘 드러난다. 라이프니츠는 탈 지구 중심 시대에 주어와 대상 사이의 시차(*parallax*)문제와 운동의 주어의 무지를 환기시킨 철학을 예수회 중국선교사들과 토론하였다. 시차이론은 이미 케플러가 말한대로, 별들에 대하여 우리의 시지각 등급이 자신의 고유한 위치에 의하여 오염되어 물들지 않을 것을 요구하는 것이다. 삶의 구체적 현장에서 문화관찰자는 자신의 지점에서 행성운동과 우주의 대상의 실재거리를 계산하고 조정하는 수학적 등식으로 시차문제를 해결하였다. 갈릴레이는 이론과 이론을 증명하려고 사용하였던 수단분석을 구분하는 것은 불가능하다고 보았다. 그래서 상호문화관찰자는 같은 이론 내에서 다른 가설을 반박하기 위하여 망원경이라는 도구를 사용하였다.

인간이나 동물도 일종의 시차문제를 해결하기 위하여 중첩된 영역의 광학도구처럼 두 눈을 사용한다. 기하학과 광학으로 미시우주와 거시우주를 발견한 근대인은 시차문제를 해결하기 위하여 무한우주의 관념을 받아들인 것만이 아니다. 말하자면 근대가 받아들인 무한세계의 관념은 고전적인 과학사의 해석과는 달리 상호문화철학적 지각 깊이를 얻기 위한 것이라 해석할 수 있다. 근대인은 문화관찰자로서 지구상의 어떠한 유일하고도 특별한 위치로부터 떨어진 거리와 크기의 광학적 약점을 교정할 수 있다. 여기서 객관적 우주의 지도가 형성되었다. 라이프니츠와 그리말디가 만나고, 아담 샬과 소현세자가 만나 해시계와 천주상 등을 주고받았던 사건도 상호문화과학적 문화관찰자의 입장에서 보면, 카시러가 진단한 인물소통이고, 근대인의 광학이론과 기하학의 발단의 문화철학적 여파이다.

17세기 예수회 인물들은 광학미디어로 동서 문명의 역사적 문화공간을 창출하여 새로운 경계의 문화지형도를 만들었다. 바로크 시대는 주어와 대상 사이의 관계에서 본 것과 보인 것 사이의 관계에서 항상 '내가 본 것은 확실한가?'라는 근본물음에 직면하였을 때, 보는 사물들의 대상의 실재에 어떤 시지각 등급이 상응하는가의 문제는 시차에 관계된 현상의 문제이며 과학은 즉답을 주었다. 그러나 대상들은 더 이상 고정되어 있지 않고 움직이고 방황하기 때문에 과학이 집중할 수 없는 문제가 연속적으로 일어난다. 이때 광학미디어는 예수회선교사들로 하여금 근대성을 지역성(*locality*)에 한정시키지 않고 보편성(*global locality*)으로 확장시키는 계기를 제공하였다. 광학미디어의 인식론적 발단은 포착되지 않는 가동의 대상형식에 카메라로 대상을 한 점에 고정시켜 놓는데 있다. 망원경과 렌즈의 통제는 봄(*Sight*)의 역학적 통일을 사회화하는 광학도구이다. 실제로 무엇이 봄의 초점이 되어야 하는지는 카메라가 포착하는 시각적 우주에 대한 렌즈의 통제에 달려있다. 봄이 렌즈가 포착하는 이미지의 광학적 전송이라면, 시차이론은 엄밀하게 무엇이 실제로 보일 수 있게 할지를 범례로 만드는(*specify*) 능력이다.

라이프니츠는 『모나드론』에서 모나드에게 "스스로 변화하기 위한 범례"를 갖춘 자격을 부여한다.[148] 모나드는 르네상스에 암실(暗室)을 의미하는 카메라 옵스큐라(*camera obscura*)에서 탄생하여 예수회선교사들의 문화공간 창출에 기여하였다. 즉, 카메라 옵스큐라는 선형투영법과 인쇄술에 관련된 것이며, 모나드는 궁극적으로 예수회 중국선교사들이 유럽에서 중국으로 이동하는 지식배경이 되었다. 구텐베르크의 인쇄술의 발명으로 성경 출판은 하나의 유일한 오리지널의 재생산을

---

148) G. W. Leibniz, 『모나드론 외』 § 12.

가능하게 하였다. 종교개혁시기에 카메라 옵스큐라 원리가 적용된 인쇄술의 발명은 개신교 신앙을 순수한 문자에 정초하기 위한 필수적인 도구가 되었다. 출간된 책은 카마라 옵스쿠라 혹은 선형투영기하학으로 엄격한 정확성으로 가져왔다. 모든 책은 같은 텍스트, 같은 페이지, 같은 탈자, 오자, 한 장에 수천쪽이 다 닮아 있다. 화가와 살아 있는 대상 사이의 회화도, 카메라 옵스큐라를 만드는 방식으로 생겨났다. 라이프니츠는 카메라 옵스큐라를 통한 불가분의 질료의 무한성에 미학적 선형투영법을 적용하였다. 예수회선교사들은 항해에서나 지구상의 현지에서나 자신들의 인문지식 개념에 선형투영법을 적용하고 이들의 배경지식에 대하여 궁금해 하였을 때, 라이프니츠는 주어와 대상 사이에 따르는 주어의 상관적 변형을 모나드의 '주름'이라고 불렀다. 대우주와 소우주 사이의 다양한 지각 깊이를 갖는 주름은 존재자들의 층에서 질료의 불가분성처럼 무한하게 펼쳐졌기 때문에, 17세기 문화관찰자는 대상이 자신에게 가까이 오고 멀어져가는 두 문화세계 현실의 인지적 차이의 문화공간구성 지각 깊이에 놓인 모나드의 주름을 보았다.

전체 모나드체계의 합리성이 충분하고 명백하게 뚫고 들어갈 수 있는 공간은 문화형이상학적 수임지대이다. 오늘날 사유를 모나드 지각이동 형식에 따라 '공간적'으로 규정하였을 때 이러한 수임공간이 열린다. 라이프니츠가 『모나드론』에서 주어와 대상 사이에 고정되지 않은 원자의 상태로서 설정한 모나드의 전망주의 플랫폼이 이에 해당된다. 모나드체계의 표준장소는 지리학과 공존하는 논리적 질서에 따라 규정되므로, 공간적 장소의 구성문제는 직관적으로 해체된다. 라이프니츠는 사유의 공간을 신체적으로 체험하며 실천적 지리적 측정에서 모나드의 위치를 "여기나 거기나 다 똑같아요?!"라고 고지하였다. 이 이론을 예수회 중국선교사들에게 적용하면, 모나드 지각과 주름은 존재론적으로 같은 위상학적 사유를 닮아 있다. 그렇기 때문에, 비록 원근의 차이는 있을지언정 이들이 어느 곳 어디에 있더라도 같다. 중국에서 서학을 수용한 중국학자들에게도 중국을 오가며 서학을 수용한 조선의 유학자들에게도 동일한 세계에서 소통하며 지식을 나눌 수 있는 모나드 지각세계의 주름이 상호문화지각깊이로 다가오기 때문이다. 모나드체계의 표준장소의 상호문화지각깊이를 통하여 동서 문명은 하나가 될 수 있다.

4. 서신교환

라이프니츠의 서신교환 상대자는 1,000명 이상이고, 그중에 예수회 중국선교사들과 주고받은 인물들의 범위는 20명을 넘지 않는다. 이것은 전체 유고의 아주 작은 부분에 불과하다.[149] 라이프니츠와 예수회선교사들의 서신교환은 1689년

---

[149] 라이프니츠와 예수회 선교사들의 서신 교환은 비드마이어가 1990년에 편집한 *"Leibniz Korrespondiert mit China"*에 거의 수록되어 있고, 2006년에 역시 비드마이어가 편집소개하고 발데 루돌프 바빈이 독일어로 번역하여 *"Der Briefwechsel mit den Jesuiten in China(1689-1714)"*로 출간하였다. 하노버의 라이프니츠

에서 1697년까지 그리말디, 1697년에서 1706년까지는 부베
(*J. Bouvet, 中國名: 白進, 白晉*, 1656~1730)를 중심으로 서
신교환을 하였고 그 후 10여 년이 지난 1715년에는 학자 장
관인 르몽에게 전하는『중국철학에 관한 서한』으로 동서 문
명 간의 대화를 열었다. 라이프니츠의 서신교환은 1700년을
기점으로 소르본 대학의 신학부과 파리외방선교회(*Société des
Missions Etrangéres*)에서 시작된 예수회 선교사들의 선교정책
에 대한 집중적인 비판과 검열로 변화를 겪기 때문에 라이프
니츠와 예수회 중국선교사들과의 서신교환은 1689년에서
1706년까지와 1705년으로 양분하여 고찰할 수도 있다. 1차
시기는 1698년 여름 로마에서의 그리말디와의 첫 만남에서
시작하여 1697년『최신중국소식』편집과 출간이 등장하기까
지이다. 2차 시기는 파리 학술원 소속 예수회 중국선교사 부
베와 나눈 학문적 서신교환에 초점이 놓여 있다. 마지막 시
기에는 1715년경에 중국철학에 대한 학술적 저술로서『중국
철학에 관한 서한』이 있다.

라이프니츠가 동아시아문명과 대화를 열어나간 첫 시기는
1689년 여름 로마 라이프니츠와 그리말디와의 만남으로 시
작된다. 당시 정치적으로 중국과 러시아는 네르친스키 평화
조약(1689)을 체결하고 있었다. 라이프니츠는 하노버 공국의
왕가의 고적지를 탐방하며 역사편찬기록의 검증작업을 위하

대학 도서관에 비치된 〈라이프니츠 문고〉와 라이프니츠가 도서관장으로 일하였던
볼펜뷰텔 도서관을 비롯하여 라이프니츠와 예수회 선교사 관련 문헌들을 정밀 조
사하고 관련 연구 자료를 수집하다 보면 의외로 바둑기보를 포함한 17세기에 유
럽으로 건너간 동양의 희귀자료도 찾아내어 발굴할 수도 있다.

여 이탈리아 전역을 여행 중이었다. 그리말디는 청의 강희황제의 위임을 받아 프랑스, 독일, 폴란드, 러시아를 통하여 중국으로 입국하려는 계획을 진행 중이었다. 라이프니츠는 1689년 7월 19일 루이 14세의 예수회 선교사의 수학자들이 북경에 도착하기 10일 전인 1688년 2월 7일에 야담 샬 후계자로 페르비스트가 사망하면서, 부재중에 그의 후계자로 지명되고 있었던 그리말디에게 30여 가지의 질문을 조회하였다.

〈그림 7-3〉 쿠풀레의 1687년 『중국철학자 공자』 표지

라이프니츠는 당시 쿠풀레(*von P. Couplet*)의 『중국철학자 공자, *Confucius Sinarum philosophus*』가 유럽어로 번역된 중국의 경전에 대하여 어느 정도의 부분적 지식을 숙지한 상태였다. 라이프니츠는 30가지 질문들을 통하여 간학제적 질문으로서 중

국의 원예학, 과학기술 상태, 군사학, 언어, 민족과 인종그룹 등의 광범위한 영역을 망라한다. 그리말디는 황제가 하루에 3~4시간을 수학공부를 하고 있고, 유클리드 기하학을 알고 삼각법을 이용하여 천체의 운동현상을 계산할 정도라고 전한다. 라이프니츠는 이미 키르허(*A. Kircher*, 1601~1680)의 1667년 『중국 해설, *China illustrata*』과 멘쩰(*C. Mentzel*, 1622~1701)의 『인삼의 효능에 대하여, *De Radice Chinesoium Gin-Sen*』에도 언급되는 고려인삼(*高麗人蔘*, *Gin Sen*)의 건강상의 효능과 복용방법에 관한 질문도 던진다. 실제로 인삼은 유럽에서 인기 있는 차(茶)로 알려져 사교계에 각광을 받고 있었다. 그리말디도 피렌체의 대공을 알현한 선물로 인삼을 내놓았다고 한다. 라이프니츠는 그 후의 서신교환에서 상대방 여행의 안위와 동아시아 각국의 언어, 문화, 이진법 수학 등을 논의하였다. 그리말디는 러시아 국경 통과 승인을 얻고자 하였지만, 육로를 포기하고 해로를 통하여 페르시아를 거쳐서 중국으로 가게 된 이야기 등을 주고받는다. 이 시기에 라이프니츠는 중국 산법(算法)에 관심을 보이면서 다양한 민족들이 서로 교류하고 소통할 수 있는 보편언어(*universal language*)에 대한 요구와 1679년부터 시작된 이진법 연구를 재개한다. 이 언어는 아주 단순하면서도 간단명료한 의사소통방식처럼 산수에서 모든 자연수의 흐름을 0과 1만으로 표시하는 체계이다.

라이프니츠는 1697년 새해에 브라운슈바이히 볼펜뷔텔의 루돌프 아우구스트(*R. August*, 1627~1704) 공작에게 이 연구 결과를 원형메달에 새겨 신년하례선물로 바친다. 세계창조의

상(*imago creationis*)을 설명한 이 원형메달의 전면에는 아우구스트 공작의 초상화가 있고 후면의 상단둘레에는 "1이면 2, 3, 4, 5 기타 등등으로 만물(萬物)을 무(無)에서부터 창조하기 위하여서는 충분하다."는 글을 적었다. 메달의 하단의 둘레에는 메달 설계자 루도비치(*C. G. Ludovici*)라는 이름과 1697년이라는 제작년도가 새겨져 있다. 메달의 중앙에는 빛과 어두움의 대비가 있고 이를 배경으로 1에서 18에 이르는 십진법수열과 0과 1만의 이진법 수열을 나란히 병렬시켜놓고 있다. 이 이진법 수열은 음양(陰陽)에서 사상(四象), 사상에서 팔괘(八卦)를 거쳐 이론적으로 존재하는 주역의 16괘(卦)의 수리적 구성을 보여준다. 라이프니츠는 0과 1의 이진법의 체계가 고대 중국에서 전래되어온 주역체계처럼 실제생활에 그 실용성을 거둘 수 있다고 확신한 듯하다. 라이프니츠는 그리말디와의 서신교환을 바탕으로 그 밖의 여러 서한과 논문들을 모아 1697년 4월에는 『최신중국학』이라는 제목으로 책을 편집출간 하였다.

둘째 시기는 루이 14세가 파견한 프랑스 학술원의 '왕립수학자들(*Mathematiciens du Roy*)'과의 서신교환이다. 1600년 이래 거의 1세기 가까이 끌어온 중국선교사에서 새로운 중국이해의 결정적 계기는 쿠플레의 1686년 『중국철학자 공자』의 중국경전의 공동번역이다. 이 책의 출간은 동방에 대한 무한한 흥미와 호기심(*Curiositas*)을 불러일으켰고 이 책을 헌정 받은 루이 14세로 하여금 프랑스가 왕립수학자들의 중국 파견결정을 이끌어낸다. 페르비스트는 수차례 유럽에 서신으로

'제대로 된 올바른 선교사'를 보내 줄 것을 요청하던 터이고, 강희황제도 서양의 선진 과학기술문명을 전수할 더 많은 선교사들을 원했다. 유럽에도 중국선교와 무역에 관한 관심이 증가하였기 때문에, 루이 14세는 선교사 파송조치로 포르투갈의 독점적 지위를 부수고 프랑스의 영향을 강화하는 수단으로 이용하였다.

퐁따네(*Jean de Fontaney*, 1643~1710)를 수장으로 하는 루이 14세의 파리학술원 소속의 예수회 선교사들은 부베, 제르비용(*J.-F. Gerbillon*, 1647~1707), 꽁뜨(*L.-D. Le Comte*, 1655~1728), 따샤르(*G. Tachard*, 1648~1712), 비스들루(*C. de Visdelou*, 1656~1737) 6명이 1685년 3월에 출발하였다. 그들 중 따샤르만 태국에 남고 나머지 5명이 북경에 도착한 날은 1688년 2월 7일이었다. 북경에 도착한 5명의 선교사들 가운데 부베와 제르비용만이 강희제의 궁정에서 수학, 화학 등 과학을 가르치고 나머지는 지방에서 활동한다. 북경에서 5년간을 체류하던 부베는 그리말디와 마찬가지로 더 많은 선교사들을 중국에 데려오라는 강희황제의 명을 받는다. 부베는 1693년 7월 8일에 중국을 떠나 1694년 마카오를 거쳐 1697년 3월 1일에야 파리에 돌아온다. 부베는 라이프니츠의 『최신중국학』 발간소식을 접하면서, 더 많은 논평과 뉴스거리가 있다며 자신이 출간한 『중국황제의 역사적 초상화, *Potrait historique de l'Empereur de la Chine*』를 보낸다. 라이프니츠는 부베가 베르쥬(A. Verjus, 1632-1706)에게 전한 편지뭉치와 수학, 물리학 및 과학 관찰기구 등 포함선물보따리를 받고 보타(*C. M.*

Vota, 1629~1715)로부터 1674년 이래의 중국소식을 듣는다. 라이프니츠는 부베의 『중국황제의 역사적 초상화』를 1699년에 『최신중국학』의 2판 서문에 수록한다. 1700년 3월 19일 베를린에 자연과학관찰 실험실 설치가 승인된다. 라이프니츠는 최종적으로는 중국선교를 목표로 설립된 베를린 학술원의 초대원장으로 취임한다. 같은 해 4월에 파리학술원 학술원에 기관지에 이진법에 관한 논문을 보낸다. 이 서신교환은 라이프니츠의 이진법체계와 주역의 수리적 구성에 대한 심도 높은 내용을 담고 있다. 오늘날 이진법에 의한 주역의 수리적 구성의 비밀의 해독은 디지털문명시대에 동서문명세계의 빛을 밝혀나갈 배경지식이다.

셋째 시기의 『중국철학서한』이 탄생하는 데에는 여러 가지 복합적이고 종합적 배경이 작용한다. 지금까지 예수회 중국선교사들과의 편지교환을 바탕으로 연구 활동의 결과물이 나왔다면, 이 저작은 라이프니츠의 말년의 죽기 직전의 연구결과로 그의 『모나드론』에 버금가는 중요도를 지닌다. 1685년 3월에 출발한 5명의 프랑스의 왕립수학자들이 거의 3년이 지난 후 북경에 도착하지만 지방에서 활약하던 선교사들은 포르투갈 상인들로부터 책과 돈을 약탈당해 이들 선교조직은 거의 와해지경에 이른다. 상황이 이렇게 되자 3년 반의 중국체류 끝에 유럽에 이 사실을 보고하려 프랑스로 돌아간 꽁뜨는 『중국의 현재상황의 새로운 보고서, *Nouveaux mémoires sur l'etat présent de la chine*, Paris, 1696』를 출간한다. 꽁뜨는 비록 3년 반의 중국체류였지만 남경과 북경까지 강의 운하체계와 영파(寧波)에서 북경(北京) 그리고 북경에서 광주(廣州)를 연결하는 도로 가이드를 조사한 보고서를 썼고 『중국의 현재상황의 새로운 보고서』에서 중국의 지리, 기후, 왕조, 역사, 문화, 언어, 종교, 기독교 등에 관한 자료와 내용을 기록하였다. 이 책은 영어, 독일어, 이태리어로도 번역된 10쇄를 거듭한 베스트셀러였지만 출간 4년이 지난 후에 파리의 소르본 대학의 검열대상에 오르게 된다. 동시에 중국에 결코 간적이 없던 고비엥(C. L. Gobien, 1653∼1708)도 1698년 파리에서『기독교종교에 대한 중국의 칙령의 역사, *Histoire de l'edit de la chine en faveur de la religion chrestienne*』를 출간한다.

이 두 저작은 1700년 파리의 중국 전례논쟁의 정점을 이루는 문제작이 된다. 이 책들의 대중적 인기에도 불구하고 파리의 외방선교회는 1700년 4월 20일에 르 꽁뜨와 르 고비엥의 두 작품을 탄핵한다. 탄핵대상은 (1) 중국인은 거의 2,000년 동안 진짜 신에 대한 지식을 가졌고, (2) 창조자에게 중국으로는 문제될 것 없고, (3) 성령은 이천 년 이상을 중국인에게 보존되어 왔으며, (4) 지구상의 민족 가운데 주님이 중국보다 더 끔찍하게 사랑하셨던 민족은 없으며, (5) 최초의 중국황제들과 성인들이 고백하였던 신은 기독교인들이 천지의 주제자로서 경배하고 인정한 신과 같다는 5명제들이다.

라이프니츠는 1700년 1월 1일 하노버에서 베르쥬에게 보낸 『공자제사, *De cultu Confucii civili*』에서 중국의 고대신학(*prisca theologia*)의 논의를 통하여 당대 중국인들이 문헌비평과 철학을 충분하게 발전시키지 못한 점을 지적하고, 예수회 중국선교사들에 반대되는 주장을 펼친 논의도 자신을 전혀 "설득시키지 못했다(*tamen nondum sum persuasus*)"고 밝히고 있다. 라이프니츠가 1714년 중국철학에 대한 논의를 전개하는 근인(近因)은 꽁뜨와 고르비엥의 작품에 대한 파리 소르본대학 및 파리 외방선교회의 공개적인 검열과 비판에 있지만, 원인(遠因)은 이미 중국 내에서 오랫동안 잠재적으로 배태하고 있던 마테오리치의 보유론적 입장에 대한 그의 후계자들인 도미니칸 수도원의 롱고바르디와 쌍뜨 마리의 비판적인 입장에 있다.

이 두 선교사들은 마테오리치와 예수회 선교사들의 기독교와 유교의 보유론적 선교입장을 비판하는 글들을 각각 집필하였다. 롱고바르디는 1622년과 1625년 사이에『공자와 그의 교의에 대한 논문, *De Confucio Ejusque Doctrina Tractatus*』을 집필한다. 도미니카 수도사 나바레테(*F. Navarette*)는 1701년 롱고바르디의 라틴어 저작을 스페인어로 번역하고, 드 시세(*M. de Cice*)는『중국인의 종교적 관점에 대한 논문, *Traité sur quelques points de la religion des Chinois*』이라는 제목으로 프랑스어로 번역 출간한다. 롱고바르디는 이 책에서 기독교 교리를 중국고전과 연관시키는 해석을 경계하고 중국인들이 "우주의 물리적 법칙을 인간적 도덕성 혹은 인간정신과 동일시하는 것"을 거부한다.

1637년 예수회 선교사들의 선교방식을 비판하는 보고서를 올린바 있는 쌍뜨 마리는 자신의 30년간의 중국경험을 바탕으로 1668년 12월에 한권의 스페인어 책을 완성하였는데,

1701년에 『중국선교의 중요관점에 대한 논문, *Traité sur
quelques points importants de la Mission de la Chine*』이라는 제목
으로 프랑스어로 번역 출간된다. 쌍뜨 마리의 예수회 선교사
들에 대한 입장은 자신과 함께 중국으로 건너간 모랄레스(*J.
B. de Morales*)와 연관이 있다. 모랄레스는 예수회의 보유론적
선교방식이 기독교 교의를 미신적인 이야기로 더럽히고 기독
교 의식을 중국 제례와 뒤섞어 놓았다는 맹비난을 하여 중국
에서 추방된다.

모랄레스는 로마 교황청에서 이 사실을 보고하였고, 예수
회선교회는 마티니를 로마교황청에 보내어 중국의 전례문제
를 해명하려 하였다. 쌍뜨 마리는 『중국선교의 중요관점에
대한 논문』에서 마티니가 옹호하려고 한 입장을 논박하면서,
롱고바르디와 더불어 중국인들은 처음부터 무신론자였다고
주장한다. 고대 중국인들은 유물론적 입장을 지녔으며 당대
의 중국인들은 그들의 정신적 사유를 결여하였다는 것이다.

라이프니츠는 마테오리치의 입장을 지지하면서 그에 반대
하는 도미니크 선교사들의 입장이 그릇된 선입견에 빠진 것
은 경전을 잘못 해석한 탓으로 보고 이들 입장을 반박한다.
1715년 『중국철학서한』에서는 자신의 철학체계와 중국의 신
유학 체계와의 대합일을 시도한 라이프니츠의 의중이 드러나
있다. 중국에서 20년을 보내다가 프랑스에 돌아와 드 리옹(*de
Lion*) 주교의 권고로 집필된 말뷰량슈의 1707년의 『신의 존
재와 본질에 관한 기독교 철학자와 유교 철학자 사이의 대
화, *Entretien d'un philosophe chrétien et d'un philosophe chinois sur*

l'existence et la nature de Dieu』도『중국철학서한』집필 동기가 되어 있다. 라이프니츠는 말뷰량슈의 저작을 읽고 난 후 이 두 저작을 대본으로 양자의 고대 중국 사상을 무신론적이고 유물론적으로 보는 해석을 반박하고 있다. 라이프니츠는 1715년 뉴턴과의 논쟁에서도 영국에서 유물론에 의한 자연신학의 퇴락을 경고한 바 있듯이, 중국에서의 자연신학의 요소들을 유물론적 관점에서 보는 것을 경계하였다. 라이프니츠 말년의 이러한 정황에서『중국철학서한』은『모나드론』과『라이프니츠와 클라크의 서신교환』과 더불어 예수회선교사들과의 서신교환의 대화의 총결산의 의미가 강하다.

5. 상호문화철학 헤게모니와 하모니

라이프니츠는 일찍부터 세계화의 철학적 사유를 해왔기 때문에, 그의 사유는 새로운 지식의 이동이 일어나는 학문과 인접학문 사이 경계의 자리에 상호문화철학적 해석의 틀을 제공한다. 그의 철학은 학문과 학문 간의 경계에 간학제적 지식을 제공하며, 문화다원주의 세계를 향한 진로모색에 주변학과 연계하여 동서양 학문의 균형발전에 많은 기여를 한다. 라이프니츠는 서양의 과학기술과 동양의 정신문화가 함께 세계가 발전할 것이라는 이념과 전망을 내어놓았지만, 서양사상이 반성적인 사유로 접어든 것은 포스트모던 사유법이 등장하고 나서이다. 라이프니츠 이래의 서신교환과 관련학자들의 문헌들은 한국학의 해외발전을 위한 전진기지가 될 수 있다. 17세기 이래로 서양에서 중국을 보는 시각이 어떻게 형성되었는지, 우리가 서양을 통하여 우리 자신이 달라진 점에 대한 이해와 평가는 문화철학적 헤게모니(*hegemony*)와 하모니(*harmony*)의 문제이다. 중국은 종전의 패권중심의 지위를 서서히 상실해갔고, 조선은 문화 정치적 독립성과 정체성의 문제를 지니고 있었다. 서양 역시 동양세계에 대한 신비감이 낭만주의를 불러일으켰으며, 우리는 중국과 서양의 세계질서에 대한 새로운 방향정립을 필요로 하였다.

17세기 예수회 중국선교사들은 유클리드 기하학, 천체현상의 수학적 이해와 규정, 일식예견에 대한 기술, 망원경 제작에 관한 기술 등의 전파로 중국에서 과학기술문명의 발전에 기여하였다. 이들의 연구보고 자료는 서양문명의 경계의 지형도에 상호문화철학적 해석학의 지평을 보여준다. 당시의 선교사들의 여행보고서 라이프니츠와 예수회선교사들의 서신교환을 살펴보면, 이러한 문명의 경계의 지형도에는 일본학과 중국학이 지금까지 누려왔던 지식독재라는 문제 상황에 상호문화철학 접근이 절실하게 요구된다. 상호문화철학의 입장에서, 한국학은 주변지역학에 대하여 헤게모니 투쟁보다는 고유성, 지속성, 독립성의 하모니 시각을 열어가려고 노력한다. 상호문화철학은 중국의 동북공정이나 일본의 역사왜곡 등 한반도의 정치상황이나 역사적 전환기를 둘러싸고 언제나 주변지역학의 지식권력에 의하여 굴절이 되어왔던 지역학과의 갈등을 해결하는 방법론적 하모니의 근거를 제공할 수 있다.

주변과 중심에 대한 지식이동의 이론의 틀로서 지식생산, 이동, 확산 및 전파가 용이하게 설명할 수 있는 상호문화철학의 개념형성은 한국학으로 하여금 유럽의 천문학이 동아시아에서 전래된 천문지식에 미친 영향과 파장에서 서양의 과학기술문명과 중국의 과학기술문명의 비교연구의 전망을 열어주게 한다. 한국학의 상호 철학적 이론정립을 위하여서는 서양이 동양에 대하여 본격적으로 알기 위하여서는 동양의 고전을 이해하고 아는 일이 중요하고, 서양에서 동양고전의 번역이 어떻게 누구에 의하여 진행되었는지에 대한 정보도 알아야 한다.

17세기 동서 문명교류 상황을 보면, 유럽에서 중국경전의 번역도 있었지만, 유클리드 원론을 비롯한 각종 서양고전의 중국어 번역도 있었다. 서양에서의 중국의 문물에 대한 이미지 형성, 동양에서의 과학기술과 서양문화에 대한 태도에서, 문화와 문화의 혼합과 융합을 위한 상호문화철학적 기여도가 있다. 1687년 파리에서 출간된 『중국철학자 공자』는 사서(四書) 가운데 『논어, 論語』, 『중용, 中庸)』, 『대학, 大學』의 번역과 주석을 포함하고 있다. 이 경전의 번역과 주석에 참여한 사람은 17명의 예수회 선교사 회원들과 중국인 공동협력자들이었다. 번역의 역사는 리치와 루지에리(M. Ruggieri, 1543～1607)로 거슬러 올라간다. 『대학』 번역은 1634년 이래 예수회 중국선교사 코스타(I. da Costa, 1603～1666)였다. 『논어』 번역자는 알려지지 않았는데 『중국의 지혜, Sapientia

Sinica』의 편집자는 시칠리아 예수회 중국선교사 인토르세타 (*P. Intorcetta*, 1625~1696)이다. 인토르세타는『중용』번역에도 중요한 기여를 하였다.

라이프니츠와 부베가 주고받은 서한에는 이진법과 주역의 상징체계에 대하여 보다 정확하고 세부적인 내막이 드러나 있다. 서양 피타고라스 수의 신비가 17세기 과학혁명의 발전에 중요한 요소가 된 것은, 케플러가 우주의 외적인 현상의 다양성을 수학적 단순한 등식으로 정식화하므로, 피타고라스적 아름다운 우주의 조화를 재발견하였기 때문이다. 라이프니츠는 0과 1 두 수만 사용하여 0, 1, 2, 3, 4, 5, 6, 7, 8, 9의 10진법 수를 대신하여 0=0, 1=1, 2=10, 3=11, 4=100, 그리고 10=1010, 32=100000, 62=111110, 64=111111로 자리수의 주기에 따른 2진법의 표기로 무한한 우주의 아름다운 조화를 나타내었다. 0과 1을 복희의 괘로 나타내면 --과 ― 이고, 팔괘도 이진법으로 적으면 000 ≡≡ 001 ≡≡ 010 ≡≡ 011 ≡≡ 100 ≡≡ 101 ≡≡ 110 ≡≡ 111 ≡≡이다. 부베는 라이프니츠와의 서신에서 자신의 회화주의(*Figurist*) 입장과 라이프니츠의 이진법의 체계가 고대 중국의 참된 철학의 신비를 해명할 수 있을 것이라고 생각하였고, 그의 생각은 라이프니츠의 동조를 얻어낸다.

프랑스 학술원은 17세기 말에 이미 남아메리카의 북쪽에 위치한 프랑스령 국가에서 같은 곳에서 별을 관찰하였다. 별을 관찰할 때 생기는 시차문제에 관한 실험활동에서, 프랑스 학술원은 라이프니츠가 발견한 미적분계산법으로 새로운 과학적 이론 발견과 학문 발전에 뒤처지지 않았다고 라이프니

〈그림 7-4〉 하노바의 슈미데 거리 10번지의 「라이프니츠 집」의
라이프니츠 서재

츠에게 격려와 칭송의 편지를 한 바 있다. 라이프니츠도 이에 부응하여, 로마에서 만난 그리말디가 고아 섬을 거쳐서 중국으로 돌아가는 길에 밤하늘의 별들을 바라볼 때 지리적 위치의 편차에서 발생하는 시차문제 해법으로 베를린에서 관측되는 별이 프랑스에서도 관측될 수 있는지를 탐문하기도 하였다.

과학과 문화를 결합하는 상호문화철학적 독법은 17세기의 지식배경으로서 광학미디어와 투영기하학 역할의 문화철학적 이해에서 온다. 광학연구가 가져온 결과는 미디어 영역이며 일차적 미디어로 종이는 지식전달 수단이었다. 종이가 만든 책은 수학, 과학, 예술, 종교 등의 분야에 결과를 출간하기 위한 도구로서 지식전파의 혁신을 일으켰다. 책은 하나의 유일한 오리지널의 재생산을 가능하게 하였고, 개신교 신앙을 순수한 문자에 정초하기 위하여 필수적인 도구였다. 암실의 상자에 구멍을 뚫어 빛을 통과시키는 기술처럼 인쇄술은 빛과 종이라는 두 미디어 사이의 투영기하학의 고도의 엄밀함에 의존하였다. 관찰과 측정, 실험데이터와 재생산 가능한 결과는 렌즈로 대치되므로, 인간의 눈은 지식전달을 용이하게 하는 매개체가 되었다. 많은 중국선교사들은 그들의 지도제작물을 들고 16세기에서 17세기 초에 이르면서 미시광학과 의학에서 선진과학국가로 고도의 기술력을 확보하고 유명 지도제작 출판업체와 출판업자들이 있었던 네덜란드를 찾았다.

라이프니츠는 보통은 1, 2년 혹은 그 이상 걸리며 도착한 예수회선교사들의 빛바랜 편지를 받아들고 즉시 답장을 하였다. 물론 자신의 편지 또한 동일한 시간과 거리를 거쳐서 전달되기 때문에, 편지를 쓰는 순간부터가 대화 상대자와 이어진 주제에 전념하는 동시에 소통이 일어나며 순간적 아이디어를 개진하였다. 하지만 거실에서 편지를 받아들면, 방안으로 들어온 빛은 비가시적 대상의 윤곽을 보여주고 곧바로 종이 위로 빛을 투사하므로 종이 위에 쓰인 글을 비추어 읽었다. 들뢰즈가 해석한 대로, 라이프니츠는 두 거울을 통과하게 하는 두 종류의 빛의 매질을 통하여 바로크의 영광과 역량을 드러내는 암실에서 쓰고 작업하고 연구하였다.[150]

1683년에 초연되었고 라이프니츠가 1690년에 관람하였다는 빠삐뚜예 희곡 『알레꿩, 달의 황제』에 나오는 "여기나 거기나 모두 똑 같아요."라는 유명한 연극대사가 등장한다.[151]

---

150) 질 들뢰즈, 『주름, 라이프니츠와 바로크』, 이찬웅 옮김, 문화과 지성사, 2004, p.55.

알레꾕이 입고 있는 포개진 옷은 부분에서 부분, 안에서 밖으로 접혀지는 주름처럼 연속적으로 무한하게 이어지는 바로크 문화지형도를 대변한다. 고트하르트 귄터가 언급한 바 있는 '문화형이상학적 고원지대'에는 무한한 세계로 겹겹이 쌓이고 중첩되는 바로크 주름이 열려있다. 17세기 마티니의 세계지도에 따라 인도거점과 동남아시아 일대의 활동무대를 교두보로 중국과 일본으로 진출하였던 예수회 중국선교사들의 족적의 루트는 잠재적이든 현실적이든 과거와 현재를 소통 가능한 동서 문명의 문화공간이었고 역 루트 역시 마찬가지로 상호문화철학적 고원지대이기 때문이다. 바로크 주름의 재발견과 이에 대한 해석학 지평은 우리가 세계철학의 개념을 가질 때 상호문화철학적 헤게모니와 하모니를 만들어 갈 수 있다.

---

151) 라이프니츠, 「라이프니츠가 만난 중국」, 이동희 편역, 이학사, 2003, pp. 215-246.

제8장 세계철학

1. 기초개념

세계철학은 알렉산더가 아시아와 유럽과 아프리카를 통일한 때에도 있었고, 고대 로마 지역의 스토아 사상에도 있었다. 그 당시 세계철학은 세계시민철학을 의미한다. 여러 민족과 국가가 함께 어울려 하나의 제국에서 살아갈 때, 세계시민으로서 살아가기 위한 삶의 지혜를 추구하는 것이 곧 세계철학이다. 과거 로마가 세계를 지배하자 이에 필요한 지혜가 세계철학이 된 것이다. 오늘날 현실의 정치세계에도 분명히 강국과 약소국이 있다. 한반도에서도 전통적인 동양세계의 일부로서 의식하고 고대 중국의 사유체계를 받아들였다. 하지만 모두 함께 살아가는데 나름대로 지혜를 필요로 한다. 강한 물리적 힘의 실체는 정신적으로는 반드시 동일한 힘의 지위를 가질 수는 없다. 자연의 물리적 법칙이 지배하는 현상의 물질세계가 반드시 정신세계에도 그대로 적용되어 가고 있다는 근거가 없다.

라이프니츠는 『중국철학에 대한 두 서한』에서 중국정신을 13~14세기 송의 성리학 이론으로 파악하였다. 12~13세기 몽고에 의한 세계지배가 시작되었을 때 생겨난 이 '신유학'은 본질적으로 중국정신을 대변한다. 이 시기는 중국에서 불경의 중국어 번역이 완성되고, 음양오행의 자연과학 사상이 퇴조를 보이게 된다. 라이프니츠는 분명히 중국인의 정신은 고대 중국사상으로 다시 돌아가므로 그들의 정신의 본향을 붙잡을 때, 그들의 자기 정체성을 찾아내었음을 지적하고 있다. 천년 중세의 지중해 철학 역시 14~15세기 르네상스에 의하여 고대 희랍과 로마의 고전정신으로 돌아가므로 유럽의 정신적 정체성을 찾은 사례와 유사하다. 그 점에서 인류의 거대한 뿌리를 갖는 지중해 철학의 문명과 동아시아 두 문명의 만남은 본래적으로 확실한 문명의 피드백을 갖고 있어 보인다.

르네상스를 거치면서 등장하는 세계철학의 요구는 과거 문명세계로부터 까마득하게 잊고 있던 고상한 정신세계에로의 회귀의 염원에서 시작된다. 이러한 정신의 각성운동은 두 가지 차원의 개혁을 통하여 도달되고 있었다. 하나는 종교개혁과 다른 하나는 과학혁명이라는 수단이다. 이러한 근대의 세계철학의 요구는, 지금까지 이어져오며 여전히 완결되지 않은 형식으로 오늘날 우리에게 주어져 있다. 근대의 세계철학은 지리상의 발견으로 전 지구의 국지성을 강력하게 동시에 통합하려는 요구를 갖고 실질적으로 전 대륙을 총망라 하는 삶의 통일된 형식을 찾고 있다. 300년 이래의 이러한 세계철학의 흐름은 개별적으로는 신대륙의 발견을 낳고 미국대륙이라는 현상주의의 산물을 창조하였다. 세계철학은 상호문화철학적으로 보자면, 국지적 전통적 사유형식에 적합한 삶과 사유형식을 규정하고 제시하는 비교철학적 흐름을 수반한다. 근대의 세계철학은 그 흐름과 갈래에서 여러 뛰어난 창조적 사상가에 의하여 배척적으로 연구되어가기도 하였고, 완만한 형태로 견제와 조화의 비교철학의 모습을 띠었다.

16~17세기의 유럽의 르네상스는 로마 희랍의 고전정신의 부흥으로 돌아갔지만, 그 이후로는 어디론가 되돌아갈 곳이 없어 보인다. 이 점은[152] 한반도의 시각에서 바라보는 우리의 동양정신의 경우에도 마찬가지이다. 근대 유럽인은 중세와 단절하고, 고대의 희랍 고전의 세계로 돌아가려고 하였지만, 그 이후로는 차라리 유럽의 외부로 나갔다. 많은 부분에서 아랍이나 페르시아에서 유입된 태양력, 천문학 이론, 선진 자연과학 기술의 유입으로 르네상스의 유럽인은 고대 희랍으로 되돌아감으로 그들의 정신의 본향을 발견한다. 반면에 희망봉을 돌아선 신대륙을 발견하므로 유럽변방을 현상적으로 가능하게 한 미국정신은 300년 이래 하나의 독립적인 항해를 끊임없이 계속하고 있다. 미국의 정신은 더 이상 유럽으로 돌아가

---

152) 승 일연의 삼국유사의 풍, 우, 운의 삼위에 의한 단군 설화가 몽고의 세계지배 전략 가운데, 원나라 수도에는 프란치스칸 수도회 회원들이 선교로 와 있어서 이들 선교사들의 기독교 사상의 영향을 받아서 기술되었다는 학설이 제기되어 있다. 17세기의 중국선교 과정에 들어오게 된 천주사상은 실학이라는 신유학의 토대에서 받아들여지면서 정약용에서는 자신의 사상체계에 천주는 실재론적 의미로 다가온다. 정하상의 신앙고백서에는 천주교의 전래를 당나라까지 거슬러 올라가서 잡고 있다. 그러므로 우리의 정신이 어디론가 되돌아간다는 테제도 17세기 이후에는 유형적 세계에서 무형적 세계에로 진입이라는 철학적 화두를 갖게 된 것은 분명해 보인다. 의미로 이해되어야 한다.

지 않는다. 아시아, 혹은 동양으로 건너오는 것도 아니다. 유럽인과 미국인은 이 점에서 차별을 보인다.

현재의 세계철학 전개의 기본 양상은 르네상스 이후의 세계관을 바탕으로 점차적으로 지구상에 존재하는 모든 사유형태가 비교철학의 형태를 띠고 나타났다. 지리상의 통일로 인하여 인류에 잔존하던 사유형태로 중국의 황하 문명권, 인도의 인더스와 갠지스 강 문명권이 있는가 하면, 지금까지 사유의 볼모지로 알려진 아프리카의 사유형태 등이 검토대상으로 떠오른다. 비교철학은 다른 사유유형을 비교에 의하여 상호 간의 존중되고 동등하게 인정될 수 있는 내용을 수용함으로써 생겨나는 철학이다. 이 세 번째 의미에서의 세계철학은 특별한 의미에서 이러한 사유유형을 대변하고 이어나가는 학파나 대표적인 사상가가 존재하여서가 아니라, 현존하는 사유형식의 교육과 실천적 삶의 형태에서 생성되어가는 것이다. 예를 들어보자면, 서양철학으로 분류로 되어 있는 영국의 경험론과 대륙의 합리론이라는 사유의 유파는 비교철학에 의한 특징의 결과이다. 하나의 사유유형은 다른 하나의 사유유형에 대하여 끊임없는 비교성찰을 통하여 진행되어갔다. 비교를 통하여 양자의 사유형태는 발전하게 되었고 국가와 사회발전의 가장 주된 동인을 제공하게 되었다. 그러므로, 왜 오직 하나의 철학이 존재하는가 하는 질문은 여기서 성립하지 못한다.

근대성의 토대에 선 세계철학은 20세기에 이르면서 종전과는 달리 구체적으로 장소적 제약을 넘어서는 국지적 무석

입장의 요구로 나타났다. 뿐만 아니라 시간적 한계를 넘어서는 열린 시간에 대한 공개성이 세계 철학적 사유의 전제가 되고 있다. 다른 하나는 타방의 사유형식을 용인하고 자방의 자유로운 발전을 추구하는 조화로운 관용까지 필요하다고 말하고 있다.[153]

오늘날 세계철학의 관점에서 세계시민으로서의 철학적 논의대상으로서 합리성의 문제, 성차별, 정의, 인권, 지속가능한 환경, 여성, 동물윤리 및 권리, 유전자 복제 등의 보편적 문제가 있다. 세계철학은 다른 사유 흐름의 물결에서 서로 충돌하며 부딪치고 있지만, 지역철학은 세계의 상이한 부분에 존재하는 삶과 사유형식과 상호 비교될 수 있는 길을 찾는다. 세계철학의 전망에 서 보자면 이슬람, 유대, 중국, 대륙철학은 국지적 장소에 처해있고, 현상학, 인식론, 형이상학, 윤리학, 과학철학, 미학, 인간학 등은 주제적인 제한을 갖고, 17세기, 18세기 철학 등은 시간적 제한을 갖는다. 세계철학은 지역철학에서 국지적 보편성을 주제로 삼는다는 점에서, 기후, 야생동식물, 가정, 교육, 과학기술과 자연환경, 정보격차, 자원의 고갈, 지구환경과 인류의 재앙 등의 문제를 세계철학의 차원에서 놓고 심각하게 논의되어야 한다.

21세기는 사회와 문화, 정치, 그리고 경제의 영역에서 끊임없이 하나의 세계에 대한 철학적 물음 앞에 선다. 우리는 지구화 내지 세계화 과정에서 전통적으로 규범적으로 타당하

---

153) R. A. Mall. H. Huelsmann, *Die drei Guburtsort der Philosophie*, Bonn, 1989, pp.52−67. 야스퍼스에 따르면, 세계철학함의 근본전제는 ① 무석입장, ② 공개성, ③ 관용이다.

게 여기던 많은 가치들은 타문화와의 접촉에서 끊임없는 현재와의 재해석을 통하여 새로운 의미를 발견한다. 이러한 변화는 일차적으로는 삶과 문화의 영역에서 반성적 요구에서 비롯되지만, 진정한 무석 입장의 지위를 해명하여주지는 못한다. 지역철학은 세계철학의 담론을 만들어가며 자신이 처한 인적 물적 토대에서 철학을 하기 때문에, 자기 자신의 삶과 사유형식을 지역철학에서 형성하여 발전하여 나가기 위하여서는 다른 지역철학과 부단한 비교와 연결을 도모해야 한다. 그렇기 때문에 세계철학은 곧장 비교철학이다. 세계철학의 울타리는 나의 철학과 남의 철학이 서로를 보고 흉을 보지도 않고 우월감을 갖거나 열등감을 갖지 않는다. 그 점에서 프랑스 사람들은 구조주의를 통하여 세계철학을 그들의 비교철학으로 만드는 사유를 계속하여나갔다. 이따금 프랑스 후기구조주의 철학자들이 자살하였다고 하여도, 세계철학의 차원에서 나무라기는 어렵다. 프랑스사람은 프랑스 특유의 사유기질에 충실하게 살아가기 때문이다. 프랑스인은 타자에서 자신이 비추인 모습을 발견하고 거기서 구조를 발견한다. 사유의 새로운 길을 모색해보는 레비나스 철학도 근본적으로 비교철학이다. 반면에 영국과 대륙은, 특히 독일 지역 철학은 방법론적으로 비교철학을 통하여 문제해결과 의사소통으로 세계철학의 길에 훨씬 쉽게 접근하고 있다.

21세기 세계철학은 정신이 유한한 세계에서 무한한 세계로 나아간다는 특징을 갖는다. 정신이 한 자리에 머무르지 않고 계속 발전하여나가고, 독일철학자 헤겔에 따르면, 정신은 신의 절대자유로부터 해체된다. 말하자면 보고 듣고 경험하는 일상의 세계의 보통의 것들은 누가 무어라고 하지 않아도 다 이해가능하고 쉽게 접근하는 것이다. 일상적 보통의 것들에서도, 만약 세계가 무한하지 않다면, 너무 싱겁고 지루하고 따분한 것이다. 거기서 보통의 것은 보편적으로 반복되기 때문에, 보통의 반복에서도 이것과 저것을 구분하는 개별적인 존재이유에 설명근거를 찾는다. 그렇지 않으면 보통의 것으로서 일상의 반복되는 것들은 그 자신의 존립근거를 잃는다. 매일 자라나는 식물이나, 계절에 따라 변화하는 동물의 이동이나 자연의 사물의 상의 변화 역시 단순한 규칙성에 따른 반복에 의하여 시작되고 끝난다. 그렇지만 작년에 생겨난 생물의 형태와 모습과 특성과 그의 통일된 단일한 구체성이 재작년과 구분되지 않고, 올해와 비교하여서 구분되지 않는다면 존재의 새로움은 사라진다. 세계가 무한하다면, 늘 보고 경험하고 이해하고 살아가는 세계는 단순한 반복이 아니며 보통의 것들의 개별화가 가능하다. 반복으로부터 반성의 새로움은 정신을 뒷받침하며 감싸는 질료의 안정성과 연관을 갖는다. 정신이 다다르는 곳에 물질이 없는 곳은 상상조차 되지 않는다. 물질은 곧 고대희랍인이 만들어낸 사유 가능한 질료의 의미를 갖기 때문이다.

정신이 유한세계에서 무한세계로 나아갈 때 사유한다는 것의 고유한 기능은 간단한 유비로 드러난다. 순수 사유의 영역에서 a:b의 비율이 성립하면 c:d의 비율도 성립한다. 사물의 명명, 이름을 주는 것은 나름대로 존재하는 것에 터를 잡고 있기 때문이다. 그러한 존재한 것에 터를 잡는다는 것은 명명에 의존한다. 동일한 사유 대상으로 자리 잡고 있더라도 그에 대한 명명에 따라 밭(田)이라고도 부르고, 논(畓)이라고 부른다. 명명에 의존하는 대상은 세계철학의 존재론적인 토대이다. 사유하는 것과 명명한다는 것의 공통의 지평에서 세계철학에서의 가능세계의 개념이 나온다. 전통적으로 인과적 시간과 공간의 구성이라는 매질을 통하여 사유체계를 구성하였던 방식과는 다른 세계철학의 기본개념이 구성될 수 있다. 세계철학이 어떻게 가능한가를 묻는 일은, 곧장 정신이 다다르는 그것에 인간의 생존을 가능하게 하는 물질이 있는가를 묻는 일이다. 인간정신에게 어떤 단어 내지 개념이 주어진다고 하여도, 그 명칭에 합당한 존재론적 지반이 없다면 기본적으로 철학이 성립할 수는 없다.

유럽철학이론에는 사유가 큰 의미로 다가온다. 사유란 사물의 범주에 질서를 주고, 방향을 설정하고 체계화하는 힘을 갖기 때문이다. 고대 중국철학은 인륜의 차원에서 하늘(天)이 인간의 인생을 살아가는데 중요하다고 여긴다. 이것은 하늘의 길(天道)과 인간의 길(人道)이 통일되어 있다고 가르치는 인본주의로 유가나 도가에서 우주론적으로 정초되어 중국정신의 근저에 흐른다. 공자가 가르친 하늘의 길과 인간의 길은 유럽철학의 전통에서 비추어 보면, 서양철학의 윤리학과 형이상학에 해당된다. 서양철학에서 윤리학과 형이상학은 출발이 개인완성이지, 유학에서 말하는 군자나 성인의 길을 의미하지는 않는다. 그래서 동양철학 일반에서는 인도철학이나 유럽철학에서 있어 왔던 보편논쟁이 없다. 동양적인 사유 일반에 개별적인 것과 일반적인 것의 차이를 인식론적으로 가공하지 않았다. 주관은 객관과 연합하여 의식하고 있기 때문에, 인식 이론적인 주관-객관-분열을 철학적 문제로 삼지 않았다.

동양사상체계는 논리적 사유에 믿음을 두지 않고 질서를 주고 조화를 이루는 도의 힘에 둔다. 우주, 국가, 사회 그리고 가족에서의 현상들은 직선적인 인과설명 모델에서가 아니라, 관계의 상징으로 파악한다. 그러므로 동양사유에서 철학적 중심물음은 우주 전체가 인간 중심적인 사유에 대하여 우위를 유지한다. 인간과 자연, 큰 삶과 작은 삶, 인간과 하늘의 통일은 근본적인 하나의 정신의 요청으로 조화에 있다. 동양철학의 정신은 하나의 극단적인 입장을 거절하고 조화를 찾는다. 이것이냐 저것이냐가 아니라, 이것일 뿐만 아니라 저것도라는 상보적 논리학의 원칙을 따른다. 동양철학의 인식론은 인생에 봉사하지 않는 모든 것은 내던져야 하는 짐으로 간주한다.

동아시아 문명사회에 면면히 내려오는 중국사상의 흐름에 대하여 한국의 전통사상은 지금은 보이지 않지만 앞으로 보일 것에 대한 질료의 꿈을 갖고 형성하여왔다. 지금 우리가 보고 있는 현실은 지금 보이지는 않지만 우리 모두 객관적으로 바라보기를 실현하는 질료의 현실을 꿈꾼다. 지금 이 자리에서 '해보자'라던가 '해볼 수 있다'에서, 봄과 나중에서의 봄은 다를 수 있다. 무엇을 보았고, 앞으로 볼 것인가를 결정하는 질문은 더 이상 향유의 대상이 아니라 소유와 지배의 대상이다.

자기 자신의 고유한 생각에 따라 자율적으로 행동하는 원칙을 α 전통사상에 속한 것이라고 하자. 이것은 역사에 있어서 일종의 정(正), 즉, 정립(These)에 해당된다. 이러한 전통사상에 대하여 자신의 관점을 남의 생각에 의존하는 사상을 β 전통사상이라고 부르겠다. 이것은 반, 곧, 반정립(Anti-These)에 해당된다. 이 알파와 베타 사이에는 어떤 조화와 통일의 원칙으로 종합(Synthese)이 있다. 이 원칙이 곧 정신이다. 생각되어진 대상이나 사물이 갖는 정신의 하나의 공통 물질적 지반을 Δ 영역이라고 부르자. 생각하는 주관적 생각의 영역에서 알파와 베타는 그 생각의 성층 구조가 질료자체에 대하여 복합적이고도 다원적이다. 말하자면 이 '생각의 원리'는 α는 β에 대하여 이래라 혹은 저래라고 요구하고, β는 α에 대하여 이렇게 혹은 저렇게 행하므로 그의 사상을 지속한다. 엄밀하게는 α가 β에 대하여 어떤 더 큰 정신의 지배원리로서 작용한다. 그러나 여러 경우에 있어서 β가 α를 지배하려는 경우가 자주 나타난다. α가 β에 대한 정신적 태도나 이러한 정신의 특성은 대부분 나라의 사상들에 깃들여져 있는 내용이다. 세속오계도 화랑정신의 지도원칙이며, 그 밖의 유교의 삼강오륜이나 도교 무위자연설에서도 이러한 정신의 지배원리가 등장한다.

α의 정신은 어떠한 사상들이라도 α의 충실하고도 온전한 내실화와 내면화를 거쳐서 적어도 남에게 빼앗기지 않기 위

한 정신을 담고 있다. 이것이 그나마도 한국민족의 역사의 장에 각 항목으로 등장하고 있는 역사적 사실이다. 반면에 β 사상은 기회가 주어지면 어느 순간에선가 남의 사상을 자신의 사상으로 둔갑시켜 α의 사상을 빼앗는다. 실질적으로 β 편에 속한 지식인은 α편에 속한 지식인에 대하여 쓸데없는 우월감과 자기과시로서 압박하고 폄하한다. α편에 선 지식인은 여러모로 억눌려서 자기분출과 스스로의 갈등에서 자기 스스로가 가지고 있는 잠재적인 에너지를 효과적으로 집약하지 못한다.

민족정신은 민족에게 전래해오는 α와 β의 종합으로서 Γ 정신을 의미한다. 우리들은 각자의 성향과 집단 내지 귀속의식에 처하는 경우에 따라 이 사상 혹은 저 사상을 기웃거리며 따라가고 흉내 내고 받아들이기도 하지만, 모든 사상이 질료를 위한 자기 동화에 성공하지는 못한다. 반좌사유불상이 그려지고 제작된 시기 훨씬 이전에 알렉산더 동방정벌의 역사의 흔적이 인도의 간다라 지방의 불상조각의 예술혼을 불러일으켰다면, 백제나 신라의 예술혼은 이러한 질료세계의 흐름에 대하여 자체동화하고 내면적으로 체질화하여 발산해 나가는 정신을 가졌다. 하늘을 지배하는 원리는 내면적으로 주어지는 정신원리이다. 고려의 높은 하늘이나 비취빛 청자의 그윽한 색상조차도 Δ의 물질적 토대 위에 Γ 정신세계를 질료적으로 구현하는 가시적 이상을 보여주었다.

2. 잠과 꿈

지난 20세기 초엽만 하여도 한국인의 삶과 잠은 '춥고 배고픈 철학자'이면서 어둡고 암울하였다. 하룻밤을 자고 나도 새 아침은 없었다. 일본제국주의 시절에 수많은 한국 사람들은 '만주 벌판'으로, 시베리아 '허허 벌판'으로, 사할린의 '어느 한 탄광'에서 잠을 청하였지만, 깨고 나면 다음날은 어떤 날인가를 알지 못하였다. 그때 한반도의 한국인은 자고 나면, 꾼 꿈은 어디에서나 살고 있는 현실을 제대로 이해할 수 없는 허망한 지평에 있었다. 분명히 현대 한국인의 잠의 전통에는 많은 외세의 압력과 방어 전쟁을 치르느라고 생겨난 '적과의 동침'이 있다. '적'에 해당하는 무리의 지칭이나 구분이 확연하게 뚜렷하고 분명하게 그을 수 있는 것은 아니지만, '한국인'은 아시아의 다른 민족들과 비교하여 언어 내지 관습 외적인 삶의 형태의 내면적 잠 속에 있는 '한국인의 내적인 자기의식 동일성'이 있다.

"안녕하세요? 안녕히 주무셨습니까?" 이와 같은 아침 인사말은 우리의 '잠'이 제대로 이루어지지 못할 수도 있는 상황에 대한 궁금증과 의구심에 대한 언표이다. 일본 침략시대의 징용과 강제노역, 구한말이나 이조시대에는 관가에 끌려가서 그러한 언어생활이 있었다. 오늘날도 아침 인사말이 "안녕하십니까? 안녕히 주무셨습니까?"라고 묻는다. '인사말'은 같은 뜻을 가진 단어이면서도 다른 '의미'로 해석하는 관행을 가지고 있다. 군대의 조직에서 엄격한 규율과 생활방식의 하나가 잠을 자지 않고 보초를 서는 일이다. 헤어질 때에 '수고하라!'라는 말은 자지 말고 깨어있으라는 경고에 가까운 말이다.

모태에서 나와서 죽음이라는 '무덤'가로 가기까지 '인간'은 어디에서 어떻게 잤는가? 고대 희랍의 트로이 목마의 이야기에 따르면, 인간은 전략적으로 잠을 잔다. 잠을 자는 야밤에 트로이 목마에 잠들지 않고 잠복하다가 살며시 나와서 자국을 승리로 이끈다는 이야기이다. 베르길리우스에 따르면, 트로이 전쟁에서 살아남은 아에네이스는 무리들을 이끌고 6년간 지중해를 방랑하다 북아프리카 해안에 당도한다. 그곳은 오늘날 튀니지 국가로 오빠 피그말리온에 의하여 자신의 남편이 살해당면서 도망 중이던 엘리사, 곧 디도가 살고 있었다. 그녀는 그곳 본래 거주민에게 피신할 망명의 땅을 제공해달라고 간청하여, 카르타고 왕국을 건설하였다고 전한다.[154] 아에네이스는 1년간의 걸친 기간에 엘리사와 사랑의 관계를 맺었고, 사랑에 빠진 카르타고의 여왕 디도는 함께 통치하며 살 것을 제안하였지만, 이탈리아 건국의 신탁(神託)을 실현하

---

154) 주어진 변수로 최대면적을 발견하는 디도의 문제는 베르길리우스의 『아네이드, *Aeneid*』에 있다. 오빠 피그말리온을 피하여 북아프리카 어느 한 해안에 도착한 엘리사는 자신과 자신의 망명객이 도피하여 거주할 땅을 달라고 그곳 거주민에게 요구하여, 한 마리의 소가죽으로 덮을 면적을 가져가도 좋다는 조건을 수락하였다. 엘리사, 곧 디도는 소가죽을 최대한 길고 가늘게 잘라 만든 끈으로 엮어서 가장 넓은 면적을 만들기 시작하여 BC 814년에 카르타고 왕국을 건설하였다. 수학에서 주어진 고정된 경계에서 최대면적을 구하는 등주(等周)부등식(*isoperimetric inequality*)으로 알려진 이 문제의 해법은 고대에 널리 알려져 있었으며, 물리학에서 최소작용으로 최대효과를 가져오는 법칙 정식화에 영향을 주었고, 케플러의 태양계의 형태학 연구에 기여하였다.

〈그림 8-1〉 디도 여왕에게 트로이 전쟁에 대하여 스토리텔링 하고 있는
아에네이스[155]

고자 그녀 곁을 떠난다. 배신당한 줄 알게 된 디도는 아에네이스의 검으로 자결하였고, 아에네이스는 불길에 싸여 타오르는 연기를 바라보며 이탈리아 건국을 위한 항해를 계속하였다. 베르길리우스의 이야기에 나오는 지중해 국가 건설의 비밀은 인간의 가족공동체에서 잠의 형태가 모태에서부터 자기기억 보존 형태로 사회문화공동체로 이어진다는 점을 시사하고 있다. 인간의 잠은 자연 가운데 동면을 취한다거나 하루를 살다가 가는 하루살이와 같은 동물들과는 달리 계획적이고 연속적이다. 잠은 나누어지는 것이 아니라 함께 공유하는 꿈과 환영으로 있다. 누구나 잠을 통하여 현실과는 다른 자신의 환영을 꿈꾼다. 잠에서 일어난 자는 현실의 새로운

---

155) 프랑스 화가 삐에르 나시세 구에린(*P. N. Guérin*, 1774-1833)의 작품.

자신을 찾아 나선다. 깨어 있는 현실은 발견하고 발견되는 위치에 선다. 많은 경우에 잠은 곧 죽음에 비유되며, 죽음을 '영면'이라고 부르기도 한다. 고속도로 주행 시에 운전자의 깜박 졸음은 곧 '사유'를 가져오기도 한다. 전쟁수행에서 잠은 전쟁승패의 중요한 변수이며, 전쟁에서의 한 부대원인 보초의 졸음은 부대의 존속에 결정적인 영향을 미치기도 한다. 수위업무나 경계 및 보안 업무는 '잠'과 관련되며, 전혀 다른 잠을 자야 하는 경우를 동상이몽이라 부르기도 한다. 과거 영국의 산업혁명 초창기에는 노동자의 '잠'과 '일'은 쇠사슬에 묶인 노예와 같았고, 노동자는 집단적인 숙소에서 잠을 자야 하였고, 노동의 현장 또한 그러하였다. 현대 한국 사회에서도 청계천, 구로공단, 울산, 포항, 광양, 거제도, 대불공단 등등의 모든 산업의 최첨예 현장에도 모두 집단형식의 잠과 균일한 삶의 패턴에 따른 생산 활동을 요구하였다.

삶과 집과 잠의 공간에 꿈이 있다. 이것은 삶이 새로운 지식의 추구와 거기서 오는 빛으로 삶의 길을 찾아 나서는 것임을 의미한다. 새로운 인식과 지각과 지식이 삶의 질을 인도하고 확장한다. 새로운 잠을 잘 곳은 희망하는 삶의 양식을 가리키며 신문명의 빛은 새로운 미래를 향하여 나아갈 잠잘 곳을 보여주는 데 있다.

인간은 함께 잠을 자며, 그 잠의 공간을 위한 집을 짓고 집을 중심으로 생활영역을 넓혀간다. 가족을 이루면서 생겨나는 공동의 잠은 함께 나누는 삶의 현장이고 공유하는 삶의 역사를 갖는다. 인류의 삶의 가장 원형적인 '전형'이 부부동침이다. 문명사회의 잠은 활동을 위한 휴식의 측면이 강하다. 외부의 적에 대하여 잠재적으로 자신을 방어하고 보호하기 위하여 충분히 수면을 취한다. 이웃국가와 공존하고 있는 많은 국가의 국민들이 그와 같은 삶의 형태를 가지고 살고 있다.

전통생산양식의 고향의 농가는 '일'과 '잠'을 위한 것이다. 전통적 토담집, 초가집, 기와집 등은 자연의 움직임과 순행원리를 따라서 사는 생산과 번영을 위한 터전이다. 자연의 순행원리는 곡식을 얻기 위하여 밭에 씨를 뿌리면 그 땅 위에 싹이 나서 비료와 그 밖의 퇴비를 주면, 성장하여 가을에는 결실을 맺는 수확원리를 따른다. 절기를 따라서 봄에는 파종, 여름에는 생장, 가을에는 수확 그리고 겨울에는 휴식과 준비를 위한 사이클에 맞게 변화한다. 땅의 원리는 20세기 후반부터 산업형태가 급속하게 변모하면서 대부분 현대 한국인의 삶의 거주공간을 아파트로 변모하게 하였다. 주거형태는 여러 가구들이 집단으로 지은 콘크리트 건물 아파트 내에서 거실, 주방, 욕실 등이 완전하게 설치되어 있고, 난방장치, 도난경보장치, 관리사무소, 수위가 있다. 인근 주변에는 각종 생활 편의시설이 들어서고 그 밖의 위락시설이 잘 준비되어 생활의 안락함을 가져다주는 것으로 보인다. 단독주택으로 살아가려면, 양지바르고 통풍이 좋고 전망이 좋은 곳이면 입지를 잘 선정하여 각종 건축 자재를 선택하고 견적을 뽑아서 세부적으로 어떠한 방식으로 일을 진행할 것인가를 결정하여야 한다. 대문, 주춧돌, 기둥 벽돌쌓기, 서까래 세우기, 그리고 실내공간으로서 유리거실의 벽난로, 집 밖에는 어느 정도의 잔디와 연못, 그리고 실내의 침실, 창고, 차고, 그리고 아이들 놀이터도 있다. 붉은 벽돌을 사용하고, 그 밖에 전기안 전공사나 옥내배선을 잘 설치하고 그리고 특히 난방시설 장치를 위하여 태양열 에너지 사용을 위한 설치하여야 한다. 정원에는 과실수나 나무가 자라게 할 수도 있을 것이다.

아파트 건축은 충분히 생각하면서 집을 짓는 데에 시간을 들일 필요가 없이 단시간에 이루어지므로 전체산업의 발전에 부응할 수 있는 장점이 있다. 이것은 국가의 정치 내지 정권의 위정자들이 국가의 일을 나름대로 정하여 국민을 설득하여 그렇게 몰고 간 데에서도 그 이유가 있다. 건축기업가들이 주거문화를 전략적이고도 기업적으로 조장하여 이러한 거주형태를 유도하고 선도하므로 대한민국의 콘크리트 아파트 문명이 등장한 것이다.

전형적인 유목민족의 삶은 동식물의 이동장소를 따라서 옮겨 다니며 사는 습성을 가졌다. 유목생활에는 한 목초지에서 말이나 가축이 풀을 충분히 먹을 수 있게 기르다가 다른 장소로 이동하여 생활한다. 이동식 생활 방식은 고정된 장소의 개념을 가지지 않는다. 부단하게 주위의 자연환경을 따라서 먹이를 따라서 쫓아간다. 전쟁에 익숙하게 살아갔던 유목인이 남러시아를 거쳐 동유럽으로 이동하여 나아갔을 때에도, 이들의 이동방식은 이러한 텐트 생활이었으며, 민족의 삶의 전체에서 그들이 잠자고 있던 시간은 쫓고 쫓기는 시간이었고, 말에서 잠을 자고 말에서 일어나서 전장으로 나갔다는 말이 있을 정도로 그들의 잠과 잠자는 집은 별다른 장소가 없었다.

수많은 나날들의 '삶'과 '잠'에 남아 있는 '한국인'의 주어의 동일성에서 '잠'은 앞으로 어떠한 '꿈'으로 다시 꾸어질 것인가의 과제를 던진다. 그 '잠'은 1945년 '광복'에서 깨어났다. '광복'의 핵심적인 내용은 자연을 탐구하여 그의 여러 성질을 합성하는 자연과학기술지식이 역사와 현실의 문제에 개입한 것이다. 군산(軍産) 복합체적으로 얽혀 있는 양육 강식의 사회지배 형태에 일시에 제반 문제해결을 가져오게 하였다. 인간이 인간에 대한 이러한 행위에 어아해 할지 모르지만, 잠자는 인간은 이러한 충격을 모르고 살고 있다. 이미 역사의 사실이 되고 현실은 과학연구의 현장이 되었다. 경제와 산업은 각종 분산되고 해체된 사회조직을 다시 응집시키고 결합하므로, 치유와 개량적 노력으로 새로운 꿈의 내일로 향하여 나가고 있다. 이것은 20세기 후반의 형이상학의 파괴 이후, 나아가는 잘 알려지지 않은 21세기 인류의 미래이다.

3. 시지각 상호교환

기원전 5세기 희랍인은 그들이 생각하는 대로 사물을 글로 쓸 수 있었다. 이러한 글 쓰기체계로 세계를 표현한 탈레스는 첫 번째로 신들은 세계와 체스게임을 하지 않았다고 추론하였다. 그는 "모든 사건들, 별도의 사건일지라도, 인간에 의하여 이해될 수 있는 자연적 용어로 설명될 수 있다."고 말했다. 이 말은 인간은 자신의 둘레에 놓인 세계를 진짜로 이해할 수 있는 능력이 있다는 것을 의미한다. 희랍인은 여기서 변화하는 세계 밑에 근본적인 질서가 놓여 있고, 변화하지 않는 통일이 있다는 생각을 품게 되었다. 이러한 관념을 더욱 발전시킨 인물은 피타고라스이다. 그는 세계를 수와 기하학으로 설명할 수 있다고 가르쳤다. 이러한 사유는 케플러로 이어졌고, 케플러는 피타고라스 수적 조화의 사상을 넘어서 새로운 태양 중심 세계상의 조화개념을 형성하였다. 케플러의 조화개념은 자연에 적용된 것이지만, 인간사회와 국가개념에 적용될 때는 다른 카테고리를 필요로 한다.

몽테스키외(*Montesquieu*)는 『법의 정신』에서 자연법에서 국가와 국가형식을 도출하였다. 그는 단순하게 인간역사나 국가역사를 신성한 구원의 역사의 틀이 신학적 역사기술에서 벗어나 자연 자체에서 역사기술의 근본명제를 도출하고자 하였다. 그것이 곧 기후이론이었다. 그의 기후이론은 18세기 정치철학의 중심테마였다. 헤겔(*G. W. F. Hegel*)도 정신 안에서 기후와 역사과정은 쌍방을 지양한다는 기후이론을 역사철학에 적용하였다. 헤르더에서 기후는 역사철학에서 중요한 요소였다. 자연을 정확하게 고찰하자면, 자연은 인간과 역사에 일정한 법칙을 개시(開示)한다. 찬 지방에서 살고 있는 지구북반부의 인간은 더운 공기에서 살아가는 지구남반부의 인간보다 근본적으로 더 우월한 생존조건에서 살아간다. 히포크라테스(*Hippocrates*, B. C. 460~370)도 『공기와 물과 장소에 대

하여, *De aere aquis locis*』에서 기후유형에 따른 영향을 규명하
면서 태양과 토양과의 관계, 공기, 물, 태양의 위치에 대한
의학적 관점을 설명하였다. "태양이 떠오르는 곳의 도시는
자연적으로 건강하고, 태양이 지는 곳에 사는 도시는 필연적
으로 덜 건강한 사정에 살아간다."

　한반도의 한국인의 삶과 사유공간의 동질성은 히말라야를
넘고, 만리장성을 넘고, 시베리아를 통하여 들어와 형성되었
다. 문화 지리적으로 주어져 있는 아래로는 바다 건너 넓은
태평양을 방패연처럼 떠받치는 일본이 있고, 위로는 온난한
중국과 추운 러시아가 둘러싸고 있다. 이것은 한반도의 한국
인에게 외적인 자연조건으로 그리고 문화적 사상적 생활방식
으로 주어져 있다. 한반도의 민족이 살아갈 미래에 빛을 던
지는 힘과 원천으로서 자연적 문화 지리적 기후유형에 의하
여 주어졌다고 볼 때, 한반도의 전통사상은 이 땅 자체로서
산천과 이 땅에 살아오고 살아가는 사람들의 몫이다. 이 땅
의 산천과 더불어 전통사상의 중요한 메시지는 민족의 보존
을 가장 잘 알려주는 말의 신호이다. 말은 공유할 수 있는
것이며 생각을 발전시켜 나갈 수 있는 도구이다. 말은 표현
이나, 산천은 눈으로 관상하고 친구 삼아 심신의 피로를 풀
고 깊은 호흡을 주고받으며 건강하게 살아가는 삶의 실천도
장이다. 이 땅에서 태와 뼈를 묻고 살아갔던 산하에 사람들
의 말과 문화와 얼의 원천으로서 문화공간은 고조선 이래로
공통 언어를 사용하며 문화를 일구어내고 법과 제도를 가지
고 살아가면서 우리들의 고유한 공간 의식을 형성하며 살아

왔다.

삼국시대에 이미 불교가 있었고 도교와 유학의 초보적 내용이 전래되었고 신라에는 화랑도가 있었다. 삼국이 건국되던 기원후 1세기를 전후하여 기원전 4~5세기경에 형성된 불교는 히말라야 산맥을 넘어서, 유교는 만리장성을 넘어서 한반도로 들어와 한국의 전통사상의 큰 흐름을 형성하였다. 고려는 불교를 국가지도이념으로, 조선에서는 유교를 국가지도 이념으로 삼았다. 유교사상은 반종교의 도덕규범으로 기도나 구복 신앙을 실천하는 요소는 없다. 유교는 내세에 대하여서 불가지론을 펼치지만 제사를 통하여 저승의 존재를 현실적으로 인정한다. 죽음의 문제에서 무속신앙은 그 자체로 죽은 혼을 부르는 초혼의식이 있고, 영혼은 환생한다고 본다. 불교도 이와 비슷하나, 유교는 영혼의 일종의 물질적 형상화를 인정하며 기도가 물질적이다. 불교에서는 환생이 있고 인과업보를 인정하는 윤회사상을 갖는다.

풍수지리(*風水地理*)는 한반도에서 전통적으로 가장 많이 옹호되어온 공간관념이다. 불교와 도교 및 무속신앙에 공존하면서 기복사상이나 자손번영을 위한 신앙이 함께하였다. 이러한 신앙 자체는 대단히 오랫동안 전승되어온 공간관념이다. 풍수지리의 명당을 인간학적으로 이해하고 해석하면 풍수는 인체의 구조와 너무나도 잘 꿰어 맞춘 이론이다. 여자의 몸에서 자손의 번영이 나오듯이, 사람이 죽으면 그 조상의 묘(*墓*) 주위에 나무를 심고 바람이 잘 통하고 물이 잘 흘러야 한다. 묘의 형태학적 모습은 여자의 몸의 가시적 조화와 순리를 갖춘 자궁(子宮)의 모습을 닮는다. 묘를 정한 조건을 갖춘 혈(穴)은 인체에 비유하자면 혈맥의 흐름과 같다. 묘자리에 세우는 비석은 자리에 남근(男根) 모양을 한 돌기둥을 세워둔다. 여자의 몸에 남근의 결합은 전적으로 외형적이고 가시적인 자연공간설정에 상징적 의미를 준다. 그러한 장소에 일년에 한두번쯤은 일종의 종교의식이 함께 한다. 이런 자연설치양식은 유럽의 무덤이 사람이 살아가는 도시의 파크나 교회 내부에 있는 것과는 좋은 대비를 이룬다. 한반도에서의 무덤은 자연 그 자체이고 인간은 스스로를 거의 종교수준으로 자연에 묻히고 '돌아가시는' 자연의 일부이다.

한반도의 위치는 항상 국경의 제약을 받고 정치 사회적 통합체제에서 지구의 북반구를 약간 못 미치는 위도에서 대륙에서 오는 가치관이나 기술문명의 주도적인 등장 아래에서 매우 가변적이고 유동적이었다. 전쟁이 그랬고 민족 이동이 그랬고 개인이나 집단의 갈등의 경우에 그러했다. 그렇기 때문에 동북아시아의 국경은 항상 개연적으로 정의되었고, 뚜렷하게 그어져 있는 것도 아니다.156) 헤르더(J. G. Herder)의 말처럼 역사는 "운동 중인 지리학이다". 이러한 역사적 인문지리 공간의 이해에 비해, 한국인의 전통 공간의식의 정체는 한마디로 무(無)이고 공(空)이다. 무주공산(無主空山)의 이해

---

156) D. Reichert, *Zur VORGESCHICHTE einer Geographie von Menschen Zu Selbstreferenz ohne Zirkularität und in sich geschlossene Einheit* DISSERTATION Zur Erlangung des Doktorgrades der Philosophie an der Grund- und Integrativwissenschaftlichen Fakultät der Universität Wien eingereicht von Dagmar Reichert, Wien, Juni 1997.

에 따라 종교적으로 무수한 산들과 강 주변에 암자를 세우고 절, 사당 등을 짓고 명승지나 관광장소에는 누각이나 정자 등을 짓고 어느 누구라도 마음만 먹으면 어디에라도 자연에서 그러한 삶의 내용을 만들어갔다. 지중해 지역에서 비롯하여 북유럽 지역에 펼쳐진 자연공간에는 한반도와는 달리 비교적 넓고 광대한 저택, 성 등 봉건시대부터 전해오는 주인들이 많다. 유럽에서는 자연과 자연경관의 지배와 지배양식의 구조가 한반도의 역사문화 지배양식에 비해 더 철저하고 조직적인 형태를 띠고 있다.

시베리아를 거쳐서 펼쳐 있는 정신지도 원리로서 한반도의 무속신앙은 도처의 산에 있다. 무속 신앙인들은 곳곳의 기암절벽(奇巖絶壁)이나 아슬아슬한 장소에 사당을 짓고 신앙의 대상을 설정하여 빌고 구복과 믿음행위를 수행하였다. 불교는 주로 산이 있는 곳에 암자나 절을 지어 믿음의 대상과 소망하는 바를 빌었다. 한반도의 한국철학이 세계철학이 되기 위하여서는 자연대상의 물화와 문화대상화로 지역세계를 세계인에게 보다 가깝고 다가올 수 있게 하여야 한다. 지역철학은 세계철학의 보편적 진리에 대한 믿음을 제공하는 수단으로 자연과 인간의 삶과 문화의 지표를 끊임없이 공개하여야 한다. 세계철학의 견지에서 보면 진리의 보편성은 비교의 비교를 통하여 도달한다.

사물을 보고 판단하고 느끼는데 가장 먼저 활동하는 능력은 시각이다. 시각은 인간 감정을 표현하고 나타내는 데에서 가장 앞서나간다. 눈이 가는 곳에 뜻이 머물고, 마음은 그 뜻을 얻는다. 본다는 시 지각 행위로써, 눈을 똑바로 들어 올바로 사물을 쳐다보는 데에는 지혜가 필요하다. 보고자 하는 대상을 먼저 정한 다음 순서와 일정한 규칙에 따라야 한다. 보는 것과 보이는 것이 일치를 이루자면, 보려는 대상과 보이는 대상 사이에 명쾌한 의도와 목적을 분명히 하여야 한다. 그 다음 보기와 금지에 대한 투명한 이해와 뚜렷한 기준을 갖는 일이다. 축구시합의 많은 축구팬은 경기 시작에 자신이 응원하는 팀이 이기기를 바라면서 관전하는 경우에는 보는 대상에 대하여 이러 저러한 장면이 터지기를 학수고대하며 바라보기 때문에 본다는 의미가 지향하는 바는 가치중립적이지 못하다.

반면에 원폭의 투하에 따른 가공 현장이나, 가상현실을 체험하기 위한 인공적 사이버 공간에서 보는 일도 있다. 관광이나 바둑에는 보는 만큼 알고, 아는 만큼 본다. 관광구경에서 보기는 봄을 돈으로 환산하는 문화전략 상품이다. 보려는 의지와는 무관하게 보지 말라는 금지도 있다. '보지 마라!' 등 사진촬영금지 지역은 비밀을 유지하고 정보유출을 방지하기 위한 것이다. 윤리적 의미에서 보지 마라는, 눈을 헤프게 사용하지 말고 사물의 진실과 허상을 올바로 판단하는데 집중하라는 말이다. 자신의 눈과 남의 눈들 사이에, 자신의 눈도 남의 눈도 거스르지 않고 데리고 다니는 눈은, 친절한 눈이다. 전혀 눈치 채지 못하는 눈을 새로운 빛의 눈으로 이끌고 가는 눈은, 안내 형이다. 자신의 눈은 남이 원하는 대로 향하기를 남의 눈도 있다. 자신의 눈은 자신의 의지대로 움직일 것을 선언한다. 하지만 자신의 눈도 남의 눈도, 남의 뜻대로 움직일 것을 바라는 눈도 있다.

과거의 문화유산 가운데 객관적으로 남겨진 그 흔적을 물질적으로 보지(保持)하고 있을 때, 보는 '눈'에는 정신이 없으면 보아도 본 것이 아니다. 물질적 대상에서 내재하는 정신을 읽어야 한다. 육안으로 보는 외적인 물질적 구성을 갖는 대상들은 몇 가지의 원리에 의하여 설명될 수 있지만, 그 속에 깃든 정신은 비물질적인 무형의 힘이다. 그 원리를 본질적으로 지배하는 힘을 이해하지 못하면, 역사유적이나 문화적 산물의 비물질적인 정신세계를 전혀 이해하지 못한 것이다. 이 배후에 있는 각각의 정신(精神)도 결국 하나의 신(神)이다. 우리말에 너와 내가 하나가 되고 서로가 상통하는 한 마당모임에 '신이 나면' '신명(神明)'난다고까지 한다. 정신은 비물질적이고 나누어지지 않고 형태를 갖지 않는 세계에 속하므로, 아무도 신(神)을 본 인간은 없다고 성경은 말한다.

지중해 지역의 아테네의 파르테논 신전이나 로마 바티칸의 미켈란젤로의 천당벽화를 감상하려고 한다면, 우리의 기억에 남아 있는 원형적 문화모상의 표상에 따라 감상대상을 상상력으로 음미하고 미적으로 향유하여야 한다. 말하자면, 우리 자신의 문화유적의 미적 감성과 수준에 비추어 거기서 생겨난 비교역량으로 남의 문화유적을 감상하고 이해하여야 한다. 관조자는 무엇을 어떻게 볼 것인가의 질문에 대하여, 옛것과 구분되는 새로운 창조의 대상을 보아야 한다. 옛것은 다 볼 것이 없다는 뜻이 아니라, 옛것은 보되, 그 본 것을 창조적으로 보아야 한다. 앞으로 볼 것도 옛것에서 창조적인 새로운 약진과 도약으로 보아야 한다. 뜻이 머무는 곳에 의지가 이루어지기 위하여 바라는 눈은 항상 목적 지향적이다. 눈이 향한 것은 대상이지 대상 자체는 아니며, 눈 자체가 더우기 목적은 아니다. 보기와 보여진 것은 서로 독립적 관계이다. 이 사이에 이미 보기의 소유로 대상화된 봄은 더 이상 볼 필요는 없다. 눈이 맺고 푸는 것에 문화 철학적 해답이 있다. 그 자체로 충만하고도 조화로운 보여짐은 좋은 조화의 관계이다. 멀리 보아 큰 것을 분간하고 가까운 곳에는 작은 것을 식별하지만, 눈이 가는 곳에는 경계와 한계가 있다. 본다는 것은 그것이 과거의 것인 한에서, 경고 내지는 잊을 수 없는 기억을 위한 회상의 뜻이 담겨 있다. 일본제국의 경고의 자리로서 서대문형무소, 삼전도 수난을 기억하는 남한산성, 삼별초의 저항의 기억 장소로서 강화도, 진도, 제주도의 등에서 이런 곳을 보는 마음은, 잊지 않기 위한 것이다. 석굴암이나 첨성대 등 문화유적보기란, 항상 현재의 관점에서 설명되고, 본 것을 추억으로 돌리고 현재의 기억 속에서 재생될 가치가 있는 본보기이다. 화석화된 현재의 의식에서 침잠되어 더 이상 활성화되어 나타나지 않는 과거 기억의 역사의 본보기는, 현재의 구체적인 삶과 현재의 시간의 의미까지 담지 하는 내용으로 부각되지 않으면 현재와 단절을 가져올 것이다.

니체는 방랑길에 이른 성벽에는 어느 누구도 끝까지 가보지 못한 두 길이 있다고 했다. 하나의 길은 미래로 향하고 다른 하나는 과거로 향하는 무한 직선이다. 이 두 길은 무한 직선으로 통하기 때문에 가본길도 무한하고, 가보지 못한길도 무한하다. 가보지는 못했지만, 그러나 가본 길은 영원한가? 본 것에 대한 가치는 여러 가지이다. 주관적 평가가 순간과 현재에 관련되어 있기 때문이다. 순간은 순간적 명증성에 자리잡고 더 이상 체험을 지시하지 않지만, 현재는 시간의 지속을 가능하게 하는 지금이다. 니체는 현재는 삶의 지평에 일어날 예고편에 이미 끝나가는 영화의 마지막 장면과 같은 것이라고 했다. 지금까지 온 지중해 문명과 동아시아 문명의 길에도 마찬가지의 시간의식이 존재한다. 누구도 끝까지 가보지 못한 두 문명의 빛 사이로 순간과 현재의 시간지평이 열려있다. 지중해 지역으로 떠난 문명의 여행은 지중해에서 바이말 호수를 거쳐서 부산에 이르기까지 무지개 색깔과 띠를 머금은 문화형이상학적 고원지대로 어는 순간에선가 우리의 주변으로 다가왔다.

1. 문헌

E. J. Aiton, *Leibniz, A Biography*, Bristol and Boston, 1985.

S. Anselmus, *De incarnatio verbi*, in: *Opera Omnia*, Vol. 1, Ed. F. S. Schmitt, 1938.

Anselm von Canterbury, *CUR DEUS HOMO*, Lateinisch und Deutsch von F. S. Schmitt, Darmstadt, 1956.

Anselm von Canterbury, *De incarnatio verbi*, in: *Opera Omnia*, Vol. 1, Ed. F. S. Schmitt, 1938.

Anselm von Canterbury, *Proslogion*, Untersuchungen Lateinisch-deutsche Ausgab von F. S. Schmitt, Sttutgart-Bad Cannstatt, 1984.

H. Blumenburg, *Die Genesis der kopernikanischen Welt 1, 2, 3*, Frankfurt am Main, Suhrkamp Verlag, 1996.

H. Blumenberg, *Die Genesis der kopernikanischen Welt, Zweideutigkeit des Himmels. Eroeffnung der Moeglichkeit eines Kopernikus*, Frankfurt am Main, 1975.

V. L. Borner, *Hunnensturm*, in: *"Attila und die Hunnen"*, Historisches Museum der Pfalz Domplatz, 17. Juni 2007. bis 6. Januar 2008.

J. Bouvet, *Potrait historique de l'empereur de la Chine*, Paris, 1697.

J. Bruening, *Die Vermutung von Poincare*, in: *Elemente der Mathematik 57*, 2002.

M. D. Chenu, *Thomas Aquinas*, Reinbeck bei Hamburg, 1995.

D. Cohnitz, *Ray of Lights? Dietrich von Freiberg und die Geschichte der mittelalterlichen Wissenschaft*, in *Studia Humaniora Tartuenisa*, vol. 4, B1, 2003.

D. J. Cook and H. Rosemont, Jr., *Gottfried Wilhelm Leibniz, Writings on China, Translation with an Introduction, Notes, and Commentaries*, 1994.

G. Dalgarno, *Ars signorum vulgo character universalis et linguae philosophica*, London, 1661.

Dante Alighieri, *Die Goettliche Komoedie.* Uebersetzt von H. Gmelin. Stuttgart: Reclam, 1990.

Dante Alighieri, *Monarchia.* Einleitung. Uebersetzung und Kommentar von R. Imbach und C. Flueeler. Stuttgart: Reclam, 1989.

R. Descartes, *Meditationes de prima philosophia.* Aufgrund der Ausgben von A. Buchenau neu hrsg. v. L. Gäbe. Durchgesehen v. H. G. Zekl, Hamburg, 1977.

K. Flasch, *Das philosophische Denken im Mittelalter. Von Augustin zu Machiavelli*, Stuttgart, 2000.

G. Frege, "Sinn und Bedeutung", in: *Kleine Schriften*, hrsg. v. I. Angelelli, Hildesheim, 1967.

L. Geldsetzer, *Spinozismus*, in: Hong Han-Ding, *Spinoza und die deutsche Philosophie*, Scientia, Verlag Aalen, 1989.

E. Gilson, *Dante und die Philosophie.* Freiburg: Herder Verlag, 1953.

G. Guenther, *Die Entdeckung Amerikas und die Suche mit der Weltlitteratur*, in: *Die amerikanische Apokalypse*, hrsg. v. K. Klagenfurt, Technik- und Wien, Muenchen, 2000.

G. Guenther, *Maschine, Seele und Weltgeschichte*, in: www.vordenker.de (Edition: 2005).

S. Guenzel, *Spatial Turn - Topographical Turn - Topological Turn - Ueber den Unterschiede zwischen Raumparadigmen*, in: *Spatial Turn, Das Raumparadigma in den Kultur - und Sozialwissenschaften*, hrsg. V. J. Döring and T. Thielmanm, Bielefeld, 2009.

F. Hartmann, *Medienphilosophie*, WVU Universitaetsverlag, 2000.

J. Hemleben, *Galilei*, Reinbeck bei Hamburg, 1989.

G. W. F. Hegel, *Lectures on the History of Philosophy*, Translated from the German by E. S. Haldane and F. H. Simson, M. A., London,

New York, Volume 1. II. III., 1892-6.

D. P. Henry, *The Logic of Saint Anselm*, Oxford, 1967.

H. Huelsmann, *Die Technologische Formation*, Berlin, 1985.

Ram Adhar Mall. H. Huelsmann, *Die drei Guburtsort der Philosophie*, Bonn, 1989.

F. Hutshison, *The one and the many versus multiculturalism,* March 11, in: *Renew America analyst, 2008.*

S. H. Joachim, *Die neuzeitliche Physik aus dem Geiste der Musik*, Bremen, 2001.

R. Kather, *Von der Dezentrierung der Erde, Von der Dezentrierung der Erde und der Unendlichkeit des Universums bei Nikolaus von Kues und Giodarno Bruno.* Stuttgart: Reclam, 2004.

F. Keim, „Giorgionismus" in Raffael Sanzios „.La scuola di Atene", 1508-10, Fresko in der Stanza della Segnatura des Vatikan, Universitäat Ulm, Copyright © by F. Keim, 2005.

J. Kepler, *Opera Omnia*, ed. C. H. Frisch, Frankfurt am Main, Heyder & Zimmer, 7 Vols., 1868-1871.

J. Kepler, *Harmonies of the World, Book Five*, Edited, with commentary by S. Hawking, printed in the United States, 2002.

J. Kepler, *Mysterium Cosmographicum, Das Weltgeheimnis*, uebersetzt und eingeleitet von Max Caspar, Augusburg 1923, Muenchen, Berlin, 1936.

H. Kimmerle, *Interkulturelle Philosophie zur Einfuehrung*, Hamburg, 2002.

P. King, *The Metaphysics of Peter Abelar*d, in: *The Cambridge Companion to Peter Abelard*(CUP 2004).

A. Kircher, *China monumentis qua sacris qua profanis, nec non variis naturae et artis spectaculis, aliarumque rerum momorabilium argumentis illustrata,* Amsterdam, 1667.

J. Kirchhoff, *Kopernikus*, Rowohlt, Reinbeck bei Hamburg, 1985.

D. Koepf, *G. Guenthers Techinikphilosophie*, Vordenker 2003. in: http://www.stephen-guenzel.de/Texte/Guenzel_TopologicalTurn.pdf.

L. Kvasz, *The Invisible Link Between Mathematics and Theology*, in: *Perspectives on Science and Christian Faith 56,* 2004.

R. Loosen/F. Vonessen, *Zwei Briefe ueber das binaere Zahlensystem und chinesische Philosophie*, Stuttgart, 1968.

G. W. Leibniz, *Saemtliche Schriften und Briefe*, hrag. v. der Deutschen Akademie der Wissenschaften zu Berlin, Darmstadt, 1923.

G. W. Leibniz, *Leibniz et l'organisation religieuse de la terre d'apres des documents inedits*, hrsg. v. J. Barusi, Paris, 1907.

G. W. Leibniz, *Die philosophischen Schriften*, hrsg. v. C. I. Gerhardt, Bd. 1-7, Berlin 1849-1863, Nachdruck, Hildesheim, 1962.

G. W. Leibniz, *Die Leibniz Handschriften in der koeniglichen Bibliothek zu Hannover*, hrsg. v. E. Bodemann, Hannover 1895, Nachdruck Hildesheim, 1966.

G. W. Leibniz, *Vorausedition zur Reihe VI, Philosophische Schriften*, Muenster, 1981.

G. W. Leibniz, *Annotationes de cultu religioneque Sinensium*, Herausgegeben und mit Anmerkungen versehen von Wenchao Li und Hans Poser, 2002.

G. W. Leibniz, *Das Neueste von China(1697)*, Hrsg. von Nesselrath, Koeln, 1979.

G. W. Leibniz, *Leibnitti epistolae ad diversos*, ed. Christian Kortholt, Leipzig, B.C.Breitkopf, 1734 - 1742.

G. W. Leibniz, *Writings on China*, Translated and commented by D. J. Cook and H. Rosemont, Jr., The University of Press of Hawaii, 1994.

G. W. Leibniz, *Leibniz an Giovanni Laureati, Rom, 12. November 1689*, in: *Leibniz korrespondiert mit China. Der Briefwechsel mit den Jesuitenmissionaren(1689-1714)*, Hrsg. von R. Widmaier, Frankfurt am Main, 1990.

G. W. Leibniz, *Discours de Métaphysique*, Uebersetzt und mit Vorwort und Anmerkungen hrsg. von H. Herring, Hamburg, 1985.

G. W. Leibniz, *Discourse on Metaphysics and Essays, On the ultimate Origination of Things. Preface to the New Essays. The Monadology*, Translated by D. Garber and R. Ariew, Printed in the United States of America, 1991.

G. W. Leibniz, *Der Briefwechsel mit den Jesuiten in China(1689-1714)*, Hrsg. u. mit einer Einleitung versehen v. R. Widmaier, Textherstellung und Uebersetzung v. M. - L. barbin, Franzoesisch/Lateinisch-Deutsch, Hamburg, 2006.

W. Li, *Die Christliche China-Mission im 17. Jahrhundert, Verstaendnis, Unverstaendnis, Missverstaendnis, Eine geistesgeschichtliche Studie zum Christentum, Buddhismus und Konfuzianismus*, Stuttgart, 1996.

W. Li und H. Poser, *Das Neueste ueber China G. W. Leibnizens Novissima Sinica von 1697*. Stuttgart, 2000.

N. Longobardi, *De Confucio Ejusque Doctrina Tractatus*, (1622-1625).

N. Longobardi, *Traité sur quelques points de la religion des Chinois*, Paris, 1701.

A. de Sainte Marie, *Traite sur quelques points de la religion des Chinois Traite sur quelques points de la religion des Chinois*, 1701.

N. Malebranche, *Entretien d'un Philosophe Chretien et d'un Philosophe Chinois sur l'Existence et la Nature de Dieu*, Paris, 1708.

M. Martini, *De bello tartarico in historia*, Antwerpen, 1654.

M. Martini, *Sinicae Historiae decas prima. Res a gentis origine ad Christum natum in extrema Asia*, Muenchen, 1658.

JL MARZO, *FROM PARALLAX TO THE SPECTACLE*, BY Read at the Parallax Conference, at the Saint-Norbert Arts and Cultural Centre in Winnipeg, Canada, Sept. 1996, Published by the SNACC, 1998.

G. Minamiki, S. J., *The Chinese Rites Controversy from Its Beginning to Modern Times*, Chicago, 1985.

J. Mittelstrass, *Neuzeit und Aufklaerung*, Studien zur Entstehung der neuzeitlichen Wissenschaft und Philosophie, Berlin, New York, 1970.

F. Navarette, *Traité sur quelques points de la religion des Chinois*, 1701.

J. Needam, *Science and Civilization in China*, Bd. 1-7, Cambridge, 1954.

2008 Oldenbourg Schulbuchverlag, *Bildquelle* in Wikipedia, Bremen, 2008.

E. W. Orth, *Symbolische Formung zwischen Kulturologie und humanistischer Kulturanthropologie,* in: *Nordic Journal of Philosophy*, Vol. 4, No. 1, Philosophia Press, 2003.

F. Perkins, *Leibniz on China, a Commerce of Light*, Cambridge University Press, 2004.

Platonismus in der Philosohie des Mittelalters, Hrsg. von W. Beierwaltes, Darmstadt, 1969.

D. Reichert, *Zur VORGESCHICHTE einer Geographie von Menschen Zu*

Selbstreferenz ohne Zirkularität und in sich geschlossene Einheit, DISSERTATION Zur Erlangung des Doktorgrades der Philosophie an der Grund-und Integrativwissenschaftlichen Fakultät der Universität Wien eingereicht von Dagmar Reichert, Wien, Juni, 1997.

A. Savile, *Leibniz and the Monadology*, London and New York 2000.

http://www.seshat.ch/home/dante.htm(검색 일자: 2006년 2월 5일).

M. Venzmer, *Von der euklidischen zu projektiven Geometrie*, 2000.

A. Volmar, *Parametrisierungsgeschichte der neuzeitlichen Akustik*, 2003.

W. Welsch, *Transkulturalitaet -Die veraenderte Verfassung heutiger Kulturen, Ein Diskurs mit Johann Gottfried Herder*, in: *VIA REGIA, Blaetter fuer internationale kulturelle Komminikation*, Heft 20/1994, hrsg. v. Europaeischen Kultur u. Informationszentrum, Thuehringen, 1994.

W. Welsch, *Was ist eigentlich Transkulturalitaet*, in: *Hochschule als transkultureller Raum? Beitraege zu Kultur, Bildung und Differenz*, hrsg. v. L. Darowska u. C. Machold, transcript Verlag, 2009.

Weltkarte des Hekataios von Milet(um 560 v.Ch.), in: http://de.wikipedia.org/ wiki/Hekataios_von Milet.

R. Widmaier, *Leibniz Korrespondiert mit China*, Frankfuert am Main, Vittorio Klostermann, 1990.

J. Wilkins, *Essays towards a Real Character and Philosophical Language*, London, 1688.

F. M. Wimmer, *Morphologische Theorien ueber Weltgeschichte*, in: *Geschichtsphilosophie 20. Jahrhundert Morphologische Theorien*, Wien, 1990.

F. M. Wimmer, *Rassismus und Kulturphilosphie*, Verlag fuer Gesellschaftskritik, 1989.

L. Wittgenstein, *Tractatus logico-philosophicus*, Schriften 1, Frankfurt am Main, 1969.

H. J. Zacher, *Die Hauptschriften zur Dyadik von G. W. Leibniz, Ein Beitrag zur Geschichte des binaeren Zahlensystems*, Frankfurt am Main, 1973.

강제언, 『조선의 서학사』, 민음사, 1990.

금장태, 『조선후기유교와 서학』, 서울대학교 출판부, 2003.

놋쇠지구의(1854), 보물 883호, 숭실대박물관 소장.

단테 알리기에리, 『신곡』, 한형곤 옮김, 서울: 서해문집, 2005.

단테, 『제정론』, 성염 편저, 서울: 철학과 현실사, 1997.
마테오리치(利馬竇), 『天主實義』, 송영배 외 옮김, 서울대학교 출판부
　　　　1999.
박상환, 『라이프니츠와 동양사상』, 서울, 2005.
배선복, 『근대동서존재론연구』, 철학과현실사, 2007.
배선복, 『라이프니츠와 클라크의 서신』, 철학과현실사, 2005.
＿＿＿＿ 『철학자의 고백』, 울산대학교 출판부, 2002.
＿＿＿＿ 『라이프니츠의 삶과 철학세계』, 철학과현실사, 2007.
＿＿＿＿ 『근대동서존재론연구』, 철학과현실사, 2007.
소현수, 『마테오리치』, 서강대학교 출판부, 1996.
송영배, 『동서철학의 교섭과 동서양 사유방식의 차이』, 서울, 2004.
이동희, 『라이프니츠가 만난 중국』, 서울, 2003.
양의현람도(1603), 마테오리치, 숭실대박물관 소장.
신법지평일구(1636), 보물 839호, 아담 샬, 이천경 제작, 덕수궁 궁중유
　　　　물전시관.
http://plato.standford.edu/entries/abelard/
http://www.formalontology.it/abelard.htm
http://en.wikipedia.org/wiki/Archimedes.
http://www.seshat.ch/home/dante.htm

2. 그림, 도표, 삽화

1602년 마테오리치의 『양의현람도』의 동아시아 부분
장 블로(*J. Blaeu*)의 『일본국 *Japonia Regnum*』, 암스테르담 1655
히말라야
만리장성(*萬里長城*)
중앙아시아의 유목지대
세계원인
아리스토텔레스의 10가지 범주
포르피리우스나무(*Abor Porpyrii*)
룰루스의 사유지도
라이프니츠의 1666년 저작 『조합이론 *De arte combinatoria*』의 표지그림

인명색인

사항색인

배선복

숭실대학교 철학과 학사
뮌스터 대학교 철학과 석사
오스나브뤼크 대학교 철학과 철학박사
경희대학교, 관동대학교 서울산업대학교, 경찰대학 외래교수 및 한국학중앙연구원
연구교수
현) 홍익대학교, 숭실대학교, 세종대학교 강사

「라이프니츠 철학의 근본원칙」(2007)
「Binary Arithmetic and I-Ching」(2008)
「A Digitalized Tractatarian World」(2011)
「Von der Unaussprechbarkeit zur ontischen Reduktion」(2011)

『모나드론 외』(2007)
『라이프니츠와 클라크의 편지』(2005)
『종교논리학』(2007)
『근대동서존재론연구』(2007)
『라이프니츠의 삶과 철학세계』(2007) (2009년도 대한민국학술원 우수학술도서)

초 판 인 쇄 | 2011년 6월 30일
초 판 발 행 | 2011년 6월 30일

지 은 이 | 배선복
펴 낸 이 | 채종준
펴 낸 곳 | 한국학술정보㈜
주   소 | 경기도 파주시 교하읍 문발리 파주출판문화정보산업단지 513-5
전   화 | 031) 908-3181(대표)
팩   스 | 031) 908-3189
홈 페 이 지 | http://ebook.kstudy.com
E-mail | 출판사업부 publish@kstudy.com
등   록 | 제일산-115호(2000. 6. 19)

ISBN   978-89-268-2409-2 93160 (Paper Book)
             978-89-268-2410-8 98160 (e-Book)